本书二维码使用说明

为了方便读者学习使用，将书中配套的视频文件以二维码形式呈现：

建议读者在使用时，用手持设备（如手机或平板电脑），在联网状态下直接扫描下方二维码，即可观看视频。

【全国餐饮业职业点菜师岗位资格认定培训教材】

职业点菜师

中国烹饪协会 组编

叶伯平 邱琳琳 主编

桑建 鞠志中 副主编

杨柳 审定

中国轻工业出版社

图书在版编目（CIP）数据

职业点菜师/叶伯平，邸琳琳主编；中国烹饪协会组编．—北京：中国轻工业出版社，2024.5

全国餐饮业职业点菜师岗位资格认定培训教材

ISBN 978-7-5019-5562-6

Ⅰ. 职…　Ⅱ. ①叶…　②邸…　③中…　Ⅲ. 饮食业－商业服务－工作人员－技术培训－教材

Ⅳ. F719.3

中国版本图书馆 CIP 数据核字（2006）第 095885 号

责任编辑：史祖福　　责任终审：滕炎福　　封面设计：伍毓泉

版式设计：伍毓泉　　责任校对：郎静瀛　　责任监印：张　可

出版发行：中国轻工业出版社（北京鲁谷东街 5 号，邮编：100040）

印　　刷：三河市万龙印装有限公司

经　　销：各地新华书店

版　　次：2024 年 5 月第 1 版第 15 次印刷

开　　本：787 × 1092　1/16　　印张：14.5

字　　数：331 千字

书　　号：ISBN 978-7-5019-5562-6　定价：48.00 元

邮购电话：010-85119873

发行电话：010-85119832　010-85119912

网　　址：http://www.chlip.com.cn

Email：club@chlip.com.cn

240830J4C115ZBQ

序

常言道："民以食为天。"中国被世人誉为"烹饪王国"，中国餐饮是一座深不可测的宝藏。餐饮业作为一个传统的服务性行业和第三产业中的支柱性行业，在社会发展与人民生活中发挥着重要的作用。改革开放以来，特别是最近几年来，国民经济高速发展，人民收入不断增加，社会职能不断扩大，公共关系不断发展，人们工作与生活节奏加快，流动人口增加，职业女性增多，使我国的餐饮业呈现高速增长的发展趋势，成为社会热门行业之一。餐饮业已经基本形成了高、中、低多档次兼有，中、西餐并驾齐驱，传统风味和现代潮流相互媲美，软件、硬件共同发展的局面。据国家统计局公布，2005年全国餐饮业零售额实现8886.8亿元，比2004年同期增长17.7%，净增1336亿元，高出社会消费零售额增幅4.8个百分点，占社会消费零售额的13.2%，连续15年实现两位数的高速增长。然而，我国餐饮业点多面广、店小且散，因缺乏足够的信息引导，企业发展或多或少地带有盲目性，加强对餐饮业发展的引导，推动行业改革创新，是一项异常艰巨又势在必行的工作。

任何变革都不是一蹴而就的，改变行业长期以来形成的经营和管理上的习惯做法，甚至要转变消费者长期积淀下来的陈规陋习，都绝非易事。如目前多数餐饮企业为客人点菜，还是沿用传统模式，由服务员或领班部长或经理兼职，令客人不满或尴尬事件时有发生，对企业对客人极易造成负面效果，可以说是中式餐饮低层次经营的弊端之一。

餐饮业要提高经营层次与服务水平，需要培养大批具有职业道德和业务素养的"职业点菜师"。为了满足行业的需求，中国烹饪协会于近两年举办了多期"职业点菜师"的培训班，积极引导和塑造满足行业实际需要、具备基本职业道德和业务素养，同时又符合我国国情和特点的职业点菜师队伍，受到了企业的欢迎。

一个合格的点菜师，应该拥有专业的知识与技巧、良好的仪态与语言，并能够综合运用这些能力，全面调动自己的专长，对消费者的就餐行为予以悉心关照，在潜移默化当中，获得消费者的认同和赞许。事实也证明，近年来部分拥有职业点菜师的餐馆，营业额一般提升5%~10%。而在国际餐饮界，职业点菜师可分为七级，最高级为金冠顶级点菜大师，其待遇可与老总们相比。看来，"点菜师"这一新职业，无论是社会需求量，还是职位提升与薪金水平，都十分看好。

当然，作为社会分工与市场经济发展产生的一个新职业，职业点菜师目前还是一个不成熟的、不具完善体系的职业工种，建立一套完整规范的职业教育体系和技能鉴定体系需要得到社会各界的广泛关注和积极支持。本书编者都是长期研究行业发展和参与具体实践、并对“点菜师”职业需要和工作特点有专门研究的各界专家，很高兴看到他们的研究成果被系统化和条理化总结，希望我国的广大餐饮企业和从业人员能从中受益。

中国烹饪协会常务副会长　杨柳

2006 年仲夏于北京

编写说明

点菜师是一个新型的职业，其相应的职业标准、准入条件以及相关的业务培训都还处于探索阶段。

中国烹饪协会为尽快审定职业点菜师的职业资格，制定其职业标准等相应文件，为职业培训和教育提供依据，决定组织长期从事餐饮专业教育的专业教师和业内的专业人士编写一本《职业点菜师》培训教材。聘请叶伯平、邸琳琳担任主编，桑建和鞠志中担任副主编。

叶伯平是中国第一所旅游高等院校——上海旅游高等专科学校（现为上海师范大学旅游学院）的专业教师，中国烹饪协会“职业经理人”讲师团专家，扬州大学烹饪旅游学院的兼职教授；邸琳琳是安徽相王大酒店的总经理，从事饭店高层管理工作多年，有丰富的从业经验；桑建是中国烹饪协会培训部主任，一直从事餐饮行业培训教育工作，是本书主要策划者；鞠志中先生是一位有三十多年工龄的业内人士，曾参加过近500位国家元首的宴会服务工作，中国烹饪协会“职业经理人”讲师团专家，扬州大学烹饪旅游学院的兼职教授。

今年三月，中国烹饪协会常务副会长杨柳女士专程到上海和作者商议编书事宜，对教材的要求、内容作了详尽的指示。我们接受任务后，进行了调查研究，听取了行业人士的意见，讨论确定了编写大纲，并进行了分工。本书由叶伯平和邸琳琳任主编，桑建和鞠志中任副主编。编写分工如下：第一章、第二章由鞠志中、叶伯平编写，第三章和第四章由隆玲编写，第五章和第六章由叶伯平编写，第七章由林苏钦编写，第八章由曹红蕾编写，第九章由王晓晓编写，第十章由邸琳琳编写。叶伯平、邸琳琳和桑建对全书进行统稿。全书经中国烹饪协会常务副会长杨柳审定。

本书主要论述了职业点菜师的岗位说明和工作职责，介绍了职业点菜师必须具备的职业素养（如礼貌礼节知识、语言和身体语言的沟通技巧）和专业知识（如顾客的饮食消费心理、国内外饮食民俗知识、菜单设计知识、菜点知识、酒水知识和食品营养卫生知识等），并就客户关系的管理提供了大量的案例。采用定性与定量、理论与案例相结合的研究方法，系统地阐明了点菜服务与管理中的理论知识和技能。

为了更加生动地表现点菜服务的案例，我们特邀了首届“中国餐饮服务大师”熊久香主持，拍摄了“点菜服务案例精选及评析”的教学光盘，与本书配套使用。

本书是中国烹饪协会指定的职业点菜师岗位资格认定的培训教材，也可作为高职高专餐饮管理专业教材，以及餐饮业中高级管理人员的业务学习用书。

本书是全国第一本阐述职业点菜师的教材。在编写中，我们以“引进”和“编纂”为主，注意集思广益，借鉴了不少文献资料，听取了许多专家、学者的宝贵意见。本教材的出版是众多领导、专家和朋友帮助的结果。我们衷心感谢中国烹饪协会各位领导的高度重视与悉心关怀，衷心感谢上海旅游高等专科学校的领导与同事的积极支持与配合。最后，对我们在编写教材过程中参考过的著作的作者——研究餐饮管理的前辈与同仁，深表谢意！没有他们的研究成果和资料，本教材是难以完成的。但由于时间紧迫，任务繁重，更受我们学识和能力的限制，书中不尽之处在所难免，欢迎专家和同行读者的批评指正。这本书权作抛砖引玉，我们愿与从事餐饮业、餐饮高等教育和培训的同行共同切磋琢磨，以期再版时再作修改。

叶伯平　邸琳琳　桑建　鞠志中

2006 年 6 月底于上海

目录

第一章　职业点菜师概述

第一节　职业点菜师岗位分析

一、职业点菜师的含义

（一）职业点菜师的产生

“百业以餐饮为王”。餐饮业作为第三产业中的一个支柱行业，在社会发展与人民生活中发挥着重要的作用。改革开放以来，特别最近几年来，国民经济高速发展，人们收入不断增加，社会职能不断扩大，公共关系不断发展，人们工作与生活节奏加快，流动人口增加，职业女性增多，使我国餐饮业呈现高速增长的发展趋势，成为社会热门行业之一。餐饮业已经形成了高、中、低多档次兼有，中、西餐并驾齐驱，传统风味和现代潮流相互媲美，软件、硬件共同发展的蓬勃局面。据商务部统计，2005 年全国餐饮业零售额实现 8886.8 亿元，比同期增长 17.7%，2004 年净增 1336 亿元，高出社会消费零售额增幅 4.8 个百分点，占社会消费零售额的比重 13.2%，连续 15 年实现两位数的高速增长，其速度增长之快居国民经济各行业的前列。

但是，目前制约餐饮业进一步发展的因素还不少，其中点菜服务还不能令人十分满意。多数餐饮企业为客人点菜还是沿用传统模式，由服务员或领班，或经理兼职。遗憾的是，他们自身缺少点菜知识，或是推荐的菜品基本雷同，或是一个劲地往高价菜上引导，令客人不满或尴尬的事件时有发生。可以说这是中式餐饮低层次经营的弊端之一。顾客外出就餐动机，在美食型和应酬型的基础上增加了各种形式的文化型的动机，顾客对餐饮文化了解的渴望以及对餐饮消费的要求提高，对餐饮服务提出了更高的要求。对要求不高的客人来说，他们点菜较为随便，吃完饭就走人。而对那些常客和美食家来说，他们不仅希望吃到新潮菜、精品菜，而且希望吃出文化，吃出健康，吃得合理，吃得科学。他们在品尝酒店当家菜的同时，还希望知道菜的原料、烹饪方法、营养知识和典故等。而这些要求除了生产高质量的产品外，只能通过进餐时的点菜来满足，这对一般服务员来说是难以胜任的。

餐厅服务程序分为九个步骤：问候→引领→倒茶→点菜→上菜→斟酒→跟踪服务→买单→送客等。客人希望享受每一环的细致服务，九项服务环环相扣，缺一不可。九项服务程序中，其它八项服务程序都有比较规范的操作程序和要求，美中不足的是“点菜”这道要求很高的程序，恰恰缺乏科学的规范与要求。

酒店餐厅有各类岗位，却鲜有能为客人提出配菜建议的专业人员，“职业点菜师”这个词在中小餐厅里相当陌生。如何改变这种现状，为客人提供更高层次的服务，一些酒店增加了职业点菜师的岗位与服务，效果很好。在国际餐饮界，一些大酒店都设有专门的职业点菜师，为客人“量体裁衣”提出菜谱。国外职业点菜师可分为七级，最高级为金冠顶级点菜大师，其待遇可与老总们相比。在国内，在餐饮经济发达地区，一些先进的企业也设立了一个新的专业工种——“职业点菜师”。

职业点菜师的出现是餐饮服务水平提高的必然。从餐饮企业外部情况来看，随着社会发展，客人对餐饮服务要求的不断提升；从餐饮企业内部情况来分析，餐饮企业对品牌建设的高度重视、餐饮管理对服务工种的专业化和细分化的要求，都促使了职业点菜师的应运而生。

职业点菜师并非完全是一个新的工种。过去餐饮企业的高级服务员当中，很多人都具备了点菜的知识与技术，例如：酒楼的大堂经理按照客人的需求，进行合理的菜肴搭配；宾馆宴会预定部的预定员，进行宴会产品的设计；宴会厅的高级服务员，在宴会服务中对菜点的讲解；老字号餐饮企业的老服务员、食品检验员都参与菜肴创新，对菜肴的营养配置提出建议等。过去的餐厅服务员是集数种工作于一身：既要领位，又要点菜，也要值台，还要跑菜，结束以后还要清洗碗碟等，技术要求高，成才周期较长。随着餐饮企业不断增加，餐厅服务员大量缺口；餐饮企业规模不断扩大，数千个餐位的餐厅比比皆是，采用了现代化大型企业分工细化的管理方式。餐厅服务工种已细化为：咨客（领位员）、值台（点菜与服务）、翻台、酒水员（添加与推销酒水）、跑菜等。看来，“点菜师”这一新职业，无论是社会需求，还是内部管理，都十分看好。当然，作为社会分工与市场经济发展产生的一个新职业，职业点菜师目前还是一个不成熟的、不具完善体系的职业工种，客观上需要建立一套完整规范的职业教育体系和技能鉴定体系。

（二）职业点菜师的含义

职业点菜师是餐饮企业设置的专职为就餐客人从事餐饮产品组合与推介菜点、制定菜单、提供消费服务的工作职位和工作人员。职业点菜师既指餐饮企业的工作职位，也指担任这个职位的员工。职业点菜师的工作具有服务性、沟通性、知识性和参与管理性等特点。

职业点菜师的执业资格：

（1）具有中专文凭或中级（含）以上专业资格证书。

（2）从业餐饮工作时间5年（含）以上。

（3）在职期间至少获得过40学时（含）以上的专业培训。

二、职业点菜师的作用

在吃也要讲质量的时代，如何吃也成了一门学问。旅游有“导游”、医院有“导医”、商场有“导购”、餐厅有“导吃”。人们形象地把职业点菜师称之为帮助顾客的“导吃”顾问，沟通客我之间的“桥梁”，菜肴创新的创意者。随着餐饮业的繁荣，职业点菜师越来越多地为人所熟识与接纳。

（一）经营管理中的参与作用

职业点菜师在酒店处于管理阶层地位，应参与酒店的经营管理和产品设计。为吸引顾客，酒店必须提供与客源需求相吻合、与产品价格相一致的产品与质量。产品质量不仅体现在菜肴菜点上，还包括酒店的装饰布置、氛围营造、员工形象、服务设计等一系列客人能够感受到的所有有形与无形的东西。

许多中、小型酒店，前台服务人员没有系统接受过菜肴知识的正规培训，对本酒店的菜肴菜点出品缺乏专业的了解，菜肴菜点出品权基本上掌握在厨师长与业主的手中。如果后台厨房不主动了解客人的需求，又缺少前台员工的参与，那很容易导致产品与客人需求脱节的现象。在今天追求个性化的时代中，这就需要职业点菜师在企业中有一定的行政地位，在厨房产品生产过程中有指导建议权。

（二）企业形象中的塑造作用

高素质、高品位的职业点菜师是酒店的金字品牌。职业点菜师的出现，提升了酒店的品位。当一位穿着别致、举止大方、谈吐文雅的职业点菜师出现在客人面前的时候，客人都会露出欣赏的表情，也满足了自尊的需求。职业点菜师善于沟通，熟悉业务，菜品信手拈来，能熟练地为顾客“量身配制”恰当的菜单。他们在提供体贴服务的同时，以其专业知识与技巧，良好仪态语言，悉心推荐，合理配菜，自然地获得了消费者的认同和赞许。弹指之间，一家酒店至关重要的客户网络、利润率悄然形成，百年老店的独特文化得到传扬。这正是许多酒店起用职业点菜师的本意。

（三）客我沟通中的桥梁作用

职业点菜师处于服务工作的第一线，直接面对来自五湖四海的客人，是接触客人最多的一个工种。相对于酒店的其他工作人员来讲，职业点菜师对市场与客人的需求了解最全面、最深刻。在酒店内部又参与经营管理工作，联系客户，制定酒店产品。因此，在市场中，他们是需求与供给之间的桥梁；在开餐过程中，他们是前后台之间的桥梁；在为客服务中，他们是酒店与客人之间的桥梁。

（四）市场营销中的推介作用

职业点菜师面对客人直接推销产品。客人在进餐时，对菜肴的首选很大程度上取决于服务员的推销，也就是说，该菜卖不卖得出去，卖得多与少，全靠服务员的一张嘴。有了职业点菜师，新菜推出的频率就会加快。客人认识新菜有个过程，当这种推销的力度加大后，认识过程自然会缩短，市场的知名度就会迅速提升，效益是不言自明的。职业点菜师为酒店赢利起了关键作用。据媒体称，拥有点菜师的餐馆，营业额提升了5% ~10% 。

三、职业点菜师的职业素养

（一）爱岗敬业

职业点菜师应有正确的职业理想，热爱餐饮事业，有很强的事业心和责任心。对企业忠诚，对工作勤勉，对客人热情。职业点菜师应属于管理人员序列（技术级别），但其服务性质和服务形式与一般服务员并无差异，这就要求点菜师应有良好的职业心态。在技术上向高、精、严看齐，而在职位上则与服务员平等，这种工作与待遇的落差是需要有心理承受力的。

（二）风度儒雅

职业点菜师儒雅的风度应表现于形态干练、仪表大方、仪容整洁、稳重大方、举止端庄、和气微笑、身心健康、神情专注、精力充沛、态度亲切、语言流利。职业点菜师展示给客人的第一印象是客人了解酒店的第一切入点。风度儒雅是职业点菜师的酒店意识、文化水平、专业素养的综合体现。职业点菜师儒雅的风度给人以值得信任的形象，才能方便地与客人沟通。

（三）技能娴熟

1．观察分析能力

职业点菜师善于察言观色，能很快地从客人的衣着、谈吐，准确把握顾客身份、准确判断饮食动机、消费水平，来协助顾客合理搭配所点菜品的数量以及种类。他们有较强的记忆能力，对各类知识及本企业的菜单能记忆深刻且熟练掌握，能牢记客人的客史档案，熟悉老客户点菜的各种细节要求，充分体现餐厅对顾客的重视程度。他们能够抓住顾客心理，为客人着想，以客人吃得舒心、放心、满意、健康、不浪费为服务宗旨。

2．交际沟通能力

职业点菜师应有很强的亲和力，对内对外善于交际沟通。只有善于和客人充分沟通交流，才能明了客人的喜好和需求，取得客人的信任，相信你推荐的菜品。他们应具备良好的语言表达能力，说话得体、用词有度，能够准确表达菜品特点和优势，将酒店的餐饮信息全方位地展示给顾客。他们应有良好的处理突发事件的能力，思维敏捷，灵活应变。餐厅推销菜肴、菜点是一个短平快的过程，一般不会超过十分钟，如果缺乏沟通艺术，再好的产品也是卖不出去的。十分钟的时间决定了点菜师职业的挑战性，艰巨但很诱人，这就需要有职业技巧训练。其工作技巧主要有：与顾客沟通技巧、餐厅接待服务技巧、产品销售技巧、标准菜单设计技巧、客户投诉处理技巧等。

3. 学习创新能力

职业点菜师应有广博的知识，又要适应瞬息万变的社会市场和顾客需求，这就要善于开拓，勤于学习，接受新理念，吸收新知识。要有“学一行干一行，学到老干到老”的终身学习的理念。他们必须内练外学，以提高自身素质和业务技能。他们应有良好的培训能力，让点菜师担当培训师的工作，使其充分发挥专长作用，为提升服务员整体素质作贡献。

4. 协调统筹能力

职业点菜师要在工作中发挥经营管理中的参与作用、客我沟通中的桥梁作用、市场营销中的推介作用，一定要有很强的协调统筹能力。要协调好客我关系、前后台关系、部门间的关系、酒店内外关系，他们应具有大局和全局意识，需要了解各方情况，为人处事谦虚谨慎，懂得尊重他人意愿。工作中要相互支持和帮助，人际关系中要相互理解和谅解。

（四）知识广博

1. 菜肴知识

能熟悉掌握各菜系的主要特点、了解名菜名点和酒水知识以及主要的烹饪特点。熟悉本地区的餐饮流行主流，对其它菜系的相关内容亦应触类旁通，以便更好地为客人提供服务。

2. 酒店知识

熟悉本酒店内部管理程序和业务流程，懂得宴会设计和管理的原理，懂得菜单设计的原理与方法。掌握本酒店的菜单构成，每道菜的主料、辅料及其调味品的产地、特点及制作原理。

3. 食品营养卫生知识

掌握食品营养卫生知识，了解食品原材料的营养构成，能够根据消费者点菜的品种，依照营养搭配原则提出相应的建议，满足客人口味和为客人健康负责。

4. 心理与民俗知识

熟练掌握不同国家、不同地区、不同民族、不同职业、不同人群的饮食风俗习惯知识。懂得顾客餐饮消费心理和饮食民俗的知识，掌握客人的饮食心理与饮食类型，懂得基本口味搭配，能够协助消费者点菜，满足客人用餐目的。

5. 营销知识

具有营销理念和推销意识，掌握销售知识和技巧，能准确地向客人推荐菜点。具有公关知识，有处理人际关系的能力等。有良好的语言表达能力，讲话要有学问与技巧，讲究艺术性。

6. 人文知识

有较强的审美观念和一定的文化修养，能够根据色彩搭配、造型搭配原理来协助消费者点菜。熟练掌握有关菜品的典故，为点菜过程平添乐趣。

第二节　职业点菜师工作职责

职业点菜师的工作职责有四条：前期参与酒店餐饮产品的设计工作，零客来餐厅时的菜点推荐工作，接受宴会预定和进行宴会菜单、团队套餐菜单的设计工作，后期的客户关系管理与信息处理工作。

一、参与餐饮产品设计

（一）市场调研与企业定位

1. 市场调研内容

（1）行业情况分析。了解市场总量，各类餐饮的上座率，销售额，市场竞争状况，市场旺、淡季节状况。

（2）产品情况分析。对菜系、价格、品质、服务、档次、同类餐厅的共性与产品的特性或个性界定，认清自己的产品定位。

（3）竞争对手情况分析。了解竞争对手的优、劣势，组织结构（总部、分店以及组织结构），管理、技术、创新、营销方面的核心人才情况，产品状况（菜肴、装修档次、服务、特色产品），营销策略（价格策略、推广广告策略），客户资源（尤其是大客户）的最新信息，财务数据分析（细分到月的销售收入、直接/间接成本、费用、毛利率、税后利润）等信息。

（4）消费者情况分析。对地理区域细分，了解交通、办公楼、民宅档次、附近企业、政府机关情况，目标消费者的饮食需求、饮食喜好、消费档次、价格承受力等信息。

2. 酒店定位与对策

（1）较大餐饮规模的星级饭店，必须做到服务一流、环境幽雅、设备先进、菜品精致，满足人们追求高档、周到、体面的心理需求。至于价格只要不是高得离谱，消费者就能接受。许多星级饭店开始接待婚宴和大型会议用餐，这是星级饭店面向大众、开拓市场的重要标志。

（2）餐饮规模不大的酒店可采取的对策：① 探索经营特色，开发风味特色餐厅。改造现有餐饮产品，或是环境装饰，或是菜品品质，或是服务规程等，开发风味餐厅或特色餐厅，创造与众不同的餐饮产品。② 规模较小、设备陈旧、长期运营较差的饭店，与其硬撑下去，不如采取“放弃”策略，最大限度地缩小餐饮营业面积，增加客房数量；也可转型开发其它的产品，如娱乐、健身项目等；也可仅保留少量的餐位，单纯供应早餐、茶点、酒水等，降低营业成本；也可与社会上有影响的、经营成功的餐饮集团联合，在店内联号经营或参与管理。③ 设置不同档次的餐厅，满足不同消费者需求。消费者饮食大致有三个大类：一是“美食族”，品尝顶级美食或特色菜肴，点菜讲究少而精，品尝讲究的是色、香、味、形、器。二是“猎奇族”，看重吃法的新鲜与否，尤其是外国菜肴以及大街小巷的“古怪”小餐馆，乃是他们出入最多的地方。三是“实惠族”，由广大的普通市民汇集而成。他们只要环境整洁、菜肴适口、价格实惠即可。

3．经营品种策略

（1）只经营某一地方风味的菜品，保证该餐馆的“纯洁”、“正宗”，突出酒店鲜明的地区文化特色。

（2）以一种风味菜品为主，兼营另一种受欢迎的风味菜品。如以经营广东菜为主的粤闽酒店，兼营湖南菜中某些受当地顾客欢迎的菜点。

（3）不定风味，什么品种都经营。这种餐馆可以适合顾客不同口味的需求，但一般都是档次较低的酒店，许多大排档餐馆就是属于这种类别。

（4）经营时尚品种。一是绿色食品走俏市场。这是返璞归真、回归自然的心理在餐饮上的反映。各种山野菜被人们视为山珍；粗食杂粮被视为美容减肥食品。二是保健食品大受欢迎。中华民族向来相信“药食同源”的道理，因此，众多带有药膳性质的餐厅颇受人们青睐。

（二）厨房出品设计

在对市场与社会环境分析基础上，职业点菜师要配合厨师长对厨房出品进行设计。

1．组合菜式

（1）适合目标顾客需求。如果餐厅的目标顾客是收入水平中等、喜欢吃某帮菜肴的群体，则应选择一些中档的符合他们喜好的菜式进行组合，其它杂七杂八的菜点不要选入菜单。

（2）适应餐厅风格档次。装修豪华的高档餐厅，不能尽用普通菜品；反之，简朴的大排档也不能尽出一些高价精美菜品。

（3）品种数量不宜过多。菜品的品种数量应能保证供应，不应缺货。但数量不宜过多，太多一则增加成本，二则客人选择不便。

（4）选择毛利较大品种。必须考虑每一菜点的成本、销售情况、获利能力，以期扩大销售，获得预期利润。① 既畅销利润又高的菜点必须作为菜品组合的核心，一般是看家菜、拿手菜、特色菜，菜品制作要保证质量。客人不太可能记住全部菜肴，但对其中的几道菜留有深刻印象，那就是成功了。② 虽畅销但利润低的菜点，一般是大众菜点，应薄利多销。要注意成本与利润之间的对比情况，确保有利润可图。③ 不畅销但利润高的产品，一般是名菜、传统菜，销量较小，利润可观。这是销售的重点，有时为了保持平均消费额，可以与畅销但利润低的菜肴来组合销售。④ 既不畅销利润又低的产品，不列入经营品种，除非有特殊的理由。

（5）搭配平衡。① 菜品价格平衡。价格要高、中、低档搭配，不同类别的菜肴比例是两头尖当中大，或者是高、中、低的比例按 2∶4∶4 搭配。② 原料搭配平衡。处理好荤素菜肴、面食点心、水果与饮料等的搭配。③ 烹调方法平衡。用不同烹调方法制作。

④ 营养平衡：各种营养成分搭配合理。

(6) 品种独特。本酒店特有而其他餐馆没有或者其他同类菜品比不上的某一类、某一个品种、某一种烹调方法、某一种服务方式等。独特的菜品能突出餐厅形象，使餐厅具有与众不同之处而创出名气。

(7) 方便客人点菜。酒店可以有宴席特餐、健康特餐，有季节性的菜肴，有精致的套餐，有特别为女性 而准备的菜肴，有特别为儿童而准备的菜肴等。

2. 设计特色菜

成功的餐厅必定有特色菜肴，有许多回头客，甚至每次都点该菜，使它成为名副其实的“拳头菜品”。抓住消费者思维定势，故意将消费者都熟悉、其他饭店经营者不屑一顾的最普通的菜肴，设计成自己的特色菜，使其在消费者心目中形成美好的形象。将普通菜肴做出与众不同的口味，关键是一有新鲜的原料，二是厨师高超的烹调技艺。

3. 打造招牌菜

以品牌求发展，使企业成为能影响并带领整个行业发展的龙头企业。品牌的知名度越高，品牌的追求者就越多，其价值就越大，品牌的价值增强了企业的竞争力。当品牌成为消费者心中的产品标志后，便建立了品牌忠诚。顾客通过口碑效应扩大品牌影响，从而达到促销的目的。企业为了维护品牌和信誉，要尽力保证菜品的风味特色和质量，不能偷工减料，降低质量，倒了自己的“牌子”。餐饮企业通过自己的产品品牌，尤其是消费者熟悉认可的名牌产品如北京全聚德烤鸭、小肥羊涮羊肉、天津狗不理包子等，争取较高的市场占有率，增强市场竞争能力，有效地占领市场。

4. 设计创新菜

经营餐饮要有前瞻意识，走在潮流的前头，把握潮流动态，必能赢得高额利润。餐厅不能满足现状，每隔两三个月，就要换一次新菜单，要保证每个月都有新菜推出，吸引新顾客，又能使老顾客不会厌倦。菜肴的创新可从挖掘、继承、引进和改良四个方面着手。

（三）餐厅服务产品设计

酒店服务要真正围绕“让顾客满意 + 惊喜 = 忠诚顾客”这个核心理念进行服务创新。在服务方式、服务环境、器皿等方面尽可创造出“卖点”和“亮点”来。酒店可以打出“绿色餐饮”的旗号，在餐厅设立无烟区，采用绿色食品、无公害蔬果作原料，倡导绿色消费，主动提供剩余食品打包服务和存酒服务等。服务的重点应放在“精细”上，要使“吃”不仅仅停留在食物的色香味形上，而且要“吃得考究”、“吃出氛围”来。及时、准确地提供定制化、个性化、亲情化和细微化的服务。

（四）营造美好的饮食氛围

餐饮与文化和历史是密不可分的。餐饮名店需要文化的支持，特色餐厅以独特的民族风味受到广大消费者的追捧。健康、明朗、舒适的气氛，符合时代潮流的情趣，富丽豪华的格调，有娱乐活动节目，有迷人的音乐，已是餐厅的必要条件。环境、服务、文化、创新意识，有取代价格、促销之势，成为餐饮竞争的主旋律。

二、餐厅零点点菜服务的工作流程与规范

（一）零点点菜服务的基本操作程序

客人在迎宾员的引领下进入餐厅落座，看台服务员应立即上前招呼并提供上茶等服务，这就进入餐厅服务的另一重要环节——为客人点菜及酒水。操作程序如下。

1. 递送菜单，请顾客点菜

职业点菜师规范地站在顾客左侧或右侧方便的地方，身体略微前倾，礼貌地双手将菜单递送给客人，请客人阅读菜单。数分钟后回到顾客左侧，向顾客介绍菜点并接受顾客点菜。当客人示意点菜后，职业点菜师即上前热情服务。点菜时要专心倾听顾客叙述，交谈时音量适中、语气亲切。这是大部分餐厅普遍采用的点菜方法。

除此以外，点菜方式还有两种：一是点菜师把点菜单与圆珠笔提供给客人，由客人自己填写所选菜肴，然后员工将客人填写好的点菜单送往厨房叫菜。小型餐饮企业常用此法。二是点菜师将印有所有菜肴项目的菜单与圆珠笔交给客人，由客人自行圈选他们喜欢吃的菜肴，然后再送往厨房叫菜。这是火锅餐饮和部分简便餐饮的点菜方法。

2. 主动推荐酒菜或提出建议

职业点菜师充当着双重角色，既是服务的提供者，又是餐饮产品的推销者。在餐厅营业前，职业点菜师必须向厨房主厨了解当日菜色情况，如缺货或是欲促销的菜色；必须熟记菜单的全部内容，尤其是当天特别菜的名称、材料与烹调的方法，烹调时间的长短。

推荐酒菜时，应根据顾客需求，尽力向顾客推销本餐厅的时令菜、特色菜、名菜、畅销菜和各种酒水。应调配菜色内容与烹调方式以适合客人的口味，应机敏地告知客人各种菜、汤的烹调时间、口味特点和营养知识。

3. 灵活处理各种情况

当顾客点了相同类型的菜点，应主动提示顾客另点其它菜品。如顾客表示要赶时间，应建议点些制作较快的菜肴，不要点蒸、炸及酿等方法制作的菜肴。点鱼、虾等海鲜菜肴时，应征求顾客对鱼、虾的重量要求或主动建议适当的重量。如顾客点菜过多，要及时提醒顾客。如顾客点了菜单以外或已售完的菜品时，要积极与厨房联系，尽量满足顾客需求，或向顾客介绍其它相应的菜品。如顾客点了烹调制作较长时间的菜品时，要主动推荐一些制作简单、上菜速度快的菜品。用同一点菜单的客人要求分开账单时，需要通知厨房准备。客人点错菜，千万不要与客人争吵，以宽容和耐心来灵活待客。

4. 认真准确记录顾客点的菜点与酒水

（1）记录要求。准确地将日期、台号、桌面人数、菜单名称、客人所点的菜品、烹饪要求、分量及负责开单人员的名字，按出菜的顺序，详细填入点菜单内。如有疑问应再度询问清楚，以免遗漏或错记；注意记清每位客人点的菜、每道菜要求烹制的程序、用何种原料及其配菜等。开菜单时，字迹要清楚端正。可用一些特殊的记号和缩写来标明，会使手续快捷；但这种缩写大家应熟悉。酒品、冷菜、热菜和面点要分别开菜单。

如果顾客所点的菜点是菜单上没有的，应在点菜单上注明，以便收款、制作和订价。顾客对某个菜肴的要求都应写在菜单上，如顾客分开两桌点同样的菜，应在订菜单上注明“双上”。填单时不可将点菜单放在餐桌上填写。

（2）记录形式。点菜单采用三联单形式。第一联，让收款员盖过章后，由传菜员交厨房或酒吧作为取菜肴和饮料的划单用凭据，此联可留存，作为查阅资料。第二联交收款员为出纳入账之用，第三联置于客人的餐桌上或服务台旁，作为上菜服务核对确认之用。有时客人点菜后会改变主意，这时必须将原来所点的菜名划掉，再重新为客人点菜即可。

也可使用点菜备忘单记录的方法。餐厅将所有经营的酒菜印在点菜单上，服务员只需根据客人的点菜，在相应的菜名前做出标记即可。一式两份，一份留给客人，一份送到厨房。若客人改变主意而变更他们的点菜时，服务员在备忘的点菜单上划掉项目，防止混乱。

先进的酒店采用计算机记录点菜。将客人的点菜，包括菜的分量、价值、总金额等所有项目输入计算机，打印后交给客人并通过荧屏显示通知厨房。

（3）编号方法。为了正确记录桌上客人点菜顺序的位置，编排方法有：

① 站在餐桌左角，记录点菜时从右边的客人开始。

② 以某人作参照，如从穿红色外衣的女士开始。

③ 用东南西北方向为参照物，按顺时针方向进行。利用窗户、大门或其他明显的目标作为基准点，将每一桌的第一个椅子编为第一号。这些方式可以预防点菜的混乱，避免差错。

4. 复述并确认客人所点菜肴和酒水

点菜完毕，一定要向顾客复述一遍所记录的菜肴和酒水，请客人确认；如有疑问，应再问清楚，以免遗漏或出错。最后向客人道谢。

5. 送达各联点菜单，务求沟通确认

将点菜三联单分别送入厨房、出纳和客人的餐桌或服务台，作为制作、上菜服务核对的依据。

写完点菜记录单立刻送到厨房，放在点菜记录单的呈放架上。要特别注意双层的点菜记录单，防止在匆忙中被忽略。点菜记录单要按次序或按桌号放置；新的点菜记录放在右边，以保证厨师按客人点菜的先后次序，从排在左边的记录单上的菜开始做准备。厨房指定一人唱读每份点菜单。收接点菜记录单的人，必须重复一遍所点菜，以便准确无误。当一份点菜单上的菜准备好后，厨师应把点菜记录单和账单放在上面，检查点菜是否准备齐全。

如采用计算机系统，则把点菜记录准确输入计算机系统，通过自动传递，厨房就能从荧屏上看到显示出的点菜项目。

（二）点酒水和西餐点菜的要点

点酒水的程序与点菜的程序相同。如顾客点了威士忌酒或白兰地等烈性酒，询问顾客是纯饮还是需要加冰块。填写酒水单要写清楚酒水商标、酒水产地、酒的年限、分量、价格、填单时间和填表人姓名等信息。

西餐讲究菜肴火候和调味汁，采取分餐制就餐。如顾客点了煮鸡蛋，应问清煮几分钟；点了牛排，应询问需要几成熟，配哪种调味汁和哪种配菜；如顾客点了沙拉，应问清顾客喜欢哪种沙拉酱。

（三）点菜服务技巧

1. 了解客人饮食需求

了解客人的饮食需求，风味习惯，喜忌爱好。从饮食消费心理分析，每次就餐有一个至二个菜能给客人留下美好的印象，人就会有满足感。

（1）突出本店风味。最易突出风味的方法就是选择本酒店菜系中特有的烹饪方法烹制的菜肴，或本酒店菜系中最擅长的烹调手法的菜肴。例如广菜的卤味、清蒸鱼、小炒，煲汤、烧烤类。川菜的干烧、麻辣、干煸口味；淮扬菜中的烩菜、大煮、清炖菜；山东菜中的芫爆、黄焖类菜肴；湘菜中的剁椒；闽菜中的红糟；上海菜的红烧等等。

（2）突出主厨拿手菜。现今的厨师多数是能够料理多帮菜肴，但从保证出品质量分析，多数厨师学徒时期所学的东西，对他有着根深蒂固的影响，往往最拿手的就是入行时所学菜系的菜肴。

（3）突出主要菜系。由于客人要求的多样性，单一菜系的菜肴不能满足全部客人的需求，适当配些其它菜系的菜肴能够迎合客人的喜好，但数量不能超过主要菜系的菜肴，不然就会喧宾夺主，突不出主题。其它菜系面要广。如有的酒店提供的菜系比较单一，其它菜系少，可用流行菜式来替代。

（4）口味搭配不能重复太多。一桌菜全是辣的，甚至每人都摆一碟辣椒酱，口味太重味觉被麻痹。从健康角度来分析，辣味会使喉咙和胃的功能降低，再好的食物都没办法品尝。糖醋、红烧、清炒、椒盐等多几种选择组合，可以让一餐饭吃得更美味。

2. 满足价格心理预期

（1）用餐目的。日常用餐经济实惠，休闲消费可高可低，宴请客人档次较高。设计菜单时要了解客人的预算，如预算较紧，最好有一两道看得过去又不是太贵的菜，比如螃蟹、小象蚌，或者大闸蟹、好点的鱼，其它菜式选择实惠的，这样比较体面，不至于太寒酸。

（2）费用性质。公费宴客有预算，超过预算会给客人报销带来麻烦；私人宴请有心理价位，买单时超过 20% 就会产生价格贵的感受。

（3）菜肴搭配。冷菜少、热菜多，给人价格低的感受；“个吃”的菜多，给人价格高的感受。

（4）档次搭配。

① 宴请外地客人采用高低价格搭配。高价原料体现档次，低价原料选用当地特色原料，如山野菜、地方土产，也能让客人感受到高档菜的感受。

② 休闲娱乐型用餐采用高中低价格搭配，能全面体验到酒店的特色，给客人留下深刻的印象。

③ 中等价格搭配适合日常用餐客人，给人以实在的感受。

3. 合理搭配原料，恰当组合菜肴

注意菜肴数量及搭配。菜肴数量恰当，如 4 人吃饭，一般可点 3 ~ 4 个冷碟，3 ~ 4 个热炒菜，加一个大菜一道汤就足够了。如 6 人吃饭，一般可点 3 ~ 4 个冷碟，3 ~ 4 个

炒菜，加一个大菜一道汤，1～2个点心就足够了。菜肴原料尽量不重复。一桌宴席由汤、热菜、凉菜、主食点心四大块组成，而原料无非是肉类（畜、禽）、海产品（鱼、虾、蟹）和蔬菜三类，这些要素缺一不可。比如，汤选择了老鸭煲，热菜和凉菜就可以偏重鱼或者蔬菜为主要原料；如选了一款鱼汤，就不必再点鱼类或海产品。点了糖醋鱼，就别再选菠萝咕噜肉。

配菜时因人而异区别对待，要注意客人的宗教信仰、口味、身体健康的禁忌。不同体质类型的人，要选择不同性味的食物。如面色“黑黄”者，可能肝肾不舒，应为其推荐一些保肝护肾的菜肴，但要避咸，否则就会增加肝肾的负担，加重不适感；如唇“紫”眼“青”者，可能心肺不舒，应为其提供一些易消化吸收的菜肴食品，但要避咸、辣，盐对心脑血管有影响，“辣”为“燥”物，不利于润肺；如面色“无华”者为体虚者，应为其提供高蛋白、温热易吸收的食品，但要避免高热能、不易消化吸收的食品；如面色“赤红光泽”，为体健强盛者，应为其提供“三低一高”食品，使其更加健康。

4. 烹调方法多样

菜肴应强调荤素、浓淡、干湿、多种烹调方法搭配。厨师有分工，掌管炒菜、油炸或清蒸，各司其职。如果点的都是油炸、清蒸、炖煮的菜，烹煮时间比较长。点菜师就应向客人说明，减少误会的发生。

5. 推销技巧要点

（1）职业点菜师必须从维护酒店利益的角度出发，树立高度的责任感，具备推销意识，主动向顾客建议性地推销，而不仅仅是被动接受顾客的指令。

（2）不要让员工本身对食物的喜恶与偏见影响客人的选择。不可对任何客人所点的食物表示厌恶。

（3）点菜前要通过听、看、问等方式了解客户的身份、宴请的类型、客户不同的口味以及消费水平。根据客人的具体情况，提供个性化的点菜服务，也就是在推荐菜式的色香味形，菜品的数量、价格，既能达到酒店效益的要求，又能使客户满意。最好能记住客人姓名和饮食爱好的食品。

（4）熟悉菜单及酒水单，了解推销菜肴酒水的品质、原料、口味、烹饪方式、产地等，以便能向顾客做专业知识介绍。牢记菜牌价和时价，宣传特价菜和特色菜的特色，强调新菜和利润较高的特点。了解掌握海鲜的急推程度，对急推的菜品，要掌握多种做法和不同的口味。对于当天急推菜品，应灵活机动地优先推荐，争取客人的认同。

（5）当客人自己点菜时，要耐心热情地予以帮助，注意菜品的适当搭配，照顾不同年龄客户的口味，菜品数量不足或超量，价位是否适宜。适当推荐当天特色菜，如售完应表示歉意，并及时推荐近似的菜品。当客人自己不能决定时，可提供建议，最好是先建议中等价的食物，再建议更高价的食物，由客人去选择，或先向客人征询他所喜欢的食物，再建议菜式制作。

（6）不可作硬性推销。在任何场合顾客的满意比销售量更重要，否则很难提高回头客率。

（7）生动的描述，有时会令客人在不饿的时候也能引起食欲。

（8）应该随时在心中准备一些菜式，当客人问及“今日有什么好介绍”时，则可马上介绍。

（9）提醒客人所点的食物是否不足或太多，可建议调节菜量之大小。

（10）要多做主动推销，客人不一定想饮酒或吃甜品，经你殷勤介绍，多会接受服务员的推荐。

（11）把握好推销时机，应根据客人的用餐顺序和习惯推销。

（12）对暂时卖完的菜要及时掌握，万勿介绍给客人。万一客人问起时，可说：“对不起，刚好卖完了”，并建议客人用相近的其它菜式。

（13）注意多介绍餐厅急推品种和时令菜点。急推品种往往是餐厅需迅速推销的，推销出去可降低损耗；时令菜则主要让客人享受到季节性菜式。

（14）推销时需注意“主随客便”，对不同的客人应作不同的推销，如：向急着离开的客人推荐准备时间短的“速食”；向由公司付款的客人提供价格高的项目；向重要人物、美食家推介品位最佳项目；向独自一人的客人提供准备时间短且分量适中的食品；特殊场合推销一些高档酒水或一些需预订的食物；家宴要注重老人或孩子们的选择；情侣就餐要注意女士的选择；对大老板或谈生意者注意给他们面子；向素食者推荐素食，并注意低热量。

（15）注意语言艺术和表情的运用。

三、宴会菜单、团队套餐菜单设计的工作流程与规范

（一）接受预定

1．接受预定的形式和程序

（1）电话预定。

① 接电话：铃响3声内接电话。

② 问候客人：问候早上好（或下午好、晚上好），报出部门。声音清晰、柔和、音量适中、快慢有序。

③ 询问客人：了解预定标准，尽量争取标准高一些。

④ 自我介绍：礼貌、主动向客人介绍宴会标准，宴会场所，特色菜肴。

⑤ 接受预定：问清预定单位、联系人姓名、联系电话、宴会日期、时间、人数、桌数、标准、出席对象、有何特殊要求、有何禁忌、用什么酒水、付款方式及客人的联系电话号码或房号等信息。

⑥ 作好记录：随手记录在宴会预定登记簿上，根据活动人数安排相适应的场地并报价。

⑦ 确认预订：一定要向客人复述一遍，以得到客人的认可。

⑧ 结束预订：感谢客人，向客人告别，待客人挂机后，方可挂电话。

（2）上门预订。对酒店不太熟悉的客人或是对酒店存有疑虑的客人，一般会采用上

门预订的方式。

① 礼貌迎客：站立、微笑，问候客人。请客人先坐，递上迎客茶。

② 自我介绍：报出自己的姓名、职务，主动与初次预定的客人交换名片。对再次预定的客人，要主动征求对上次宴会的意见。

③ 洽谈活动：洽谈业务时，注视客人，目光亲切，认真倾听，仔细询问，不要随意打断客人的讲话。了解客人的各种要求。

④ 出谋划策：根据洽谈时客人的要求和酒店的实际情况，建议适当的场地并陪同客人参观，与客人洽谈标准（场租或用餐）和具体布置要求。

⑤ 确定菜单：A. 标准菜单：由厨师长开出季节不同的宴会专用菜单，有多套标准菜单可供客人选择。B. 非标准菜单：客人对饮食有特别要求的，按客人要求配菜或对标准菜单进行调换。C. 零点菜单：适用于用餐人数较少的客人，收费的标准按零点价格收取。

⑥ 确定酒水：征询客人对酒水的要求，问清用餐客人的国籍，介绍相适应的酒水及酒的特点、产地、年份供客人参考，请客人选择。

⑦ 记录订单：根据洽谈好的内容，准确做好书面记录，认真填写预订表，字迹清晰。

⑧ 确认预订：将填好的预订表交给客人审阅，如无疑义，请客人签字认可。

⑨ 预付押金：可采用支票、现金等形式。

⑩ 送客服务：感谢客人选择本酒店举办活动，向客人告别。

（3）邮电预定。邮电预订的可靠性较差，任务接受后的跟踪就显得很重要。如对客人的各项要求都已明确，应采用上述来人、来电的方式，回复客人，予以确认。如客人对各项预定要求未作说明，应请客人明确具体要求；如客人再次来邮、来电确认的，予以办理登记；如客人不再复告的，则不予确认。

（4）接受预定的要点：

① 无论客人采用何种方式预订，职业点菜师要礼貌待客、态度热情、主动介绍、规范接待。

② 对客人办宴目的有清晰了解。对客人的细节要求、个性要求有明确的了解。该问的项目不能缺少。

③ 认真填写宴会预订单，作好详细的记录。一定要向客人复述一遍，让客人确认预订的内容。

④ 一般的宴会，不要主动向客人介绍什么厅；高规格的宴会，则尽可能使用客人喜欢的宴会厅。

⑤ 对初次预定又不太了解的客户，预订后应与客户保持联系，以了解宴会有何变化以防意外。

⑥ 如因客人要求标准过低而不能接受预定时，应婉转向客人解释并致歉。

⑦ 接待预定时必须对酒店的现状有清晰的了解，其中包括场地的空闲状况，接待能力，对客人要求的满足度。

下面是宴会预订单示例。

宴 会 预 订 单

日期　　联系人　　预订人

客人性质________客房________公司性质________

公司名称________________　　预订________ ________

活动名称________________　　修改 1________ ________

日期________时间________地点________　　修改 2________ ________

人数________标准________形式________　　修改 3________ ________

结账事宜________________　　修改 4________ ________

联系人________电话________传真________　　修改 5________ ________

菜单：
饮料：
台型安排：

其　他

VIP 客人				
制作横幅/会标/指示牌的内容				
指　示　牌		横幅/立板/会标		
搭台	有 否	面 积		主席台人数
签字仪式	有 否	签字人数		
签字笔	套	签 到 本		
设备/设施/装饰				
幻灯机		激光教鞭		
投影仪		激光影碟		
录像机及电视机		BARCO		
投影电视		白 板		
白 板 笔		花 台		
胸　　花		花篮		
话　　筒	台式	立式		无线

营业额：会议________宴请________花草________横幅________设备________服务费________

总　额：________酒水________乐队________会间茶________司机代办________

2. 宴会洽谈时必须了解的信息

(1) 就餐标准。餐饮报价时必须先制定报价程序与授权要求，在详细了解客人的全部要求后再为客人推荐适当的菜肴。

(2) 出席人员。出席宴会的人员有主人、主要陪客、主客、次要客人。搞清楚出席对象的情况，在菜单制作、服务方式、宴会布置等方面进行有针对性的安排。在了解喜忌心理的过程中，宗教禁忌必须放在首要位置给予考虑，然后根据身份最高的主要客人、陪客的喜好来决定。

(3) 活动形式。要了解宴会全过程的组成环节，如在宴会中有演出，由于不了解演出结束的时间以及以后的活动，上菜速度一快，客人就会提前离开，影响整个宴会活动的完美完成。

(4) 宴会主题。了解主题是宴会设计的首要条件。设计必须紧扣活动主题，才能为客人提供优质的恰到好处的设计。

(5) 会标色彩。在菜肴制作、台面安排、环境布置过程中要有机地将主办单位的会标色彩结合并穿插在其中，加强客人对这次活动的印象。

(6) 会场设备。用餐过程中，如有讲话、演讲、电视转播、演出、产品发布等活动，那么对会场设备要求很高，需提前安装完成，以利活动圆满地完成。

(7) 时间场地。要考虑宴会的开始时间、客人布置场地时间、服务员准备工作的时间，应注意前后任务的场地衔接。宴会活动如有接见、会谈、合影、采访、鸡尾酒会等都需要另行安排场地。

(8) 行动路线。重大宴会活动，客人入店需辟有专用通道。保证客人汽车入店的行驶路线。有客人停车场。

(9) 礼宾礼仪。重要客人的入店需要一定的礼仪规格，例如 VIP 的红地毯、总经理的门前迎候、服务人员的列队欢迎、礼仪小姐的迎送献花等。

(10) 宴会程序。认真研究细节，严密设计程序，防止任何一个环节上的差错，满足客人需求，实现办宴目的。

(11) 特殊要求。在接洽预定的过程中，预先了解客人特殊需求，了解得越清楚，准备也越充分，临时应变也就越容易。

(二) 设计策划

1. 开具菜单

(1) 就餐目的。朋友聚会，点菜比较随心所欲。男性可点肉，女性点鱼或海鲜，点牛、羊肉时一定记得问有否不吃的。女性客多的时候，内脏菜要慎点，尤其大肠、鞭类菜最好不要点，不然会被视为不恭。

(2) 菜单结构。首先是冷菜，形式有大拼盆、小盖碗、围碟、刺身、卤味拼盆，也可以是冷菜围碟加上热头菜，如蒸腊味、炸香酥鸡翼、炸脆鳝等干味较浓的特色菜；其次是炖盅或大菜，如燕、鲍、参、肚、虾等大菜；然后是炒菜、烩菜、素菜、鱼、汤、点心、主食、甜品、水果。有的菜系中鱼是放在大菜中的最后一个，点心穿插在炒菜的前面。在有些地区的高档宴请中，有采用中餐西吃的方法，菜式采用纯中式制作，菜单结构、服务方式完全按西餐要求完成。

（3）菜肴道数。不同地区风俗习惯、不同宴请的菜的道数不同，可有 4 菜、5 菜、6 菜、8 菜、10 菜、12 菜、1 汤、2 汤、2 点心、1 甜品、水果等道数。菜的道数要考虑宴会进行的时间长短，菜少等候时间长，菜多来不及吃。

（4）原料选用。应注意客人的宗教习惯、喜好忌讳，例如穆斯林不能用猪肉，西方人看见海参害怕，欧洲人不吃鸽子，有的人对海鲜、蘑菇容易过敏等。还应注意不同区域、不同身份的客人对同一原料有不同档次的感受，例如明虾与河虾仁，北方人多数认为明虾比河虾仁档次高，南方人却认为河虾仁比明虾档次高；有些特产尤其是野菜类，当地人认为很普通，客人认为很名贵高档。还应注意多用时令鲜品，少用罐头速冻品。

（5）烹饪技法。必须针对原料的特性来选择不同的烹饪技法；整个宴会中，应采用多种不同的烹饪技法。这样使菜肴出品既有多样性，又因不同的烹饪技法采用不同的加热器械，错开炉灶的使用时间，保证按时出菜。

（6）口味习惯。应按客人口味爱好而定，要注意口味的多样性，不能单一。先上味浓的，后上味淡的；冬季浓、夏季淡。

（7）菜肴颜色。颜色应深浅搭配、色彩纯正，少用或不用食用色素。

（8）菜肴数量。宴会菜肴的量，视菜的道数多少而定。不管菜肴道数多少，食品总量应该是相同的。

（9）菜肴形态。宴会中，恰当地穿插一些有针对性图案的菜肴，例如祝寿宴上桃形点心、婚庆宴上鸳鸯冷盆等。

（10）烹饪时间。为了保证食品安全，一定要考虑菜肴制作完毕的等候时间。冷菜装盆，必须有精确的时间概念。为了衔接出菜的程序，对于烹饪时间长短不一的菜肴，要科学安排加工时间，以保证在既定的时间内按时出菜。

2．宴会餐具设计

（1）台面餐具选配。台面餐具主要有三大类：一是瓷器，要求规格一致，质地花纹统一，花纹颜色与宴会厅主题吻合。二是玻璃器皿，要求配套，喝什么酒水配什么酒杯，不能混用。三是银器、不锈钢用品，光洁明亮，无污损、锈迹。餐具用品清洁卫生，摆放整齐，取用方便，数量充足，无破损。

（2）厨房餐具配备。

① 餐具颜色和菜式搭配和谐。冷菜、夏令菜宜用冷色餐盆，热菜、冬令菜和喜庆菜宜用暖色餐盆。要切忌“靠色”，例如将绿色菜盛在绿色盘中，既显不出青蔬的翠绿，又埋没了餐盘的纹饰美。如使用一色的白花瓷盆，这就需要有围边来装饰菜盆。

② 器皿形态与菜肴搭配和谐。各种菜肴，就要有相应的食器相配。例如，平底盘是为爆炒菜而设，凹盘是为熘菜、烩菜而来，椭圆盘是为整鱼菜而来，深斗盆是为整只鸡鸭菜而来，莲花海碗是为汤菜而来等。

③ 器皿大小和菜肴数量相称。平底盘、汤盘（包括鱼盘）中的凹凸线是菜肴、餐具结合的“最佳线”。用盘盛菜时，以菜不漫过此线为佳。用碗盛汤，则以八成满为宜。汤汁漫至餐具边缘的菜肴，不能使人感到“秀色可餐”；菜肴量小，使人感到缩于器心，干瘪乏色。

3. 宴会餐厅设计

（1）宴会台面设计。餐具摆放既要方便宾客用餐，又要便于员工席间服务，还要体现美学原理。

（2）餐厅环境设计。主要是厅房风格、饰品、墙面、绿化的布置，要注意民族习惯。

（3）宴会服务设计。宴会服务体现在每个细小的具体环节中，最终目标是使客人满意加惊喜。

四、客户信息分析与客户关系管理

（一）深入了解宾客意见

1. 与宾客交谈

采用多种方法与客人沟通，既能了解意见，又使客人感受到尊重。沟通时态度和蔼，语气诚恳。

2. 宾客意见征询表

（1）宾客意见征询表要有保密性。为防止有关服务员和管理人员看到信息后，认为对自己不利而藏匿不报。因此，可把宾客意见征询表设计成折叠式信封样，收信人姓名是总经理。顾客填好后可直接投放在总经理信箱，不要采用让员工直接给客人填写的方法。

（2）突出责任者。国外有的酒店宾客意见征询表上有总经理的肖像，下面有这样一行字：“您是能告诉我们已经成功了还是尚未成功的人。我们非常重视您的评论，非常想要知道哪些事情我们做好了，哪些事情还需要改进。您能让我们知道吗？我必须确信我们的服务是做得最好的。”

（3）内容全面。不但包括我国饭店星级评定标准中（宾客意见调查表）上的内容，而且也要包括从客人预订渠道、各种设施状况、各种服务人员的表现和以后是否再愿来这家酒店的所有信息。

3. 电话联络客户

（1）关注客人。电话联络除了日常的嘘寒问暖外，需要特别关注最近来餐厅的感受。这类电话一般在上午10:30分左右联系较为合适，此时为公司的上午茶时间，昨晚的活动已有反馈。

（2）通报近期推销信息。如美食节活动、各种节庆活动情况通报，季节新菜介绍，常客优待办法等。信息介绍要简明扼要，内容使人感兴趣。这类电话一般在中午刚上班或下班前联系较为合适，容易对客人选择晚上活动地点产生影响。

(3) 询问近期需求。客人是否有重新光临的需求，近期不来的原因。

4. 邮寄餐厅近期信息

(二) 各类宴会推销

1. 普通宴会推销

普通宴会推销以直接通信推销、电话推销和销售人员访问形式为主。首先列出本地区有宴会和团体用餐活动的政府机关、企业、公司、各旅行社、各种协会等机构的名单，至少每月邮寄推销材料一次。建立客户在本酒店宴请档案，从中找出规律，以便提前上门进行有针对性的销售。例如某单位每年要进行开业庆祝宴庆活动，饭店则要在宴庆前进行推销访问，提醒他们再次来订宴会。

2. 婚宴推销

婚宴的主要客源是当地居民。销售人员可以到婚姻登记处了解将要进行婚礼的名单，然后给这些人邮寄婚礼推销材料和菜单。也可以与婚庆公司、婚纱摄影店连手，相互介绍客人，相互给予对方介绍的客人以各种不同的优惠。可利用免费提供婚礼司仪、接送新婚夫妇、婚礼照相服务、特邀乐队演奏、结婚蛋糕等推销措施来吸引婚礼客人。

3. 年终、年头的尾芽（团拜宴、开工宴）、春茗推销

许多公司有在春节前、后通过聚餐形式来犒劳员工一年辛劳的做法。宴会厅可于每年春节前及后一个月推出尾芽、春茗的促销策划。随桌附赠部分酒水和饮料，或提供特惠酒水和菜肴，要考虑厅房的单独性，以及客人们的自娱自乐。

4. 中式及西式情人节促销活动

2 月 14 日以及农历七月初七分别为西方情人节与中国的七夕节。宴会厅可以锁定各个消费群，设计不同的情人节套餐或舞会等促销活动。如推出情人节舞会套餐，或请礼服公司在现场替情人拍摄纪念照。还可邀请相关厂商，如旅行社、航空公司等，提供摸彩奖品联合做促销。而这些情人节客户所留下的资料，正是酒店及其他厂商最直接的潜在客户。

5. 圣诞节促销活动

宴会厅可于每年 12 月 15 日至 30 日做圣诞晚会促销活动。圣诞舞会的价位将比平常高很多，圣诞节晚会、舞会等节庆活动确能给宴会厅带来一笔可观的收入。

6. 除夕年夜饭活动

除夕夜是中国人全家老小团圆聚餐的时刻，至今在酒店吃年夜饭的家庭激增。酒店可大力促销以各式烹调美味的时令佳肴与象征好彩头的菜肴名称，营造出年夜饭欢乐温馨的气氛。也可采用“外卖半成品餐”的方式，将一些平日仅见于餐馆的菜肴提供顾客外带回家享用，如名菜“佛跳墙”便是有的饭店经营外带方式的拳头产品，颇受大众喜爱。

7．会议促销活动

一般而言，酒店宴会厅中午时段的生意通常较差，所以可常年性地推出会议项目以促销会议生意。对前来开会的外地客人，宴会厅可推出会议包价策划，为客人提供住宿、早餐及机场接送等。

（三）信息数据分析与管理

每周需要对餐厅的营业数据进行一次客观的分析，找出问题，并提出改进方法的建议供管理部门参考。

1．数据管理的要求与方法

（1）信息的正确性。信息的正确性，主要体现在输入的及时与正确。信息的输入主要靠基层一线员工。要获得正确的数据必须要有正确的操作程序，并有良好的操作培训才能保证。时间信息也是重要内容，例如出菜时间，从输入点菜单到出菜的时间，从第一个菜到全部菜品出齐的间隔时间，其中冷菜、热菜、点心之间的间隔时间，都体现了产品质量，体现着管理中劳动力分配的合理与否。输入要及时，如果事后补充则会增加差错。

（2）信息的完整性与共享性。信息要完整，包括以下信息。

① 顾客的姓名、电话、地址和邮政编码。用作联系手段。

② 预订的日期和方式。帮助选择销售渠道和确定提前进行推销活动的时间。

③ 到达日期、离开日期和停留时间长度。了解客源的季节性和停留长度。

④ 每次同来就餐的人数。了解目标客源人数规模。

⑤ 用餐标准。了解每一类顾客消费大小。

⑥ 顾客类型。如会议代表团、观光旅游包价团、商务客等，了解顾客的需求类型。

⑦ 消费总额和支付方式。了解顾客消费水平、消费结构和支付方式。

⑧ 支付佣金。了解支付不同旅行代理商的销售成本。

以上这些信息既可以用手工记录，也可以输入计算机。

（3）采用宾客历史卡方法。将经常用餐的顾客、人数和消费额都很大的顾客、或者对酒店声誉影响很大的顾客作为目标客源。制作一份宾客历史卡，在对每一位顾客日常记录的基础上，综合多次记录的信息制成。内容有：口味特点、支付费用、信用情况、预定方式、厅房爱好、特殊要求、忌讳、生日、周年、纪念日、投诉等等。

2．数据管理的内容

（1）菜肴排行榜分析。分析内容：一是盈利菜肴与非盈利菜肴，畅销菜肴与滞销菜肴。保证畅销菜肴的原料供应，控制滞销菜肴的原料申领和采购。二是销量波动大的菜肴，引起波动的原因，以便采取有针对性的措施。此表的作用一是厨房备料的依据，备料的多少关系到原料的新鲜度，从而保证菜品的出品质量。三是调整菜单的基本依据。四是厨房员工工作安排的依据，保证厨房产品的出菜时间。

菜肴日销售排行榜

日期：		天气：			
星期：		特殊事件：			
餐别：		制表人：			
销量前十名排行榜					
名次	菜肴名称	销量	占总销量比重	毛利率	畅销原因
销量后十名排行榜					
名次	菜肴名称	销量	占总销量比重	毛利率	滞销原因

注：此表送行政总厨、成本经理、餐厅经理。

菜单分析表（1）

菜名	销售份数	销售数百分比	顾客欢迎指数	价格	销售额	销售额百分比	销售额指数	评论
什锦蔬菜汤	60	26%	1.3	¥5	¥300	16.1%	0.8	畅销、低营收
家常鸡蛋汤	30	13%	0.65	¥4	¥120	6.5%	0.3	不畅销、低营收
芙蓉鸡片汤	20	9%	0.45	¥8	¥160	8.6%	0.4	不畅销、低营收
成都酸辣汤	80	35%	1.75	¥10	¥800	43%	2.2	畅销、高营收
菜圆牛肉汤	40	17%	0.85	¥12	¥480	25.8%	1.3	不畅销、高营收
总计/平均值	230	20%	1		¥1860	20%	1	

菜单分析表（2）

销售特点	上表的例子	产品政策
畅销　高营收	成都酸辣汤	保留
畅销　低营收	什锦蔬菜汤	作诱饵或取消
不畅销　高营收	菜圆牛肉汤	吸引高档客人或取消
不畅销　低营收	家常鸡蛋汤	取消
不畅销　低营收	芙蓉鸡片汤	取消

根据上面的分析，可得出不同菜肴的销售特点，就可以制订厨房的产品政策。

① 对于畅销、高营收的菜肴予以保留，并列为酒店的特色菜。在点菜的过程中，争取让每桌客人都点此类菜点，并在制作时给予特别关照，保证原料供应的数量与质量，请厨艺较高的厨师专人负责加工，以保证菜肴质量的始终如一。

② 对于畅销、低营收的菜肴，以图文并茂的方式列入展示菜肴中。对性价比高的菜肴进行宣传，以吸引从未光顾过本酒店的潜在客户。

③ 对于不畅销、高营收的菜肴，加强店内推销。可采用门口的水牌，餐桌上的特别推销，餐厅内墙上的促销标牌等形式来吸引客人的注意。

④ 对于不畅销、低营收的菜肴，在菜单的调整中予以取消，或者对菜品在选料、配料、烹调上予以调整改良。

（2）上座率分析。上座率反映了酒店的接待能力水平。上座率明显的下降是酒店各类问题的集中反映，意味着倒闭危机的到来，需要全方位的整改。

（3）客源分析。酒店基本客源一般分为住店客和外来客，外来客又有随意上门的临客及公司上门零点和事先预定的市民散客、公司会议和用餐、公司宴请等。这些客人又分为初次客和再次上门的常客。付款方式（签单、预付、现付、刷卡等）和对发票收据的重视度。

分析常客数量百分比下降的主要原因。一般规律是：公款与预定客的增加，是销售的作用；散客的增加，是菜肴与服务质量的提高。

客源统计表

日期	星期	餐别	客人类型	人数	食品	酒水	香烟	服务费	折扣	消费额	人均消费
1日	周一	中餐	住店客								
			常　客								
			公司客								
			散　客								
			宴会客								
			业主客								
			内部用餐								

续表

日期	星期	餐别	客人类型	人数	食品	酒水	香烟	服务费	折扣	消费额	人均消费
		晚餐	住店客								
			常　客								
			公司客								
			散　客								
			宴会客								
			业主客								
			内部用餐								

（4）本量利分析。本量利分析是酒店控制盈利的基本数据。将酒店的全部成本费用，划分为变动成本（随着营业收入高低变化而变化的成本如食品成本）、固定成本（不管有无客人都会发生的费用，如房租、工资等）两部分。在此基础上，建立起一种新的成本计算方法，即变动成本计算法。变动成本计算的程序是，营业收入先抵补变动成本，其余额称为边际贡献，边际贡献再抵补固定成本，得到利润或亏损。

（5）人均消费分析。人均消费反映点菜师的点菜水平的高低。人均消费反映菜单结构和价格结构是否合理。人均消费是保证利润的必要条件。

第三节　计算机管理系统在点菜中的应用

【案例】

上海长乐路的花苑餐厅，一家宽带网络餐厅吸引了众多网民。这是以全新理念建设的餐厅，成为上海餐饮业展示信息产业发展的窗口。他们将网络与餐饮娱乐相结合，接入了155兆的宽带网，每个桌上都有电脑。网民点击电脑显示触摸屏，便可在网上点菜、订座，并能及时看到点菜总价。客人来餐厅点菜，一般要找职业点菜师，但在这里，顾客只须动动手指，点击触摸屏，便可浏览餐厅的菜肴介绍、照片、价目，随意选择菜肴。等待上菜的时刻，可上网浏览，并进行视频点播，不会有寂寞的感觉。席间，可以浏览一下今日新闻、体育赛事、娱乐信息、商务要闻，也可以点播自己喜爱的节目。这是现代技术手段与传统餐饮紧密结合的典范。最后由服务员送顾客到餐厅门口，由餐厅主任或领班一同送顾客离店，并请顾客下次再度光临。

计算机管理系统在点菜中的应用有如下几点。

（一）安排顾客就座

电脑化订席系统的作业非常简单，每天上班后，餐厅预订组的人员把当天中餐及晚餐顾客预订席的详细资料输出，并复印为当日顾客就餐记录表格，作为餐厅领班的参考。餐厅领班根据预订席表格，在整理餐桌时对预订的餐位做出标示。等顾客到达餐厅时，领位员对已预订席的客人可按照事先标示好的指示带客就座。而未预订的顾客来餐厅用餐时，可将未订出的餐桌，按照顾客的需要带领他们入座即可。

（二）帮助顾客点菜

职业点菜师利用电脑化软件系统为顾客点菜，比传统的点菜方式要快捷简单多了。目前国外豪华型餐厅已采用掌上型点菜机在餐厅为顾客点菜，凡菜单上的各项菜肴与点心都经过编号，职业点菜师只要在掌上型点菜机上输入顾客所点菜肴的代号，厨房即可通过终端机接收到所点菜肴的信息。厨师将它复印后即可按照传来顺序的先后为顾客烹调菜肴。如此不但可以节省服务员到厨房往返的时间，服务员可待在餐厅服侍顾客，等到厨房通知几号桌时再去取菜奉客，无形中使顾客感受到服务员的服务更周到。

（三）收取顾客账款

电脑化软件系统的收银机网络，在职业点菜师为顾客点菜的同时，已将点菜的代号用掌上型点菜机传到厨房终端机，同时也将点菜的信息传到出纳柜台的终端机，即将菜名、价格、桌号等一起输入其电脑连线网络系统。等到顾客要付账时，出纳只要一按桌号的代号即可迅速复印出该桌所有菜肴、点心与饮料的种类、单价及应收款的总价。这样的作业程序非常方便，而且不会发生计算错误等事情。

（四）建立客史档案

利用电脑建立客史档案。

第二章　宴会菜点设计

第一节　宴会菜肴设计

宴会菜肴设计涉及内容很广，需要考虑的因素也很多，综合起来要坚持十大原则。

一、满足顾客需求原则

菜肴的设计要以顾客需要为中心，以客人举办宴会目的、宴会主题以及参加宴会的客人的具体情况为主要依据，充分考虑各种因素。

（1）把握客人特点。准确把握客人特点是宴席菜肴设计的基础。了解的对象主要是主人、主要客人及夫人、主要陪同，了解的内容有他们的年龄、职业、性别、民族及参加宴会的目的，生活习惯、饮食特点、口味爱好和禁忌等。比如有的忌猪肉，有的忌牛肉，有的不吃海参，也有的忌葱、姜、蒜，还有的忌动物油等。

（2）了解办宴目的。参加宴会都有目的，但是主人与客人的心理不尽相同：有的想借宴会搞一些主题活动；有的出于朋友邀请，怀着无奈心理不得不参加；有的想表达诚意；有的是特意前来享受宴会的良好气氛，品尝一下独特的宴席菜肴；有的是寻找团聚的气氛；也有的是出于名望的心理；有的注重环境气氛和档次，有的则注重经济实惠等等。总而言之，必须深入分析方能了解从而满足客人明显的和潜在的需求。

二、突出宴会主题原则

宴会主题不同，宴会菜点的形式也就不同。宴会菜点的形式是指构成宴会的菜点种类、特点、结构、造型、菜名及服务方式等。可采用以下几种主题。

（1）文化亮点为专题。设计专题宴会来吸引客人。专题宴会是指所有菜点围绕一个主题，如成都“三国宴”的所有菜点均出自《三国演义》；“红楼宴”的菜点都出于《红楼梦》。

（2）某种原料为主题。以一种原料为主，利用炸、熘、爆、炒等多种方法烹调，配上各种辅料，形成不同风味菜肴组成的宴会。比如上海蟹宴、全鸭宴、全羊宴等。

（3）面点为主题。以面点为主题来创造和突出宴会的气氛，比如上海城隍庙的点心宴、西安的饺子宴等。

三、因人因时配菜原则

宴席配菜应该根据宾客，特别是主宾的饮食习惯、爱好来灵活掌握。我国地域的口味特点有“南甜北咸，东辣西酸”、“南米北面”之说。沿海和长江以南的地方一般口味偏于清淡，而北方人以及像四川、湖南、贵州这些较为潮湿的地方，口味较重。

因时配菜包含两个意义：一是季节不同，配菜的要求不同，原则上是“春夏偏于清淡，秋冬偏于浓重”；二是按季节选择原材料。袁枚《随园食单》说得好：“冬宜食牛羊，移之于夏非其时也；夏宜食干腊，移之于冬非其时也。”中医有“春多食酸，夏多食苦，秋多食辛，冬多食甜”的说法值得我们参考。

四、菜肴质量统一原则

1. 合理把握菜肴道数与数量的关系

菜肴道数与宴会档次没有内在逻辑关系，菜肴道数多，宴会档次不一定就高。现在逐步向看原料、看气派的方向发展。宴席菜肴道数越多，每盆菜的分量就应越少；反之道数越少，每盆菜的量就应该多。宴席菜点的总数量应与参加宴会的人数相吻合。菜点总数量应以每人平均吃1000克左右熟食为标准。

把握菜肴的数量还应考虑以下因素。

（1）菜肴的道数是由宴会的类型确定。不同的宴会类型，在不同的地区、不同的人群中有一种约定俗成的习惯，一般菜肴道数从10～20个不等。例如国宴4菜1汤3点心1冷菜1水果，一般商务宴6菜1汤3点心1冷菜1水果，朋友聚会宴8～10菜1汤3点心1冷菜1水果，普通婚宴10～12菜1汤3点心1冷菜1水果。

（2）举办宴会目的不同，菜肴道数的要求也不同。出于礼仪，则按习惯的菜肴道数设计；为了品尝，要求菜肴道数多一些；为了应酬，菜肴道数可适当减少一些；为了炫耀，菜肴道数要增加一些。

2. 合理把握宴会价格与菜肴质量的关系

宴会价格标准是设计宴席菜肴的主要依据，价格高低与菜肴质量有着必然的联系。不过价格标准的高低仅仅是在原料使用上有所区别，不能在烹制质量上有区别，也就是在规定的价格标准内，把菜点色、香、味、形、技法搭配制作好，使主宾都能满意。在质量的掌握上，根据价格水平高低，在保证菜肴有足够数量的前提下，可从主料、辅料的搭配上进行设计。

（1）宴会规格高，高档原料可当主料用，不用或少用辅料；宴会规格低，可增大辅料用量，从而降低成本，也可不选用高档原料而改用一般原料。

（2）配制菜肴时，尽可能上一些花色菜、做工讲究的菜，以及最能体现地方特色的菜，这是一种不加成本或少加成本而能提高宴席菜肴质量的方法。

（3）口味设计与加工方法上，可按粗菜细做、细菜精做的原则，适当调剂菜肴。价格高原料档次高的菜肴，数量不应过多，体现“精”的效果；价格低的菜肴，数量口味要合适，通过精心加工来体现菜肴的“细”。

五、弘扬特色原则

（1）地方特色鲜明。利用本地的名特产、本菜系的名菜、本餐厅的特色菜、招牌菜，才能扬长避短，给客人留下深刻的印象。例如北京大董烤鸭店，就要将酥而不腻的大董烤鸭奉献给食客；眉州东坡酒楼就尽量地把东坡名菜推上席谱；老房子螃蟹酒家，就要推荐自己螃蟹系列的特色菜；石磨豆花庄就要把乡情美展示给客人。衡量特色的名贵度可以从原料的产地、地域的大小、上市的时间长短、菜肴制作的难度来衡量。

（2）结合季节特点。采用当季原料来体现时令特色，结合季节温度特点来设计宴席菜肴的色彩、口味。冬季菜肴色调，可以浓油赤酱一些，颜色深一些，口味浓重一些；夏季则以给人清爽感觉的色彩为主，以食品的本色为主，口味以清淡为主，适当加点苦味。四季口味特点：春酸、夏苦、秋辣、冬甜。

不同季节设计不同热量的菜肴。热量包括两层含义：一是就餐时菜肴的温度。夏季可适当增加冷菜的比例，冬季可增加火锅、烧烤等菜肴比例。二是有的菜肴富含脂肪和蛋白质，热量较高，在冬季可多用；有的菜肴热量较低，可在夏季适当使用。按一般规律和习惯，夏秋天气热，客人喜欢清爽淡雅的菜肴；冬春天气较冷，则喜欢浓厚热汤的菜肴。如火锅之类的菜肴，在冬春选用合适的，到夏天一般就不适合了。

六、营养平衡原则

（1）营养结构合理。营养设计要从客人的营养需求出发。客人的营养需要因人而异，不同性别、不同年龄、不同职业、不同身体状况、不同消费水平对营养的需要有一定的差异，虽然不可能对每一位客人有针对性地设计，但是设计宴会菜肴应把握总体的结构和营养比例。包括各种菜肴原料所组成，包含蛋白质、脂肪、淀粉、维生素、粗纤维、矿物质、微量元素等营养素。由于宴会是以荤菜肴为主，所以应适当加入素菜肴、主食和点心。否则，人的消化功能不能正常发挥，营养成分也难以消化吸收。

（2）荤素搭配适当。传统中式宴席讲究荤菜和山珍海味，不太注重素菜；注重了菜点的调味和美观，忽略了菜肴的营养搭配。应运用现代营养学知识对传统中式宴会进行改进，做到宴会菜肴荤素合理搭配，例如荤菜用素菜围边，既解决了美观的问题，又照顾了营养搭配。翅、鲍、肚、参等高档原料跟上清口菜，例如鱼翅跟豆芽，这样不仅有效地刺激客人的胃口，增强其食欲，而且具有多种营养成分。

七、合理搭配原则

（1）味型搭配合理。一桌宴席味型配置要合理，同一种味型的菜品不能重复太多。味是宴席风味的核心，搭配不合理给人以单调的感觉。例如满桌都是咸鲜味型的菜品，会让食客感觉这桌菜十分平淡，吃上几个菜就乏味了。一桌宴席配上五六个麻辣味或糊辣味等冲击力强的菜品，又会让人感到太刺激，甚至难受，许多川菜餐厅就容易犯这样的错误。

（2）荤素原料搭配合理。掌握好荤素菜的比例，不仅能使营养均衡，而且能增添食用的情趣。荤菜里的鸡、鸭、鱼、猪、牛、羊肉、海鲜的配置，应呈多元化的格局；素菜中的豆腐、菇笋、菌类、鲜蔬类菜品，也应多姿多彩。素菜多了会使人感到淡而无味，冲淡宴会的气氛；荤菜多了又会使人觉得腻口。冷菜的荤素搭配是五比三或五比四，热菜是五比四。

一桌菜品应分清主次，突出重点，绝不可以宾主不分，或者喧宾夺主。忌讳将鲍鱼、海参、鱼翅、燕窝、龙虾等高档原料全部安排在一桌宴席上，不仅中心不突出，而且制作起来也会困难，营养的搭配也会失衡。一般有两三道高档的菜，整桌宴席的档次就显现出来了。相反一桌菜品有四五道豆腐、凉粉之类的菜品，就成了豆腐席，吃起来就乏味了。

（3）烹饪技法搭配合理。中国烹饪技法多样，烧、烤、煨、炖、烩、煮、焖、炒、爆、熘、炸、拌、渍，难以尽数。各种技法做出来的口感，各有妙处。如果一桌菜全是炒菜，或者都是蒸烧的菜品，这桌宴席的感染力定会大打折扣。

（4）色彩搭配合理。色彩搭配对一道菜的制作很重要，对一桌宴席更是十分重要。菜品色彩的合理搭配，起着催人食欲的作用。从色彩营养学的观点来看，不同颜色的菜品代表着不同的营养素的含量，色彩搭配合理的菜品格局，它的营养配比也是合理的。

（5）冷热质感搭配合理。一桌菜品的凉菜、热菜应有一定的比例，并且凉菜一定要冰凉，热菜一定要有烫劲。冷热反差一大，从美食的角度来说，品味的感觉更好。一桌菜也应该配备香、酥、松、脆、泡、软、糯、绵、韧等不同口感的菜品，这样宴席才会显得富于变化，食乐无穷。

（6）菜肴搭配比例合理。保持冷菜、热炒、大菜、点心、甜菜各类菜肴质量的均衡，避免冷菜档次过低、热炒菜档次过高。宴席档次不同，宴会菜肴种类搭配比例也随之变化。冷盘、热炒和大菜与点心的比例，一般宴会为10比45比45；中等宴会15比35比50；高级宴会15比30比55。

【案例1】中餐宴席菜点的品种搭配

(1) 冷菜。可用什锦拼盘或四双拼、花色冷盘，配上4个、6个或8个小冷盘（围碟）、6～8个盖碗、海外引进的刺身船，也可冷菜热吃，如广式的卤水拼盆、腊味盖碗，特色热菜加围碟。

(2) 热炒菜。采用滑炒、煸炒、干炒、炸、熘、爆、烩等多种烹调方法烹制，从而达到菜肴的口味和外形多样化的要求。

(3) 大菜。由整只、整块、整条的原料烹制而成，装在大盘（或大汤碗）中上席的菜肴。用烧、烤、蒸、熘、炖、焖、熟炒、叉烧、汆等多种烹调方法烹调。

(4) 素菜。素菜经炒、烧、扒等方法制作而成，起到解腻和营养平衡的作用。

(5) 甜菜。采用蜜汁、拔丝、熘炒、冷冻、蒸等多种烹调方法熟制而成，多数是趁热上席，在夏令季节也有供冷食的。

(6) 点心。常用糕、团、面、粉、包、饺等品种，采用的种类与成品的粗细视宴会规格的高低而定，高级宴会需制成各种花色点心。

(7) 水果和冷饮。常有苹果、梨、橘子、西瓜、冰淇淋等。

【案例2】西餐宴会菜肴的品种搭配

(1) 开胃品。类似于中餐的冷菜起到开胃作用的小食品。开胃品有冷、热之分，冷的开胃品是第一道菜，较酸、冷，热开胃品是跟在汤后面的、味较浓烈的菜。

(2) 汤。起到开胃促进食欲作用的味道鲜美的汤菜。在西餐中，汤是跟在冷开胃品的后面。中午一般不上汤。汤有冷、热、清汤、浓汤之分，浓汤又有白、红之分。另外还有一盅称之为茶的汤，其清澈见底、但味浓鲜美，例如牛茶、鸡茶。西餐的汤是放在凹的汤盆内，牛茶、鸡茶是放在大号咖啡杯内。

(3) 副菜。在西餐中也称为小盆，它可以是野味、海鲜等。一般使用8寸平盆，也可是长盆、烤斗、烙盘、罐等。副菜是在西餐中表现力最丰富多彩的菜式，烹调方法很多，可以是烩、烧、烤、煎、炸、煮、烘等。

(4) 主菜。包括海鲜、家禽、肉类、面食，量大，造型美观，装盆讲究。在法式小宴会中是一道表演菜，可将宴会推向高潮。经常跟上有清口解腻作用的蔬菜沙拉。

(5) 甜食。包括甜色拉、水果、奶酪、甜点心及冰淇淋，可起到饱腹和助消化的作用。

【案例3】自助餐宴席菜肴的品种搭配

自助餐宴席菜肴的道数与参加人数相关，菜肴的数量大约是每人熟制品1100～1300克左右。100人以下大约在40款左右，100人至500人在50～60款左右，500人以上在70款以上。菜肴的形态以块、大片为主，块的大小以一口为佳，块的形态以方正为主，少用切成丝类的菜式，以便于客人站着用餐的特性。

(1) 冷菜。西菜6～8款，中菜6～8款。冷菜在餐台的摆放位置要靠前，一般以装长、圆形的银盆为主，菜盆以14~16寸为宜，菜盆用果蔬类立雕、围边进行装饰，装盆讲究美观。原料包括家禽、肉类、面食、蔬菜、鱼类。在夏季，最好不用奶油类沙律、小水产的贝壳类菜肴，因容易变质。

(2) 热菜。西菜6~8款，中菜8~10款。热菜的烹饪方法以煎、炒、炸、烤为主，适量配点烩、烧的菜，注意汤水要少。原料选择以中档为主，菜肴应放在保温炉内。

(3) 汤。中、西各1~2款，要有清、浓之分，汤料以丁为主，餐具要求保温。

(4) 点心。中式6~8款，西式的品种可以多些，量少一点，颜色要丰富多彩，制作方法以烤、蒸、炸、冻为主。点心与水果摆放在装饰台上，装盆要精致。器皿、材料款式多样。

(5) 餐包。餐包（面包）是自助餐宴席的主食，品种在5~6种。

八、创新变化原则

“烹饪之道，妙在变化；厨师之功，贵在运用”。创造性地设计宴会菜肴的方法，菜肴的创新可以从四个方面着手：

(1) 挖掘。把现已失传几十年甚至上百年前的传统菜点挖掘出来，让它们重放异彩，如私家菜、官府菜、大户菜。中餐重视人体养生保健，水果宴、茶宴纷纷出台，甚至出现了专门经营水果餐餐厅。餐桌上野蔬杂粮，人见人爱，价格不菲。发掘原材料的多种利用价值，如三文鱼刺身，鱼头、带肉鱼骨等很多杂料经常丢弃不用，把这些杂料做成炸三文鱼骨卷，独特的风味、新奇的感觉，很受顾客欢迎，变废为宝，节省成本。

(2) 继承。继承中创新。传统的鱼翅可以捞饭、鲍鱼可以配鹅掌，煮茶叶蛋熟后冷了再煮最好吃。现在吃猪肉的人少了，但这并不表示“酱猪肉”、“东坡肉”就没人吃了，能做到入口即化，油而不腻，照样受欢迎。利用历史典故、利用药膳设计一些菜肴，启发医食同源的灵感。还可设计一些粗料细做的菜肴，例如烤白薯，在六七十年代是当主食的，有家酒店参照西餐烤土豆的方法去制作，并在其中加入黄油与蜂蜜，在宴席上使用大受欢迎。

(3) 引进。引进各种菜系的加工方法进行融合，如粤菜蒸鱼先不放盐和作料，只蒸10分钟，鱼刚断生，骨头边还有一点点血丝，肉质鲜嫩。而其它蒸鱼时先放作料，又不控制时间，肉质就老。川菜的“鱼香肉丝”，在江南一带改成“鱼香鳜鱼丝”，就别具风味。西餐中的好方法也可引进，如西餐的管理与计量，西式的煎牛排用中式的上浆法别具风格，中式原料中式做法配以外国调料，中式做法西式装盆等等。

(4) 改良。菜肴改革从形式上说，有菜肴与点心相结合、中西相结合、荤素相结合、食物与药物相结合、水果与菜肴相结合等等。“酥贴干贝”就是菜点结合的一道新菜。“酥皮海鲜”则是中西结合的一道菜。荤素结合是使荤素合为一体，荤中有素，素中有荤。如扁豆撕筋去豆，夹入火腿、虾、笋菜制成的馅，蒸制、浇葱油，口感很好。把新疆的烤羊肉串和西餐炸猪排的方法用来炸鳗鱼，做成“熘炸无刺鳗鱼串”，蘸上作料，中外宾客都很欢迎。炸春卷馅换成西式的熏肉与奶酪蘸甜辣酱包生菜吃，更是别具风味。

采用新材料和新搭配，以“旧菜新颜”来创造新菜品，如粤菜名菜“桂花鱼翅”，由于鱼翅昂贵，以致此菜式价格很高，销售量很小。改良成“桂花瑶柱”后，口味相似而价格较低，销量就大增。改变制作方法也是改革之道。如香港有名的“阿一鲍鱼”，一改中餐“幕后”加工方式，采用西餐的法式烹制，客前加工，使客人可以边吃边欣赏厨艺表演。

九、和谐美观原则

1. 菜肴色彩和谐

宴会菜肴的颜色安排得协调，不仅能增加食欲，又能给人以美的艺术享受。菜肴色彩设计就是合理巧妙地利用原料和调料的颜色，外加点缀物的颜色、器皿颜色，使菜肴的颜色悦人之目。

（1）注重原料本色。原料色彩的合理组合，是为了最大限度地衬托出菜肴的本质美。主要的精力应放在如何合理地利用原料的本色上，而不是借助于色素。

（2）色彩服务口味。不能片面追求色彩漂亮而大量采用没有食用价值的，或口感不好的生料当菜肴的装饰点缀品。

（3）色彩和谐统一。原料色彩组合时，要防止色彩混乱。要注意主料与配料、菜与盘子、菜与菜、菜与台布的色彩调配，使菜肴达到既丰富多彩，又不落俗套；既鲜艳悦目，又要层次分明，决不能千篇一律。

2. 菜肴质地丰富

菜肴质地就是指菜肴的质感，包括老、嫩、酥、软、脆、烂、硬、滑、爽、粗、细等特点。

（1）丰富多彩。一桌宴会菜肴不能只是一种或少数重复的质地，应该丰富多样。

（2）因人而异。设计菜肴时应了解不同客人对菜肴质地的不同偏爱，因人而异地设计菜肴质地。老年人喜欢吃酥烂、松软的菜点，儿童则喜欢吃酥脆的菜肴。

（3）搭配和谐。在主副料的配制过程中，要注意在丝类菜肴中主、副料的原料质地不同，硬的原料会盖过软的原料，例如八珍鱼翅里配的是笋丝的话，客人就会吃不出鱼翅的感觉，就会引起误会。

十、条件相符原则

（1）厨房的设备配备。充分发挥酒店厨房设备的配备功能，既能使宴席有效及时地出菜，又能利用这些设备来设计独特的菜肴。在现今高科技发展的年代里，新的厨房设备层出不穷，为菜肴创新创造了极大的便利条件。

（2）厨师的技术能力。菜点设计还得按饭店厨师的实际技术能力而定，应选定厨师们最拿手的菜品，从而确保质量，体现出宴会的特色。主桌与其他桌的出品质量不能差距太大。

（3）原料的储备情况。应考虑市场供应情况和当时的季节。充分掌握本餐厅原料储备及市场的供应情况及质量、价格，才能使宴会菜肴既丰富多彩，又与售价相适宜，还能避免已设计好菜点而无货源的现象出现。烹饪上使用的原料都有季节性，有些原料尤为突出，比如螃蟹、豌豆、鲜冬笋、野味等。有些菜肴的季节性也较明显，比如生片火锅、涮羊肉、凉拌面、杏仁豆腐等。所以，了解市场供应与应时季节的变化，选用合适的原料，制作出应时应季、符合货源供应和人们口味变化等的菜点，从而满足客人的需要。

第二节　宴会面点设计

一桌丰盛的美味佳肴，没有点心配合就好比红花失掉绿叶。在饮食行业中有名句俗语："无点不成席。"人们比喻"冷盘是脸面，点心是眉毛"。这说明点心与菜肴是宴会中不可分割的一个整体。

一、宴会面点与宴会档次相一致

（1）高档宴会面点用料要精良，制作精细，造型细腻别致，风味独特。

（2）中档宴会面点用料高级，口味纯正，成形精巧，制作恰当。

（3）普通宴会面点用料普通，制作一般，具有简单造型。

二、宴会面点与宴会形式相适应

喜庆宴会配以生动的面点，活跃宴会气氛，使席点配合贴切、自然，紧紧围绕着中心。如"婚宴"，是人生结成终身伴侣的大喜之日，面点就应呈现吉祥如意的气氛，如"鸳鸯盒"、"莲心酥"、"鸳鸯包"、"子孙饺"等。"寿宴"则应配备祝寿之类的面点，如"寿桃"、"寿糕"、"麻姑献寿"、"伊府寿面"等。

三、宴会面点与季节相协调

春、夏、秋、冬四季有别，宴会菜肴、面点亦体现出季节特色。面点的季节性要注意开宴季节与这一季节里的生物周期生长规律相协调，这样就使宴会的菜肴、面点相映成趣。如春季，气候变暖，人们喜爱不浓不淡的食品，配席面点就可上春卷；同时，春季也正是早期植物芬芳吐艳的季节，可以配一些"杏花"、"梨花"、"桃花"命名的具有自然风采的面点。

四、宴会面点与临近节日相适应

举办宴会的日期与某个民间节日临近，面点也应该做相应的安排。民间节日很多，如春节吃年糕、春卷，元宵节吃汤圆，清明节可配食青团，端午节吃粽子，中秋节食月饼等。

五、宴会面点应考虑形态变化

面点配席一般只有2～3道，但量要少、形态富于变化，活灵活现、小巧玲珑的形态能为整个宴会增色加彩。宴会档次越高，点心越要做得精致，越要做得形态富于变化和生动，越要注意点心品种之间的色、形、味合理搭配。

第三节　宴会酒水设计

一、酒品与宴席的搭配

酒在宴会中有着举足轻重的地位，因此要合理运用宴酒，但也要慎饮、慎用，否则将产生不良后果。

（1）酒水的档次与宴会的档次相符。宴会用酒应与其规格和档次相协调。高档宴会，则选用高质量酒品，如国宴选用茅台酒。普通宴会选用一般档次酒品。若不遵循这一原则，低档宴会用茅台做伴宴酒，酒的价格在整桌菜肴之上，有时会抢去菜肴的风采，让人感到食之无味。若高档宴会选用低档酒品，则会破坏整个宴席的名贵气氛，让人对菜肴的档次产生怀疑。

（2）酒水的来源与宴席台面的特色相符。中餐宴席选用中国酒，西餐宴会选择外国酒。不同的席面在用酒上也应注意与其地域相适合。

（3）慎用高度酒和配制酒。无论是中餐宴席还是西餐宴席，一定要慎用高度酒。进餐过程中品饮高度酒，甚而劝饮、争饮等做法是不科学的。由于酒精对味蕾有强烈的刺激作用，宴席中饮用高度酒后则会对美味佳肴食之无味。进餐时过多饮用酒精，会使肝脏来不及消化吸收，从而使肌体产生不同程度的中毒现象，使胃口猛减，对菜品的味感迟钝。有的烈性酒辛辣味过头，使人饮后食不知味，从而喧宾夺主，失去了佐助的作用。

配制酒、药酒、鸡尾酒的成分比较复杂，香气和口味往往较浓烈馥郁，这一类酒在佐食时对菜肴食品的风味和风格的表现有相当的干扰，通常不作为佐助酒品饮用。甜型酒品，单饮时具有适口之感，但作为佐助酒品，便显得不太合适。甜味与咸味（菜肴的主导口味）相互冲突，而两味的主要感觉部位都集中在舌尖，从而使感觉分析器产生分析混乱，所以，甜酒也不太适合作佐助饮品。

二、酒水与菜肴的搭配

不论是以酒佐食还是以菜助饮，酒菜搭配的根本目的是：进餐者或饮酒者要能从中获得快乐和艺术享受。酒水与菜肴的搭配规律是：

（1）香气高雅、口味纯正的菜肴，应配色味淡雅的酒；菜肴浓厚、口味复杂的菜肴，应配色味浓郁的酒；牛肉菜宜配酒纯浓香的红葡萄酒；咸鲜味的菜肴应配干型酒；甜香味的菜肴应配甜型酒；香辣味的菜肴则应选用浓香型酒；中国菜尽可能选用中国酒，西洋菜尽可能选用西洋酒，在难以确定时，则选用中性酒类，比如葡萄酒，或视客人的意见而定。

（2）西方国家有上什么菜，饮什么酒的习惯。“白酒配白肉，红酒配红肉”，较清淡的鸡肉、海鲜，配饮淡雅的白葡萄酒，二者交相辉映，互增洁白晶莹的特色；而厚重的牛肉、羊肉，适宜配饮浓郁的红葡萄酒，相互映衬，更显浓郁、香馥的风格。

（3）因地域不同，我国民间北方喜用白酒，南方喜用黄酒。如饮用黄酒要“对口”：状元红酒专配鸡鸭菜肴，竹叶青酒专配鱼虾菜肴，加饭酒专配冷菜冷盘，吃蟹时专饮黄酒，而不饮白酒。有的甚至烹制不同的菜肴时，使用料酒也加以区别对待。如烹制普通菜肴使用绍兴老酒，而烹制“草头”（一种蔬菜）则专用高粱酒。

三、酒品与酒水的搭配

1. 酒品的搭配规律

（1）新酒在先，陈酒在后；

（2）低度酒在先，高度酒在后；

（3）有汽酒在先，无汽酒在后；

（4）软性酒在先，硬性酒在后；

（5）干洌酒在先，甘甜酒在后；

（6）普通酒在先，名贵酒在后；

（7）白葡萄酒在先，红葡萄酒在后（甜型白葡萄酒例外）；

（8）淡雅风格的酒在先，浓郁风格的酒在后。

凡此种种，都是根据先抑后扬的艺术思想设计的，目的在于使宴会由低潮逐步走向高潮，在完美中结束。

2. 酒水与酒水的搭配方法

酒水间的搭配方法没有明显的规律，常凭人们的兴趣进行搭配。我国民间饮酒一般有橘子水冲啤酒、葡萄酒掺果汁等做法；东欧人则喜欢用水兑酒精饮用，英美人喜爱用冰块、冰水稀释烈性酒后再痛饮。还有的民族用咖啡兑酒（爱尔兰咖啡），用奎宁水兑酒（金汤力），用巧克力同酒一齐食用（酒心巧克力）。

除了将酒与其它饮料同时饮用外，人们还常常在饮酒后再饮用一些其它饮料，比如咖啡、茶、果汁、汽水等。酒后饮茶是不可取的做法。酒后饮汽水毫无疑问是有害无益的，特别是饮高度酒之后再饮汽水会加速酒精在血液中的分散，加重酒精中毒。

第四节　宴会菜名设计

一、菜肴命名的文字要求

文字优美，清楚简练，每个菜的名字不要超过七个字，在一份菜单中每道菜的名字字数最好是相同的，这样容易记住。如是中英文对照，无翻译错误或拼写错误。

二、菜肴命名要富有情趣和文化性

将菜点的特征以富有情趣和文化性的词语表现出来，既显得不落俗套，又能突出宴会主题，增加气氛。如庆祝开业大吉的宴会菜肴可命名为：紫气东来、恭喜发财、财源滚滚等；婚庆宴会的菜肴可命名为：吉祥如意、百年好合、鸳鸯戏水、子孙饺子、双喜临门等；庆祝高升和升学的宴会菜肴可命名为：鲤鱼跃龙门、连升三级、大展宏图翅；庆祝全家团聚的宴会菜肴可以命名为：全家福、子孙满堂、合家团圆等。

三、宴会菜肴命名的基本方法

宴席菜肴命名既要让客人一眼就能看清楚内涵，又要使客人产生食欲和联想，回味无穷。宴会菜肴命名的基本方法如下。

（1）在主料前加调味品名的命名方法。例如黑椒牛排、茄汁虾仁。

（2）在主料前加烹调方法的命名方法。例如小煎鸽米、大烤明虾。

（3）以主辅料配合命名的命名方法。例如松仁鳕鱼、西芹鱿鱼。

（4）在主料和主要调味品之间，标出烹调方法的命名方法。例如豉汁蒸排骨、芥末拌鸭掌。

（5）在主料前加人名、地名的命名方法。例如宫保鸡丁、东坡肉、湖北大鱼头。

（6）在主料前加色、香、味、形、质地等特色的命名方法。例如碧绿牛柳丁、汾香鸡、酸辣乌蛋羹、扇形豆腐、香酥脆皮鸡。

（7）主辅料之间标出烹调方法的命名方法。例如鲜茄烙鳜鱼、鲜菇烩豆腐。

（8）在主料前加上烹制器皿或盛装器皿的命名方法。例如铁板牛柳、小笼粉蒸肉。

（9）以形象寓意命名的命名方法。例如乌龙吐珠、巴蜀飘香。

（10）以数字形容命名的命名方法。一品豆腐、八珍鱼翅。

第五节　菜单设计案例

【案例 1】APEC 宴席菜单命名

APEC 宴会菜单命名的首字联词是“相互依存、共同繁荣”。此意来自上海市周慕尧副市长的讲话：“2001 年中国 APEC 会议所倡导的相互依存、共同繁荣的宗旨和目标。”

（1）相辅天地蟠龙腾：《易·泰》“相辅天地之宜”，指相互辅佐以办天下大事。“蟠龙腾”指龙腾升，尤指中华龙的腾升，气势千万。龙虾千喻蟠龙。

（2）互助互惠相得欢：《史记》“相得欢甚，无厌”指共事相处极为相投。《书》“若作和羹，尔惟盐梅”，喻举办地区经济合作大事如作和羹，必须具备互助互惠的合作原则。

（3）依山傍水鳌匡盈：喻亚太地区，大好山河，地利人和，物产充沛。鳌匡，蟹斗别称，盈，丰盈肥满。

（4）存抚伙伴年丰余：《汉书》“存抚其孤弱”，“存抚”指关心爱抚，引申谓关心爱抚参与世界经济发展的良好贸易伙伴关系。年年丰收有余，以鱼作喻。

（5）共襄盛举春江暖：苏轼诗“竹外桃花三两枝，春江水暖鸭先知”，以鸭子作喻。

（6）同气同怀庆联袂：《易》“同声相应，同气相求”，同气指气质相同。贾至诗“我有同怀友，各在天一方”，同怀指同心，以点心作喻。

（7）繁荣经济万里红：江泽民诗“且持梦笔书奇景，日破云涛万里红”，兆示亚太人民繁荣、健康和福利生活的美好前景，以鲜果作喻。

【案例2】世界500强会议菜肴命名

由美国《财富杂志》主办的“1999年世界财富论坛年会”即世界500强会议，于1999年在上海举行，上海锦江集团承办了这次宴会，精心构思宴席菜单命名，意境深远、妙趣横生，横看成岭侧成峰，菜单里面蕴藏了一句藏头诗：

风传萧寺香（佛跳墙）：形象地描述了福建名菜佛跳墙。

云腾双蟠龙（炸明虾）：清炒虾仁与炸菠萝明虾，通常在菜单中用虾来喻意龙。

际天紫气来（烧牛排）：紫气东来喻意财富滚滚，紫气，深红色的牛排。

会府年年余（烙鲟鱼）：年年有余，通常在菜单中用鱼来喻意有余。

财用满园春（美点笼）：满园春色翠竹青青，描绘出竹笼中的花色点心。

富岁积珠翠（西米露）：西米晶莹剔透，用翠珠来形容。

鞠躬庆联袂（冰鲜果）：联袂，联欢、相聚各色水果。（因客人要求此宴会不要冷菜）

前四个菜和两道点心的第一个字连在一起，便是“风云际会财富”，最后一道水果的名字，则是服务员向大家致意，庆祝会议隆重召开与全球经济合作繁荣。自从此菜单见报后，在报道描述国际会议时经常引用“风云际会”一词，可见一张好的宴席菜单命名具有极大的影响力。

【案例3】APEC宴会菜单

1. 设计思路

按照宴会主题，菜单设计以绿色食品为主体。根据宴会要求，把工作午餐按照超国宴的要求来办，但是高档原料不用（鱼翅、海参、鲍鱼、燕窝，高档菌类慎用），猪、牛肉不用（避免宗教禁忌）。菜式安排考虑来宾来自于各个国家和地区，有各自不同的口味和特点，进行了精心的安排和设计。宴会要有高潮起伏。利用精美的装盆艺术，来体现豪华高档；用精湛的烹饪技艺，来体现中华食文化的精髓。菜肴制作按中菜方法，菜式按中菜西吃方法，器皿、装盆、菜单结构按西式要求（冷盆、汤、热头盆、家禽、主菜、甜品、水果）进行，以此来体现海派文化接纳四方的精神，反映出中国改革开放的风貌。说明我们有志气、有能力把学到的世界优秀文化与中国传统文化融合在一起为我所用。

2. 开胃品

（1）每位客人配有味式多样的四个小碟：黑鱼子酱（鱼子酱咸）、糖醋三椒（青黄红三色，甜酸味，适合海外来宾的口味）、琉璃橄仁肉（橄仁肉香脆，起调节作用）、瑶柱辣椒酱（辣椒酱配有干贝及各种调味品数十种秘制而成，为东南亚、墨西哥喜辣的客人准备）。

（2）面包（法包、法棍、麸皮包与餐包）、黄油、鹅肝酱，放小盅、小味碟，此设计是考虑到来宾的不同需求，主要起开胃的作用。黄油与鹅肝酱，是为配面包而准备的。

(3) 个吃的安排是方便客人取用，并方便服务人员的添加工作。

3. 菜式安排

(1) 迎宾龙虾冷盘。“登台”之初要掀起第一个高潮，使客人一入席，就有眼前一亮的感觉。入座映入眼帘的是用大圆南瓜，经厨师精心雕刻的龙形南瓜罩（西式上菜时，一般采用的是银器罩盖罩在菜盆上，很精美，但司空见惯），罩分三部：底层是古钱币图案，中层是中国传统民间的双龙拱寿图案，上层是20条形态各异的腾龙栩栩如生，喻意是各国家主要领导人，为了各国的经济发展，聚在一起为社会的发展与富裕开会讨论。打开瓜盖，是用1000克左右的深海龙虾所制，配有特别制作含有芥末的调味酱，适合西方人的口味，边上配以上海特色豆瓣酥、茭白、糖醋萝卜圈的冷盆，能令人食欲大振。

(2) 翡翠鸡茸珍羹。为了达到鲜美、滑溜、喷香、烫口的效果，在制作工艺上使用了20多种食品，高汤配以野生荠菜汁加上鸡茸，按传统淮扬菜鸡粥工艺的做法经改良而成，香滑可口。用西菜的烧汤方法制成了中式的粥，结果这一珍羹在餐桌上得到各国领导人的特别青睐。

(3) 炒虾仁蟹黄斗。十月正是螃蟹当令时节，用阳澄湖大闸蟹的肉、蟹膏熬制的油，与高邮湖的虾仁同炒，虾仁滑嫩而有弹性，蟹肉鲜美，是本次宴会的亮点菜之一，体现了地域与季节相结合的上海地方特色高档菜的特点和精髓。

(4) 香煎鳕鱼松茸。选用深海鳕鱼用数种酱汁腌制后用文火扒烤成熟，然后配以菌皇松茸橄榄菜，以适应东西方客人的口味，此菜为本宴席的副菜。

(5) 锦江品牌烤鸭。锦江烤鸭经过50多年的精炼，已成为国家元首访问上海的传统品牌菜，肥而不腻，入口即化，配以特制的面酱和京葱、黄瓜条，厨师现场批鸭，营造我国餐饮文化的气氛。主菜的现场操作与法式服务的方式不谋而合，显示了宴席的第二高潮。

4. 点心与水果

(1) 上海风味细点。造型美观的巧克力莫司与薄脆饼，体现出中西食文化的结合。

(2) 天鹅鲜果冰盅。这是压轴的高潮。果盅用冰雕凿而成的小天鹅，冰天鹅盅内放着哈密瓜、葡萄等新鲜水果，底座还亮起用纽扣电池供电的蓝色灯光，如此精致的手工艺品又一次聚焦所有人的目光，为午餐平添了一种境界、一份情调。它与头道闪亮登场的南瓜雕首尾呼应，为此宴席添上了精彩的句号。

【案例4】贺高寿宴席的祝寿宴

松鹤延年（冷拼）：松有万年松、百木之长的美称。松树枝叫长青，树干挺直，生机勃勃，是青春永驻、健康长寿的象征；鹤俗传属长寿仙禽，寿不可量。鹤寿千岁，属长寿之王。松龄鹤年，长寿吉祥，祝寿翁如松鹤延年。

八仙过海碗（冷菜盖碗）：八仙从蟠桃大会归来，途经东海，他们相约各投一物，乘之而过，故有“八仙过海，各显神通”的俗语。八仙本属长生不老的仙人，八仙为寿翁献寿，寓意福如东海，寿比南山。

红运高照（锦江批皮鸭）：鹤发童颜，红运高照，大展宏图。祝健康长寿，永葆青春，吉祥如意。

福如东海（冰糖团鱼）：祝贺寿翁的福分像东海一样长流不断，广阔无边。

年年有余（龙须桂鱼）：寿翁吉祥如意，年年有余，吃、穿、用都有盈余，丰衣足食，生活富裕美好，家业发达。贺寿翁“岁岁大吉，年年有余”。

齐眉祝寿（寿面寿桃）：寿面寿桃是生日吉祥之物，齐眉意味子孙满堂，共祝寿翁万寿无疆。

【案例 5】1959 年庆祝中华人民共和国成立十周年的国宴菜谱

（1）冷菜

七荤：麻辣牛肉、桂花鸭子、叉烧肉、熏鱼、童子鸡、松花蛋、糖醋海蜇；

四素：酱黄瓜、姜汁扁豆、鸡油冬笋、珊瑚白菜；

（2）热菜：元宝鸭子、鸡块鱼肚；

（3）点心：大蛋糕；

（4）水果：水果拼盘。

国庆宴会要喝酒助兴，要频频举杯，因而凉菜配备得较多。一般这种大型的国宴都不配备米饭，所以热菜仅有两道。配备大蛋糕也是有寓意的，它象征着大团结、大庆祝。

【案例 6】1961 年 9 月，英国蒙哥马利将军访问中国，周恩来总理在钓鱼台国宾馆设中式宴会招待

（1）冷菜：六单碟；

（2）大菜：清汤鸽蛋、白汁蹄筋、虎皮全鸡、黄焖狮子头、干贝菜心、酒酿菠萝；

（3）点心：英国布丁；

（4）水果：时鲜水果。

【案例 7】海参席（四川风味）

（1）茶水：铁观音一壶；

（2）手碟：酱酥桃仁、脆花生仁每人一碟；

（3）开胃酒、开胃菜：桂花蜜酒、糖醋辣椒圈、涪陵榨菜；

（4）头羹汤：枣银耳羹；

（5）冷菜

彩盘：孔雀开屏；

单碟：灯影牛肉、椒麻鸭掌、五香鱼条、糟醉冬笋、糖蘸花生仁、松花皮蛋。

（6）热菜

头菜：凤翅海参；

炸菜：香酥鸭子（配荷叶饼、葱酱）；

二汤：鸡蒙葵菜（配萝卜丝饼）；

热荤：干烧岩鲤、三鲜汤、醋熘凤脯；

素烩：干贝露笋；

甜菜：红苕泥（配冰糖鱼脆）；

座汤：清炖牛尾汤（配牛肉焦包、小馒头）；

（7）小吃：鸡蛋芸豆糕、担担面；

（8）随饭菜：麻婆豆腐、韭黄肉丝、泡青菜头、炒豌豆尖；

（9）水果：金川雪梨、江津广柑。

【案例8】迎宾宴菜单（山东风味）

（1）茶：黄山毛峰；

（2）手碟：银杏、黑瓜仁对镶；

（3）开胃酒：山东低度蒲公鸡（即墨老酒）；

（4）冷菜：蜈蚣腰丝、珊瑚莲藕、蒜泥白肉、菊花芸豆、五香熏鱼、油泼豆苗；

（5）小吃：山东小煎饼、窝窝头；

（6）热菜：干蒸加吉鱼、㸆大虾、翡翠散丹、坛子肉、炸荷花、诗礼银杏（孔府菜）、蒜茸莴笋、葱烧海参、奶汤蒲菜；

（7）面点：山东长清大素包、福山拉面；

（8）水果：烟台苹果。

【案例9】"五一"家宴菜谱

（1）冷菜4个：仙桃祝庆（糖拌番茄）、有凤来仪（椒麻鸡片）、繁花似锦（红油鸡丝）、银丝三色（凉拌三丝）；

（2）热菜8个：瑞雪丰年（白油肉片）、吉庆有余（红烧中段）、金色汤圆（糖醋里脊）、余意相思（鱼香肉丝）、玉牌金钩（玉兰片炒金钩）、甘心情愿（干贝炒菜心）、多彩聚会（蘑菇烧杂烩）、交全始终（清蒸鱼头尾）；

（3）甜食1个：八宝锅蒸（用蛋黄、猪油、面粉、白糖炒制成）；

（4）汤菜1个：欢聚一堂（鸡杂白菜汤）。

两个特点：一是烘托节日气氛，二是把握家宴实惠性。具有绚烂色彩的菜名将节日的气氛显现出来了。全席的主料是鱼和鸡，很平凡，但是由于充分利用了鱼和鸡的不同部位，做出了不同名字的多个菜品，因而使筵席显得较为丰盛，又十分家常。

【案例10】新春六八宴

（1）凉菜：一口香熏牛肉、二姐兔丁、三丝春卷、四季皆春（蒜茸四季豆）、五香鳝丝、六拼风车（酱肉、酱肚、腊猪舌、香肠、酱牛肉、豆腐干）；

（2）热菜：一品海参、二龙戏珠、三鲜汤锅、四喜炸饼、五彩鱼丝、六子迎春；

（3）汤菜：七星白菜；

（4）甜点：八宝锅蒸。

两个特点：一是春天的气息。如"四季皆春"、"六子迎春"都阐明了春的主题。另外美食家们有"春兔秋鸭"的说法，该菜谱安排"二姐兔丁"、"春卷"也配合了这个主题。二是全部用数字来取菜名，使菜谱饱含着乐趣和吉祥，能让食客们增加一些话题。

第三章　职业点菜师的服务礼仪

中华民族素有“礼仪之邦”的美称，向来崇尚“礼字当先”。作为一名职业点菜师，学习和掌握服务礼仪，在餐饮服务中做到懂礼、知礼、重礼，彬彬有礼，不但可以表现出自己的良好素质和修养，同时可以传递和展示出自己所在企业、城市甚至是国家和民族的美好形象。

第一节　职业点菜师的仪表仪容礼仪

仪表即人的外表，包括人的形体、容貌、姿态、服饰等方面。仪容主要是指人的容颜容貌，它是仪表的重要组成部分。职业点菜师的仪表仪容是一种无声的语言，不仅体现着职业点菜师个人良好的精神面貌、文明程度和道德水准，同时也代表着企业的形象，是企业管理水平和服务质量高低的重要标志。

一、职业点菜师注重仪表仪容的意义

（一）产生美好的第一印象

心理学上，把不相识的人第一次见面后所形成的直观感觉称为第一印象，由于第一印象具有鲜明、深刻的特点，其效果的优

劣直接影响到交往的继续进行，因此，交往时重视第一印象便成为一种普遍的心理倾向，即“首因效应”。店门一开，八方客来，职业点菜师端庄、整洁、美好的仪表，可以使宾客产生好感，留下深刻而美好的第一印象，从而产生亲切感和信任感，为进一步的消费活动打下基础。

（二）体现对宾客的尊重

注重仪表仪容是尊重客人的需要，是讲究礼仪的一种具体体现。宾客外出旅游，追求着一种比日常生活标准更高的享受，即视、听、嗅等感官的美好享受。据有关专家分析，在给人的印象中各种刺激所占的百分比是：视觉印象占75%，谈吐印象占16%，味觉印象占3%，嗅觉印象占3%，触觉印象占3%。职业点菜师美好端庄的仪容仪表，既满足了客人视觉审美的需要，令客人赏心悦目；又使客人感受到一个高贵客人所应享受的礼遇，自己的身份地位得到了应有的承认，从而获得物质上与精神上的满足。

（三）展现自我、维护自尊

随着社会的不断发展和进步，美的意识与观念越来越渗透到社会生活的各个领域，人们越来越注意追求仪表美，注重美好优雅的仪表仪态所给予人们的更多人格尊重和更强的自信心。职业点菜师仪表端庄大方，整齐美观、不仅会使客人看着舒服，同时也会令自己神采飞扬，充满自信，展现出自己良好的精神风貌，是自尊自爱的表现。一个热爱生活、富有理想的职业点菜师，应当是注重仪表仪容的。相反，如果衣冠不整、不修边幅，就很难得到宾客的信任。

二、职业点菜师的服饰礼仪

服饰包括服装和饰品。服饰是一种文化，一种文明，能够反映一个国家一个民族的经济水平、文化素养、精神文明与物质文明发展的程度。服饰还体现着一个人的文化修养和审美情趣，是一个人的身份、气质、内在素质的无言的介绍信。它是仪表美的重要因素，人们对职业点菜师的第一印象常常来源于他的衣着打扮。某酒店的一位职业点菜师为了引起客人的注意，特地穿上了一套清朝时期的官服，戴上一顶官帽，装扮成一名御用点菜师。他的出现立即引起了客人的好奇，他们纷纷打听有关情况，但是主动要求他来提供点菜服务的客人却几乎没有。原来他的这身装扮虽新奇，却难以让人产生信任感，反倒让许多客人都把他看成是“饭托”，即受老板的委派，故意点一些昂贵的菜，专门宰客。可见，服饰对人产生第一印象的重要性。

（一）职业点菜师的制服

1．制服穿着要规范

制服，是标志一个人从事何种职业的服装。穿着制服必须要做到以下几点：

（1）要求合身。工作制服应“量体裁衣”、“度身定做”。

注意四长：袖至手腕、衣至虎口、裤至脚面、裙至膝盖；

注意四围：领围以插入一指大小为宜，上衣的胸围、腰围、臀围及裤裙的臀围以穿一件羊毛衫为宜。

（2）整齐挺括。内衣不能外露、不挽袖卷裤、不漏扣掉扣、领带领结与领口的吻合要紧凑且不系歪；衣裤不起皱，穿前要熨平，穿后宜挂好。做到上衣平整、裤线笔挺、款式简洁、高雅，线条自然流畅；工号或标志牌要端正地佩戴在左胸的正前方。

（3）注意整洁。制服的美观整洁既突出了人的精神风貌，也反映了餐饮企业的管理水平和卫生状况。制服要特别注意袖口和领子的清洁，做到衣裤无污渍、油渍、异味。给人以干净、清爽之感。

（4）穿着制服禁忌。① 过分裸露。胸部、腹部、腋下、大腿，是公认的身着正装时不准外露的人体四大禁区；② 过分透薄。身着的制服若是过于单薄透明，弄不好就会让自己的内衣甚至身体敏感部位“走光”，使人尴尬；③ 过分肥大或瘦小。肥大会显得松松垮垮、无精打采，瘦小又使自己工作不便；过分杂乱。④ 制便混穿、不配套，给人以杂乱无章的感觉，显得极为不规范和没有礼貌。

2. 西服穿着要讲究

西服是目前国际上最流行的正统服装，也是现代社交活动中最得体的服装。一套合体的西服，可以使着装者显得潇洒、精神、风度翩翩。“西服七分在做，三分在穿”，穿着西服很有讲究。

（1）讲究规格。西服有二件套、三件套之分，正式场合应穿同质、同色的深色毛料套装。二件套西服在正式场合不能脱下外衣。按习俗，西服里面不能穿毛背心或毛衣。在我国，至多也只能加一件 V 字领的羊毛衣，否则显得十分臃肿，以致破坏西服的线条美。

（2）讲究配套。穿西服时应注意三个配套。

一是与衬衫配套。衬衫为单色，领子要干净、平整、挺括，不能有污垢、油渍。衬衫下摆要放在裤腰里，系好领扣和袖扣。衬衫衣袖要稍长于西装衣袖 1 厘米，领子要高出西装领子 1 ~2 厘米，以显示衣着的层次。

二是与领带配套。领带、领结的颜色和图案，应与衬衣和西装搭配协调。领带的领结要饱满，与衬衫的领口吻合。领带的长度以系好后下端正好触及腰上皮带扣上端处为标准。领带夹一般夹在衬衫第三粒与第四粒扣子间为宜，西装系好纽扣后，不能使领带夹外露。

三是与皮鞋配套。穿西服一定要穿皮鞋，不能穿旅游鞋、轻便鞋或布鞋、露脚趾的凉鞋，也不能穿白色袜子和色彩鲜艳的花袜子。男士宜着深色线织中筒袜，切忌穿半透明的尼龙或涤纶丝袜。

（3）讲究扣子的扣法。西服有双排扣、单排扣之分。单排扣西装又常有两粒扣和三粒扣之分。双排扣的西服一般要求把全部纽扣都系上，以示庄重。单排两粒扣，只扣上面一粒纽扣，三粒扣则扣中间一粒，坐下时可解开。单排扣的西服也可以全部不扣。

（4）西服口袋的用法也有讲究。西服上衣两侧的口袋只作装饰用，不可装物品，上衣左胸部的衣袋只可放装饰手帕，否则会使西服上衣变形。有些物品，如票夹、名片盒可放在上衣内侧衣袋里。裤袋亦不可装物品，以求臀位合适，裤形美观。

3. 女士穿着要得体

女性在着装要求上应干净整洁、大方得体。服装式样不能太暴露，色彩不宜太过鲜艳夺目，更不能珠光宝气。在穿着不同种类服装时应注意如下几点。

(1) 穿着职业套装。对于职业女性来说，首选服装即是西装套裙，西装套裙以其端庄、典雅、美丽及流畅的线条美，而广受现代社会职业阶层女性的青睐。穿上一套得体的西装套裙，会使着装者看起来干练、成熟、洒脱、优雅和神采奕奕。西装套裙的穿着要得体，首先要使上装与裙子的色调统一而稳重，具有成熟感。裙长不宜太短和太长，太短则不雅，太长则无神，最好以不短于膝盖以上15厘米为底线；其次着装时应成套穿着，并配上与之协调的衬衣、高领羊绒衫等，与衬衣搭配时，领口应系上领结、领花或丝巾、领带；再次要穿着与套裙配套的皮鞋，并以黑色的牛皮鞋为最好，或和套裙同一色彩的皮鞋也可以选择。式样应该是高跟、半高跟的皮鞋。穿布鞋、旅游鞋、凉鞋都显得不相适宜。用来和套裙配套的袜子，可以是尼龙丝袜或羊毛袜，颜色可以是肉色、浅灰色、浅棕色、黑色等几种常规色彩，最好是单色。通常情况下，高统袜和连裤袜，是与套裙的标准搭配。中统袜、低统袜，一般不要和套裙进行搭配穿着。

(2) 穿着礼服。在西方国家，女性的礼服可分为小礼服、常礼服和大礼服。有相当数量的国家规定民族服装为礼服，在国庆、民族节日等重大庆典和最隆重场合穿着，其他正式场合着西装。我国女士在涉外活动中，通常可以穿着西装套裙、旗袍、连衣裙等作为礼服。在一些涉外重要场合穿旗袍，既能完美体现中华民族的特色，又能充分地展示女性婀娜的身姿，能得到外宾由衷的赞赏。但旗袍不宜穿黑色，质地要好一些，两边开衩不能太高。

(3) 女士在着装上的禁忌。正式场合尽量系上上衣扣，不穿领口开得太大的上衣，如果内衣外现、文胸肩带或衬裙边露出来，都是女士着装的大忌。上衣最短齐腰。要注意上衣的领子边、肩头和衣袖口。不穿超短裙，夏季裙装应配上衬裙，衬裙颜色应与外装颜色协调一致，以免透出内裤显得不雅。穿裙子一定要穿长丝袜，袜口切记露在裙摆之下，以肉色、黑色最常用，不要穿有挑丝、有洞或用线自己补过的袜子外出。冬天穿裙子，如果棉毛裤露在外，或者裙子里加一条健美裤，都是不得体的。休闲装、牛仔服、健美裤等为日常生活装，在正式场合穿都不适宜。

（二）职业点菜师的饰品

饰品是指能够起到装饰点缀作用的物件。饰品的佩戴是服饰礼仪的重要组成部分，饰品是一种文化，饰品的选择和佩戴既能表现一个人的外在美，又能体现一个人的内在涵养和素质。

1. 饰品佩戴原则

饰品体积较小，装饰效果明显。选用饰品的原则是有利于表现整体形象，既非数量多少，也非贵贱如何，而在于选配得当。佩戴饰品时应注意以下几点：

(1) 应少而精，让饰品起到锦上添花、画龙点睛的作用。切不可盲目求多，否则会给人过分炫耀、画蛇添足之感。

(2) 饰品的佩戴应与自身条件相协调。应考虑到自己的体形、脸形、发型、肤色、年龄、气质等因素。

(3) 饰品佩戴应注意寓意及习俗。如戒指是饰品中最明确的爱情信物，在佩戴时必须了解其不同的含义。

(4) 饰品佩戴应和服装相协调。一般穿考究的服装时，才佩戴昂贵的饰品；服装轻盈活泼，饰品也应精致玲珑；穿运动装、工作服时则不适宜佩戴饰品。

2. 首饰佩戴要恰到好处

(1) 戒指。当今，戒指已成为世界各国男女的一种装饰品。但礼仪性的戒指是不能随便戴的，因为它戴在各个手指上所包含的意义是不同的。这是一种沉默的语言，是信号或标志，暗示着佩戴者的婚姻和择偶情况。例如：戴在食指上，表示无偶或求婚的意思；戴在中指上，表示已有意中人，正在恋爱中；戴在无名指上，表示已订婚或结婚；戴在小指上，则暗示自己是一位独身主义者。一般情况下，大拇指不戴戒指。在社交场合，一只手上只戴一枚戒指，戴两枚或两枚以上都不适宜。

(2) 耳环。耳环是女性的主要饰物，佩戴时应做到与脸形、年龄和服装的配合。如圆拱形大耳环对中青年长脸妇女较为合适，可以产生宽度感；小型扁耳环和有坠的耳环适合圆脸形妇女佩戴，可以利用耳环的垂挂所形成的纵长度，使圆形的外轮廓得以改观；宽脸或胖脸的妇女，不宜佩戴有坠子的耳环或大耳环；年纪大的妇女不要佩戴粗大或凸出的夹式耳环；花朵形的夹式耳环宜与连衣裙相配，并且是年轻妇女佩戴较为适合。值得提醒的是：戴眼镜的妇女不应佩戴耳环；严肃的场合不适宜佩戴有坠子的耳环。

(3) 项链。佩戴项链应注意和自己的年龄、体形、身份及场合相协调。如脖子短的女士应佩戴颗粒小而长的项链，以增加脖子的长度；方型脸或圆脸的人，体态大多丰腴，宜选用较长的项链，以达到调和脸型的目的；夏天如穿纯丝、半丝、软缎的衣服，适当地配上一条精致、细巧的项链，可增加人的气质；穿单色或素色服装时，宜佩戴色泽鲜艳的项链。

三、职业点菜师的仪容礼仪

容貌是仪表仪容的重要组成部分，职业点菜师端庄的容貌、清洁的面容、大方的发型、得体的化妆，会给宾客留下美好舒适的第一印象，让宾客赏心悦目。

(一) 仪容卫生

1. 记住“四个无”

(1) 无异物。即保持面容和身体的清洁，注意脸上不要有眼屎、鼻涕、耳屎，身上不要有残发、头皮屑等。男士应注意鼻毛不能过长，过长的鼻毛，有碍观瞻；可以用小剪刀剪短，不要用手拔，特别是当着客人的面。

(2) 无异响。即身体不要发出诸如肠动、排气声，嘴里不要哈欠连天、打饱嗝，还有打手指响等，这些异响都显得不礼貌，应尽量避免，如不得已产生应和身边的人打个招呼，说声对不起。

（3）无异味。即要养成良好的卫生习惯，做到勤洗澡、勤换内衣裤，以免身上发出汗味或其它异味。上班前应不喝酒和不吃大葱、大蒜、韭菜等有刺激性的食物。

（4）无创破。即保持面容、手部等裸露在外的身体各个部分的完好和整洁，否则会令客人感觉不舒服。

2. 坚持“三个三”

牙齿是口腔的门面，牙齿的清洁是仪表仪容美的重要部分，而不洁的牙齿被认为是交际中的障碍。当一位职业点菜师露出发黑或发黄的牙齿在谈笑风生时，是多么的不雅！如果牙缝上留有牙垢，也会让宾客退避三舍。保持牙齿的清洁卫生，要坚持做到每天“三个三”：即三顿饭后都要刷牙，饭后三分钟内刷牙，每次刷牙不少于三分钟。此外应尽量少抽烟，不喝浓茶。如果长期吸烟和喝浓茶，天长日久，牙齿表面会出现一层“茶锈”和“烟渍”，牙齿变得又黑又黄。

3. 关注一双手

一双清洁没有污垢的手，是交往时的最低要求。社交活动中，人与人之间需要握手；即使不握手，手也是仪容的重要部位。要随时保持双手清洁，指甲缝中不能留有污垢。指甲的长度，不应超过手指的指尖，长指甲不仅不利健康，社交中也容易伤到他人。修指甲时，要剪去指甲沟附近的“爆皮”，不能用牙齿啃指甲，也不在任何公众场所修剪指甲。

（二）仪容美

1. 化妆

俗话说“三分长相，七分打扮”。化妆有两条要求：一是化妆上岗，二是淡妆上岗。面容化妆越来越被人们所重视，它不但可以使自己变得更漂亮，同时也是对他人尊重的一种礼貌表现。职业点菜师上岗必须化妆，但化妆应少而精，突出和强调自己所拥有的自然美，做到“饰而无痕”，追求自然美与装饰美的和谐统一。一般以淡妆、浅妆为宜。在化妆时应注意以下原则：

（1）审美原则。借助化妆技术，体现化妆者的形象。职业点菜师化妆前，对自己要有一个整体和理想的形象设计。具体来说：就是要符合自己的年龄、工作性质、职业身份、面容特征和色彩搭配，做到浑然天成，恰到好处。

（2）科学原则。化妆品可分为美容、润肤、芳香和美发四大类。化妆时必须合理选择和使用化妆品，避免使用有害化妆品以及与自己皮肤性质、类型不适合而引起副作用的化妆品。

（3）“TPO”原则。即化妆必须与时间（time）、地点（place）、场合（occasion）相适应。不同时间、不同场合，化妆应有区别。

化妆的礼仪规范。职业点菜师工作妆应在上岗前完成，不允许在工作岗位上进行化妆；不可以残妆示人，这样既有损于自己形象，也显得对客人不礼貌，所以应及时补妆，但补妆时，不可旁若无人当众操作，应选择无人在场的角落或洗手间进行。

2. 发型

人的头发和脸庞是人体的制高点，十分吸引他人的注意。人们在互相见面时，通常是从头打量到脚。发型的适当与否，直接影响到对方对你的印象。因此，美发就成为人们塑造仪容美的重头戏。职业点菜师在为自己选择发型时，应考虑以下几个方面：

（1）发型与脸型

脸　型	适合发型	不适合的发型
圆　形	应尽量从两侧鬓角向下拉长做文章	把头发从中间分开
方　形	侧重于以圆破方，以发型来增长脸形	把头发从中间分开
长　形	应加重脸形的横向，可适当地用刘海遮盖前额，使脸看上去丰满些	不宜把刘海扎起来
瓜子形	额角覆盖些头发，头发可在耳后散下	把头发全绑起来
梨　形	短发，头发尽量梳高，并覆盖前额和太阳穴	不宜把刘海扎起来

（2）发型与体形

体　形	适合发型	不适合发型
高瘦身材	比较适宜于留长发、直发，且要使头发显得厚实、有分量	头发削剪得太短薄，或高盘于头顶上
矮小型	秀气、精致的发型为主，适宜短发和盘发	避免粗犷、蓬松，不适宜留长发
矮胖身材	造成一种有生气的健康美，如运动式发型	留披肩长发，头发应避免过于蓬松或过宽
高大型	以大方、简洁为好。一般以直发为好，或者是大波浪卷发	头发不要太蓬松

（3）发型基调应该是活泼开朗、朝气蓬勃、干净利落、端庄持重。要求做到：不留披肩发、发不遮脸、刘海儿不过低，不可将头发染成五颜六色的彩发，发型也不可过于前卫时尚，还要避免使用色泽太鲜艳的发饰。

男士在发型的选择上应掌握三个要点：① 体现男士的阳刚特点，不能把自己弄得不男不女，不伦不类；② 突出自己的个性特点，在设计发型时应考虑到自己的脸型、体形、服装等因素。如穿西装，发型就应吹风定型，以显得风度翩翩；③ 应体现职业特点，选择发型应大方、得体。头发长度要适中，前不及眉，旁不遮耳，后不及领，不留长发和大鬓角，不留络腮胡子和小胡子。

第二节　职业点菜师的仪态举止礼仪

一个人的礼仪修养可从他的仪态举止中察觉出来。在人际交往的口头沟通时，经常要借助于人体的各种姿态，这就是我们常说的“体态语言”。它作为一种无声语言，在餐饮服务中有着重要的作用。

一、体态语的运用

（一）规范的站姿——站如松

“站有站相”，这是一种静态之美。对于职业点菜师来说，站姿是最基本的服务姿势。规范的站姿会给客人挺拔笔直、舒展俊美、精力充沛、充满自信的感觉。良好的站姿有三条标准，即“正”、“直”、“挺”。正：头正、眼正、肩正，即头要正，双目要平视，双肩要舒展；直：身体直立，腰要直，双腿挺立；挺：挺胸、收腹。男子站立时，应讲究挺拔、笔直，使人能有稳定感，即“站如松”；女子站立时，应讲究挺直、舒展，古人常用“亭亭玉立”来形容。应避免出现两腿分得太开、交叉两腿而立、一个肩高一个肩低、松腹含胸、一条腿不停地在地上画弧线，乱摇头、舔嘴唇、不停地摆手、捋胡子、擤鼻涕、拧领带等错误站姿。

（二）优雅的坐姿——坐如钟

“坐有坐相”，这也是一种静态造型，同样有美与不美、优雅与粗俗之分。职业点菜师规范的坐姿应该是：腰背挺直，双肩齐平，两膝从容靠拢（男士膝部可分开一些，但不要过大，一般不超过肩宽；女士两膝一定要靠拢），两手自然摆放，要稳重、端庄、大方、自然、舒适。在正式场合，入座时要轻柔和缓，起座时要端庄稳重，不宜猛坐猛起，弄得桌椅乱响，造成尴尬的气氛，引起极高的“回头率”。无论何种坐姿，上身都要挺直，如古人所言的“坐如钟”。

（三）正确的走姿——行如风

走姿是站姿的延续动作，是在站姿基础上所展示的人的动态美。走姿是最引人注目的体态语言，最能表现一个人的风度和活力。走姿优美，可增添人的魅力。良好的走姿应该是行走时轻而稳，注意昂首挺胸收腹，肩要平，身要直。女士走一字步（双脚尽可能走一条线，不迈大步）要轻、巧、灵；男士行走时双脚跟走两条线，步履可稍大，表现稳定矫健。男士走路时不要扭腰；女士不要摇臀。避免出现如挺胸腆肚、身体后仰、外八字或内八字型、脚步迈得太大、脚步拖泥带水或身子死板僵硬等错误走姿。

二、情态语的运用

表情是心情的体现，也是人性的镜子。心理学家指出，交际双方的相互理解＝表情（55%）＋语调（38%）＋语言（7%）。可见表情语的重要性。对于一个职业点菜师来说，是否有良好的亲和力是至关重要的。而亲和力的营造主要是在和蔼可亲的表情上，职业点菜师在与客人沟通交流时，运用得比较多的表情语，主要是目光语和微笑语。

（一）目光语

职业点菜师在对客语言交流中，眼睛要看着对方。目光的运用应把握好注视的部位、停留的时间和注视的方式三个方面。

1．注视的部位

在谈话过程中，应用热情、友好的目光看着客人的脸，与客人进行直接的目光接触、交流。人的脸部可以分为两个区域：额头至双眼之间是正视区，注视这一部位表示双方谈话都处于非常严肃状态；双眼到嘴部之间是社交区，注视这里有利于传递礼貌友好的信息。职业点菜师在对客语言交流中，应把自己的目光多投向宾客的社交区域。

2．注视的时间

职业点菜师应把自己的目光不时地投向客人，既不可以说话不看着客人，也不可以直盯住客人不放，目光不要躲躲闪闪羞羞答答，应自然大方地与宾客进行目光交流。让客人在你的目光中看到亲切、友好与自信，感到温暖和舒服。目光停留的时间一般不要超过3秒钟。

3．注视的方式

职业点菜师对客交流时应保持目光的平视，在餐饮服务时身体要微微欠身，或半蹲下身子，目的就是与客人的目光能保持平视。宾客多时，也可以扫视和环视，以避免不在自己视野中的宾客产生冷落感和孤独感，但切忌斜视客人、窥视客人、盯视和居高临下地俯视客人。

（二）微笑语

微笑是餐饮服务的第一把金钥匙，微笑的表情让人感觉温暖、亲切和美好，使人容易产生心理上的安全感、亲切感和愉悦感。职业点菜师在对客交流时必须保持微笑的表情，同时应注意：

1．微笑应发自内心

“笑取决于感情，是内心真情实感的流露”。只有发自内心的笑，才甜美而真诚，显得自然、亲切和动人。职业点菜师的微笑，应是自己愉快心情的外露，也是对宾客一片真情的奉送。微笑的关键在于“含笑”于面部，给人以亲切、甜美和真诚感，使人回味。发自心底里的笑，极容易感染宾客，使宾客产生情感上的共鸣。

2．微笑应合乎规范

微笑是职业点菜师的基本功之一，这种笑不能勉强敷衍，不能机械呆板，不能为笑而笑，无笑装笑。因为假笑也好，装笑也好，都是皮笑肉不笑，其结果必然使宾客反感。所以微笑应合乎规范，即必须做到四个结合：口与眼结合；笑与神情、气质结合；笑与语言结合；笑与仪表、举止、场合相结合。

三、手势语的运用

手势语是通过手和手指的动作来传情达意，是人们交往时不可缺少的一种富有表现力的体态语言。职业点菜师在与客人交流时，使用得体适度的手势，可增强感情的表达，起到锦上添花的作用。

1. 使用掌语

对人礼貌的手势语应该是手掌，并且要让对方看见手掌。为宾客服务决不能出现拳头、手指等动作。伸开手掌，掌心朝上时，表示真诚、坦荡和服从要求；掌心朝下则有命令、指示、压制的意思。所以，规范的手势是：掌心斜向上方，五指伸直并拢，腕关节伸直，手与前臂形成直线，以肘关节为轴，弯曲 140 度为宜，手掌与地面基本上形成 45 度角。给人一种庄重含蓄、彬彬有礼、自然适度的感觉，在对客交流时，手势不宜过多，动作不宜过大，严禁手舞足蹈。

2. 手势语的文化差异

同样一种手势，在不同的国家，不同的地区可能有不同的含义。职业点菜师在使用手势时应注意到手势的文化差异。如食指向下弯曲，在中国表示数字 9；在日本，表示"偷窃"；在美国，表示"死亡"；在墨西哥，则表示"钱，或询问多少价格"。可见，接待不同国家、民族、地区的客人时，要懂得他们的手势语言，以免闹出笑话，引起误会。

四、界域语的运用

界域语是交际者之间通过空间距离的差异来表达情感沟通、信息传递的一种体态语。职业点菜师在为客人服务、与客人交流时，应运用好交往时的界域，实现与客人的礼貌交往。

1. 四种空间距离

按照美国心理学家爱德华.T. 霍尔教授的划分，人际距离一般分为四个区域，即：

（1）亲密距离。距离在 45 厘米以内，为家庭成员和爱人之间所特有。语意为热烈、亲密。

（2）私人距离。距离在 45 厘米 ~ 1.2 米之间，朋友之间私聊，外部之间距离保持在一臂之外。语意为亲切、友好。

（3）社交距离。1.2 ~ 2.1 米，熟人、同事和生人之间，近到可有目光交流，但要保持舒适距离。语意为诚恳、认真。

（4）公共距离。公共场合，距离在 2.1 米之外，课堂和面对人群演讲时。语意为严肃、庄重。

2. 把握适度空间距离

人际距离的远近反映了人与人之间的亲疏关系。职业点菜师在餐饮服务中，与客人的关系是工作关系，因此一般采用私人距离和社交距离之间的人际距离。首先要注意不能离客人太近，亲密距离被称为是服务中的禁忌距离，会使人感到压抑或是冒犯。点菜时离客人太近，说话时口水容易喷溅到客人，极为不礼貌。另外和客人距离过近会使客人觉得你侵犯了他的私人空间，极容易引起客人的反感。当然也不能离客人太远，点菜时如果距离客人太远，会影响到双方的沟通效果和质量，而且，过大的距离，容易使人产生疏远之感，同样会令客人不高兴。

第三节 职业点菜师的社会交往礼仪

一、见面礼仪

1. 问候礼

问候是人们见面时最简便最基本的礼节。职业点菜师在接待宾客时首先应礼貌性地向宾客打招呼。最简单的话语是“早上好（或下午好、晚上好）”，或者说“您好”、“你们好！”等。对老客人切勿忘记称呼他的姓氏，对回头客应通过诸如：“王先生，欢迎您又一次光临我们餐厅”或“李小姐，我们又见面了”等方式的问候语，让客人感受到你对他的熟悉、重视与尊重。遇到熟悉的客人时问候可更灵活些，就像日本人倡导的“招呼客人要多姿多彩犹如七色彩虹一般生动。”如：“张总，您好！您挺忙，三天没来了”；“您好王律师，您今天这身装扮可够帅的！”在向宾客问候时应遵循主动、热情、得体的原则，让客人感觉亲切、自然和舒服。

2. 介绍礼

介绍包括自我介绍和介绍他人，职业点菜师在自我介绍时，应讲清自己的身份和姓名，如“您好，我是酒店的职业点菜师，如果不介意，我可以根据你们的需要‘量身定制’合适的菜单。”如果想让宾客记住自己的名字，可以用幽默、谐音来解释，会显得更加生动、有趣。

为他人介绍时，应遵循国际公认的介绍规则：把男士介绍给女士，把年轻者介绍给年长者，把地位低者介绍给地位高者，把客人介绍给主人，把未婚者介绍给已婚者，在涉外场合，先将中方人员介绍给外方人员。

3. 握手礼

握手是人们见面和离别时常用的礼节，职业点菜师行握手礼时应首先注意握手的先后次序，即男女之间应女士先伸手，长幼之间应长者先伸手，宾主之间应主人先伸手，上下级之间应上级先伸手。其次应注意握手的力度和时间，握手时的力度一般以不握疼对方的手为限度。时间的长短可根据握手双方的亲密程度灵活掌握。最后要注意握手禁忌，如不能交叉握手，戴着手套、墨镜、帽子握手，用左手握手，握手时心不在焉、敷衍了事等。

4. 鞠躬礼

鞠躬，即弯身行礼，是中国、日本、朝鲜等国的传统礼节。职业点菜师在迎送宾客时恰当地使用鞠躬礼，可表示对宾客的恭敬。一般行鞠躬礼时，女士双手交叉于腹前，男士双手在背后交叉，视线均落在对方鞋尖部位，礼后起身迅速还原。在接待日本客人时，应尊重其风俗，行鞠躬礼。

5. 名片礼

递送名片已经成为人们自我介绍和认知他人的重要交际手段。在递送名片时应将名片正面面向对方，双手奉上。眼睛应注视对方，面带微笑，并大方地说：“这是我的名片，请多多关照。”接受名片时应起身，面带微笑注视对方。接过名片时应说“谢谢”，随后有一个微笑着阅读名片的过程，阅读时可将对方的姓名、职衔念出声来。交换名片的顺序一般是“先客后主，先低后高”。当与多人交换名片时，应依照职位高低或由近及远依次进行，切勿跳跃式进行，以免对方误认为有厚此薄彼之感。

6. 称呼礼

在人际交往中，一个有礼仪的人对他人的称呼总是亲切、彬彬有礼，而且规范合适，即善于根据人的姓名、职务、身份特点等有礼貌地称呼，这样才符合礼仪。人们一般用以下几种方式进行称呼：

(1) 以职务相称。单称职务或姓氏加职务，如“局长”、“王处长”、“徐总”；

(2) 以职业相称。单称职业或姓氏加职业，如“医生”、“李律师”；

(3) 以性别相称。男士统称为“先生”，年轻女士称“小姐”。

二、交往礼仪

1. 迎送礼

职业点菜师在客人来用餐时应主动迎接，热情问候：“您好（你们好）！欢迎光临！”。如果是男女宾客一起进来，要先问候女宾，再问候男宾，见到年老体弱的宾客，要主动搀扶，悉心照料。引领客人时，应走在客人左前方二三步处，随客人的步子徐徐前行。并说“请跟我来”、“这边请”、“里边请”，同时用手势示意，把客人引领到适当的位置入座或进入包房。当客人用完餐时，应主动询问宾客对菜品、服务等的意见和建议，要礼貌地将客人送到餐厅门口，热情话别，可以说：“再见，欢迎您再来！”“谢谢各位光临”等道别语，并做出手势，躬身施礼，微笑目送客人离去。有时，还应主动为客人叫车，引导车辆停稳后，一手拉开车门，一手挡住车门框的上沿，提醒客人不要碰头。如宾客是佛教人士，则不能挡，因为他们认为你遮住了“佛光”，是不尊重人的行为。同样，如果是信仰伊斯兰教的宾客，你也不能为其护顶。

2. 添茶礼

和客人沟通交流时，为客人敬茶、添茶可以增进与客人的感情，添茶倒水时应注意要轻、准、慢，将水徐徐倒入杯中。俗话说：“酒满敬人，茶满赶人”。水不可倒得太满，每杯水应斟七分满即可；如果茶水斟得太满，一旦溢出来，洒在桌子上或客人的衣服上是失礼的。

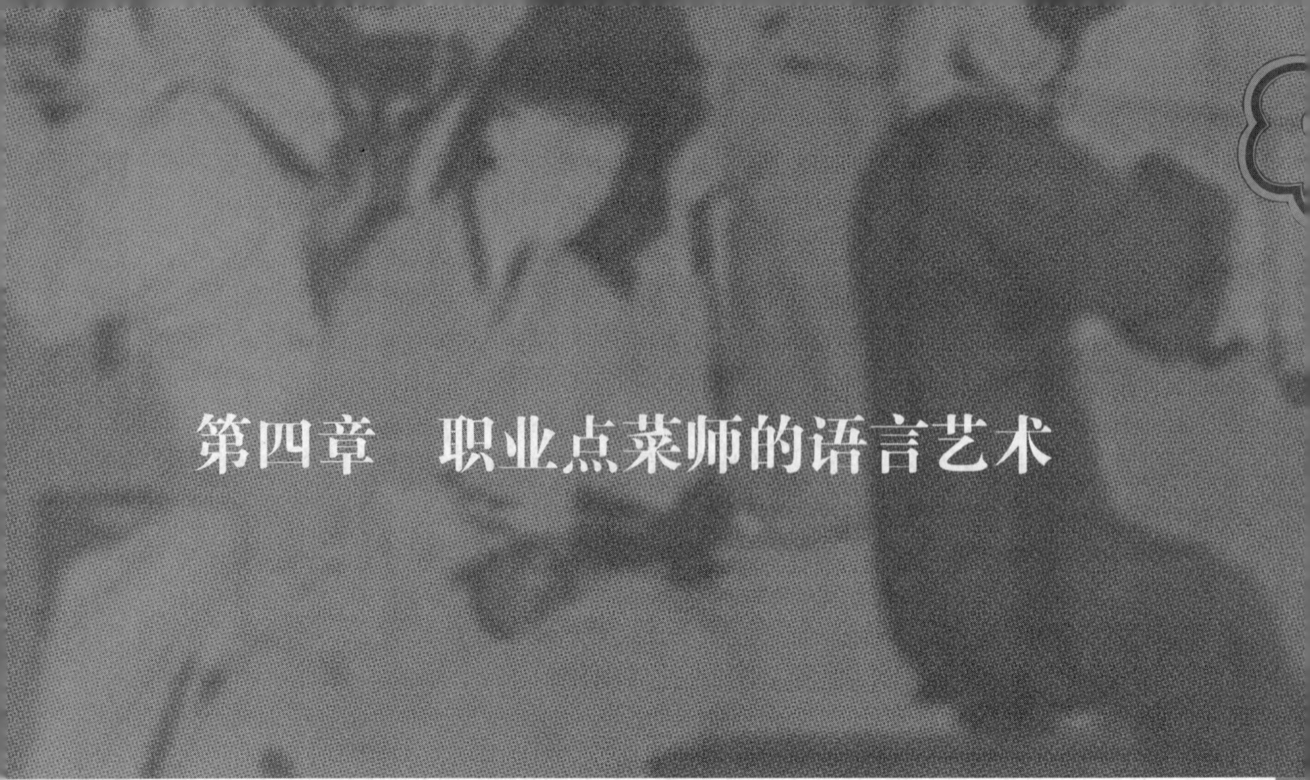

第四章　职业点菜师的语言艺术

语言是社会交际的主要工具，是人们表达意愿、交流思想感情和沟通信息的媒介或符号。作为一名优秀的职业点菜师必须是很会说话的，既要准确、简洁、生动地表达餐饮企业的服务意愿和菜品知识，又要能够从顾客的对话中获取顾客需求信息，并在双向交流中实现有效的沟通。因此，职业点菜师学习和掌握一定的说话技巧、具有良好的语言修养是十分必要的。

第一节　职业点菜师语言运用的基本原则

一、规范原则

所谓规范，就是指标准和规范。普通话是汉语口语交际的标准语言。职业点菜师接待的是全国各地的宾客，所以在对客交流时最好用普通话，以免造成语言障碍，使宾客不知所云。

1. 读音准确，吐字清楚

汉字是音、形、义的统一，语音是语言表达的基本形式。普通话的声母、韵母和声调均有辨义的作用。读音准确，吐字清楚是规范用语的最基本的要求。职业点菜师在对客沟通时要把握好发音，要特别注意克服方言语音的影响，避免出现声、韵、调的失误。人们在吐发音上容易出现下列问题：

（1）读错字音（将此音读成彼音）。如：菜肴的“肴”字，应说“yáo”，却说成“xiáo”；酗酒的“酗”字，应说“xù”，却说成“xiōng”；粳米的“粳”字应说“jīng”，却说成“gēng”，等等。

（2）不会读轻声词和儿化音。如“先生”（xiānsheng）不说（xiānshēng），谢谢（xièxie）不说（xièxiè），“蒜瓣儿”应说成“suànbànr”，“花卷儿”应说成“huājuanr”。

（3）声母读错。r 和 l 不分，如把“人”（rén）说成（lén），冷盘（lěngpán）说成（rěngpán）；h 与 f 不分，如“黑色”（hēisè）说成（fēisè），飞机（fēijī）说成（huījī）；n 和 l 不分，如奶奶（nǎinai）说成（lǎilai），女士（nǚshì）说成（lǚshì）；y 和 r 不分，如“热菜”（rècài）说成（yècài），肉（ròu）说成（yòu）；平翘舌不分，如四（sì）说成（shì），三（sān）说成（shān），包子（bāozi）说成是（bāozhi），红烧狮子头（hóngshāoshīzitóu）说成是（hóngshāoshīzhitóu）等等。

（4）韵母读错。常见的是前后鼻音不分。如把“船上”（chuánshàng）说成（chuángshàng），清口（qīngkǒu）说成（qīnkǒu），蒸饺（zhēngjiǎo）说成是（zhēnjiǎo），等等。

2. 语气语调得当

语气语调是语言表达的重要方面，是语言面貌的主要特点。语气语调得当，可以充分表达职业点菜师对宾客的深厚情感，使宾客倍感亲切。一般来说，表达爱的情感，语气语调为“气徐声柔”，给人以温馨感；表达敬爱之情感，语气语调为“气平声谦”，给人以敬重感；表达关心与爱护的情感，语气语调为“气舒声长”，给人以亲切感；表达信任的情感，语气语调为“气平声沉”，给人以诚挚感；表达友好的情感，语气语调为“气缓声轻”，给人以客气礼貌之感。职业点菜师可根据具体的宾客及现场的具体情况，灵活运用不同的语气语调恰当得体地表现不同的思想感情。但切忌使用下面几种语气语调：

（1）急躁、厌烦。职业点菜师在与客人交谈时，语气语调上“气促声硬”或“气粗声重”，显得焦急、暴躁、激动或者很不耐烦都是不恰当的。比如：“抓紧时间”、“快点，另外一桌客人等着我呢！”“别再想了，我看就这么定了”等等。

（2）生硬。职业点菜师在对客交流时，语气语调上显得勉强、生冷、僵硬，或者不够柔和也是不恰当的。比如“你们一定要吃某某菜，我也没办法”、“着什么急”、“喊什么”、“这菜色香味都那么好，干吗不要？”等等。

（3）怠慢。职业点菜师在与宾客交谈时，语气语调上显得轻狂、歧视、怠慢，或者失敬于人都是不恰当的。如“某某菜太贵，不适合你们”、“我是职业点菜师，你们不听我的，听谁的？”、“这菜的典故听说过没有？”等等。

3. 通俗易懂

古语曰：“一语天然万古新”，所谓“天然”，就是强调说话要通俗易懂，不要咬文嚼字，一味追求文饰。宾客来自不同的国家和地区，情况各异，这种服务对象的广泛性和即说即逝的特点，决定了职业点菜师的服务语言必须通俗易懂。所以，职业点菜师在与客人沟通时应注意：

（1）忌用方言俚语。如问宾客“你们要饭吗？”（北方土语）；和宾客说：“这小菜不要太崭哦！”（上海话）。如果宾客听不懂，会造成不必要的麻烦。

（2）忌用行话和专业术语。如对宾客说：“您可是我们餐厅的VIP客人。”“有什么需要和值台员讲”等，如果宾客不理解，势必造成“信息阻塞”。

（3）忌用长句和逆序句。语句过长，职业点菜师说得费劲，宾客听得也吃力。如宾客问：“有什么时令蔬菜吗？”职业点菜师回答：“先生，您是想问时令蔬菜是吧？所谓时令菜主要是指那些让客人享受到季节性的菜式，俗话说‘不时不食’，几乎所有的客人都喜欢应时当令，就像您这样的尊贵的客人不也想吃到最新鲜的蔬菜吗？现在是春天，万物生机勃勃，正是花、草、树、菜长得好的时机，我们餐厅现在有很多品种的时令蔬菜，比如芦笋呀、豆苗呀、枸杞藤呀，多着哪！这些菜不但新鲜而且营养丰富，大多富含多种维生素，又都是绿色食品，对身体健康绝对有好处。先生，您想吃什么呢？”客人问的是有什么时令蔬菜，而职业点菜师则过分“热情”，节外生枝介绍了那么多，句子冗长，浪费了客人的时间，宾客听后自然不耐烦。所谓逆序句，一是指说话不按表达内容的自然顺序，即跳着说；二是指语序颠倒。如职业点菜师询问宾客是否有忌口，可说：“有什么忌口的没有？”也可说：“有没有什么忌口的？”也可以说“忌口的，有没有？”但决不能说“有口味忌的，没有？”

二、情感原则

所谓“情感性”，就是运用语言的“亲和”性功能，在服务过程中，把宾客当作自己的朋友，营造出亲切随和的沟通氛围。让宾客感觉到温暖、舒心、愉悦。“感人心者，莫先乎情”。真诚、有人情味的话是最能打动人心的。尽快接近宾客，消除职业点菜师与宾客之间的心理距离，激发和维持宾客对职业点菜师的亲切和信任感是服务成功的关键。

1. 三情合一

（1）心中有情。所谓“有情”，就是职业点菜师应从心里把宾客当成朋友，站在宾客的角度为宾客着想。只要心中有情，亲切、有人情味的话语自然就会流出来。

（2）说话动情。职业点菜师要善于运用富有感染力的语言，让宾客在职业点菜师说话时感受到真情。

（3）与客共情。职业点菜师要知道如何建立和宾客共同、共有、共享的情感，实现与宾客在情感上的“共振”，使自己和宾客的情感保持一种和谐与默契。

当一个职业点菜师有情、动情、共情时，他一定会极富人情味，让人感到亲切、舒服，从而拉近和宾客的距离，成为宾客愿意接近和愿意信任的人。

2. 四大要素

作为一名职业点菜师，要不断提高自己语言情感表达的技艺，就必须在对客交流时注意下列四大要素：

（1）音量。与宾客沟通时应“轻声细语”，音量不可过大，同时注意说话时音量的变化。如以职业点菜师报价为例，如果不能确定宾客是否愿意点昂贵菜品，此时不必报价，用手指价即可；如果宾客点了昂贵菜品，则大声报出价格，令其他客人领会主人的盛情。声音适中，不能大到吓人一跳，也不能小到人家听不到。

（2）音高。音高一般有中音、高音、低音之分。中音最饱满、厚实、好听，高音高亢、响亮，低音深沉。职业点菜师在与宾客沟通时，应主要用中音讲话。用中音说话，不仅因为中音好听，同时也给了自己一个可以上下自由浮动的空间，声音跌宕起伏，余音绕梁。

（3）音速。音速的快慢，会影响到沟通的效果。有快有慢、有张有弛的音速，要灵活掌握，因人而异，恰到好处。一般来说，音速过快会给人紧张、仓促、不自信的感觉，音速太慢又会使人觉得怠慢、拖沓。职业点菜师在对客交流时应快慢适中，尽可能娓娓道来，给宾客留下自信、稳健的印象，从而引导谈话的节奏与方向。

（4）语态。语态是职业点菜师对客说话时的情感和态度的表露。职业点菜师对客服务的语言要真诚甜美，充分体现出语言的“敬、诚、雅、暖、谦”的风格。要以真诚言语沟通宾客的心灵，切不可随个人情绪变化而失态。要以不变应万变，做到“三个一样”，即情绪好坏一样和蔼，生人熟人一样热情，忙与不忙一样周到。

三、主动原则

职业点菜师不管面对什么样的服务对象，都要在客人开口之前主动、热情，一视同仁地主动招呼。

1．主动招呼

宾客来到餐厅，职业点菜师必须热情主动地打招呼，寻求服务。如“您好，我是餐厅职业点菜师，很高兴为您服务。”或“早上好，我是职业点菜师，如果不介意，我可以根据您的需要‘量身定制’合适的菜单。”主动热情的招呼，会让宾客备感尊重，从而产生愿意接受服务的心理状态。

2．主动介绍

正确把握时机，恰如其分地向客人介绍产品，不仅是一种有效的推销技巧，而且也是优质服务的具体体现。在介绍产品时，职业点菜师可运用“AIDA推销原则”，即引起注意、激发兴趣、产生欲望、产生行为。通过职业点菜师生动有趣的介绍，引起客人的注意；引起客人的注意后，职业点菜师进一步与宾客交谈，激起对方谈话的兴趣；通过进一步交谈，使对方详细了解有关信息，并获得明确启示，激发起购买欲望；职业点菜师进一步努力，使宾客把消费欲望直接变成消费行动。

3．主动送别

迎来送往表明服务有始有终。当看到宾客就餐完毕准备离店时，职业点菜师应主动送别。职业点菜师应主动询问宾客对自己的服务是否满意，请宾客多提宝贵意见。当宾客对你的工作表示满意、赞赏时，应深情地说一声："谢谢你们的肯定"，"谢谢对我的支持和鼓励"，"您走好，欢迎您下次再来"，等等。让宾客感受到你对他们的重视和尊重。

四、信用原则

以诚相见，真诚待客，是中华民族人际交往的美德。真诚，即职业点菜师向宾客传递的语言信息要"真"和"实"，即要说真话和实话，不可说假话和虚话。热诚，即职业点菜师要从宾客的利益出发进行表述，表现出自己确实是真心实意地为宾客着想。

【案例1】

某餐厅来了一群宾客就餐，带队的是一位农民老板。落座后，职业点菜师热情上前主动为他们服务，但那个老板却不信任职业点菜师，挥手让他离开。为了摆阔气，老板专拣昂贵的菜点，居然一口气点了五六个滋补汤。职业点菜师于是找个托辞将老板请到外间，诚恳地对这位老板说："先生，请你放心，我是诚心为你服务的。我是一个职业点菜师，对各种美食都很有研究。我刚才看了你点的菜，不但价格昂贵，而且可能并不适合这样的宴会。如果让我为你服务，不但让你节约一些钱，还能让你和你的朋友们吃得开开心心。"那位老板将信将疑地答应了。回到包间后，职业点菜师先问在座客人的饮食习惯，在了解众人口味后，考虑了一番，为他们点了一桌菜。结果，一道道菜上来后，极大地促进酒桌上的气氛，宾客们纷纷沉浸在对美食的赞不绝口中。最后，老板在结账的时候，一看账单上的金额，很感动地说："真想不到花费这么少的钱却吃到了许多美味佳肴。你们真是考虑周到，以后我一定还要来这里吃饭。"

五、灵活原则

所谓灵活性，是指职业点菜师的语言表达要适应不同客人的要求，注意语言的针对性和时效性，具有很强的灵活性。要"看人下菜碟"，职业点菜师在点菜前对宾客应"望、闻、问、探"，从顾客穿着、口音、身份中察微知著，了解宾客的用餐目的，有针对性地和宾客进行有效的沟通。

1. 注意客人的兴趣爱好

兴趣爱好是人们的一种心理倾向，受其职业、个性、阅历及文化素养等因素的综合影响。心理学研究表明，人的某种兴趣爱好一旦形成，那么他对这类事物总是伴随着积极的、肯定的情感，并产生满意、欢喜和快乐的情感体验。因此，职业点菜师在对客语言交流中，应善于发现客人的兴趣爱好，然后有针对性地投其所好，制定菜单。

2. 注意客人的性格特点

性格是人对待现实的稳固态度和行为方式的心理特征。职业点菜师在服务语言的表达过程中，要善于根据宾客的不同性格特点，采取不同的谈话风格。如对性格内向的客人，交谈时态度要诚恳，语气要温和，语调要平稳，说话应慢一点，内容应简明扼要，注意尊重他们的选择，谨慎推介新菜品，操作动作不可太急躁；与活泼型客人交谈时，说话频率相对要快一些，表达形式要活泼，可侃侃而谈，并适当幽默，要自信地推介新菜品；与傲慢型客人沟通时，应谨慎惜言，语态要耐心、谦逊、冷静，临辱不怒，临阵不乱，在适当的时候主动交换意见，以有理有据的话语，使其心悦诚服。

3．注意客人的需求心理

职业点菜师在对客交流中，必须注意揣摩宾客的需求心理，灵活地推销。如中老年宾客，少推荐肉类食品而多推荐鱼类食品；对外地来客，可先推荐本土菜品，顺便介绍其做法、特点、来历等等；对餐厅的老顾客，除考虑其口味喜好外，要及时推介新菜品，增加他们的新鲜感；对急着吃饭的客人，要推荐准备时间短的速食；由公司付款的宾客，可向其提供价格高的菜点；对重要人物、美食家应推出品位最佳菜肴；独自一人的宾客，拟推荐分量适中的食品；如是家宴，应注重老人和小孩的选择；如是夫妻情侣，应注意女士的选择；对大老板或谈生意者，要照顾他们的面子；对素食者，应推荐素食，并注意低热量等等。

第二节　职业点菜师的语言技巧

一、职业点菜师语言表达的基本技巧

1．言之有物——说什么很重要

所谓言之有物，即说话要有内容、有价值。职业点菜师在对客服务时语言表达的内容要充实，有说服力，切忌空洞无物，夸夸其谈。请比较下面几段案例：

【案例 2】

客人：“我们第一次来这里，你们有什么特色菜?”

职业点菜师：“你们有六个人，是吧？我建议你们荤菜点烤鸭、木耳熘肝尖和半斤基围虾，素菜点清炒苦瓜和百合红枣蒸南瓜，再加个山药枸杞乌鸡罐汤……总价钱不会超过 300 元，很实惠的……”

【案例 3】

客人：“我们第一次来这里，你们有什么特色菜?”

职业点菜师环顾着在座的四女两男征询：“请问有什么忌口没有?”“没有，朋友聚餐。”“听口音，你们是南方人吧?”“是的。”“南方人喜欢煲汤，建议您来个山药枸杞乌鸡罐，禽肉的脂肪较少，山药和枸杞都有保健作用；素菜点百合红枣蒸南瓜和清炒苦瓜，前者原味甜，而且百合、红枣很适合女士。后者清新爽口，苦味祛火，又有滋阴润肺之功能；烤鸭是我们酒店的特色菜，鸭、鹅、鲸被称为三大绿色菜，鸭肉属凉性食物，很适合夏季食用；木耳熘肝尖，黑木耳清血排毒，猪肝养眼，两者酸碱中和；半斤基围虾，基围虾蛋白质很高，很有营养；……”随着职业点菜师的娓娓道来，客人们连连称赞：“嗯，好！不错，不错，不愧是职业点菜师!”

再比较下面两个案例：

【案例4】

客人："肉末烧饼，好吃吗？"职业点菜师："肯定好吃，来一份吧。"

【案例5】

客人："肉末烧饼，好吃吗？"

职业点菜师："肉末烧饼是一道宫廷御点，不但味道奇香，口感酥脆。而且据说还有个故事，传说慈禧太后有一天晚上做梦梦到自己吃烧饼，醒来一看御膳房真的给她准备了烧饼，所以慈禧说吃这种烧饼可以梦想成真。怎么样？先生们，是不是值得一尝啊?!"客人们笑着说："是吗？那太有趣了！我们当然得尝尝，来一份吧！"

评析：在上述几个对比鲜明的案例中，案例2和4中的点菜师言语空洞，除了报出菜名和价钱外，客人听不到有价值的内容，很难对点菜师的话建立起信任感。而案例3和案例5中的职业点菜师的言谈就有内容，有价值，有文化含量，有说服力，让客人感到这一餐是物有所值，从而心悦诚服地接受职业点菜师的安排。

2．言之有效——说什么固然重要，但更重要的是该怎么说

交流是双方的，当信息的发送者把信息传递出去后，不要以为就完成任务了，沟通就一定成功了。如果信息的接受者没理解、没接受，那说了就等于白说，谈了就如同没谈一样，沟通就是无效的。所以说什么固然重要，但更重要的是该怎么说。因此，职业点菜师必须要关注自己的沟通对象，要清楚自己在和什么样的客人说话，他的年龄、职业、性别、阶层、民族、性格、文化水平……他是哪儿的人，有什么饮食偏好，有哪些特别要求等等。只有关注客人，了解客人，才能有的放矢、投其所好、言出事成、达到效果。

【案例6】

"我们三代五个人，不喜欢油腻，价钱控制在300元以内，你看什么菜比较好？"

"我建议你们来个水果色拉，小孩子喜欢，而且比较开胃、促进食欲；来个'竹报平安'，主料是竹荪或竹笋，具有很高的营养价值，这道菜是清淡口味的，比较适合咱们桌上两位年长客人；茉莉花烩豆腐，清淡，美容养颜，女士一定喜欢；野菜干煲老鸭汤，有营养、清火，正适合这个季节吃；配菜是鲜美的虾仁和手撕野山鸡，用香料卤过的鸡香喷喷的，是店里的特色菜；要不再来个帝王鱼头，有点辣，也照顾一下这位先生的口味啊……""瞧人家想得多周到！"客人被职业点菜师的俏皮逗乐了。菜单得到了认可。

评析：在这个案例中，职业点菜师针对这家人中的老人、小孩，女士、男士不同的特点，及他们共同的要求（不喜欢油腻、价钱在300元以内），开出的这桌菜，比较有针对性，满足了他们的需求，因此，自然做到了言之有效。

3．言之有礼——使用礼貌用语

俗话说："良言一句三冬暖，恶语伤人六月寒。"这句话形象地概括了使用礼貌用语的重要性。因此，职业点菜师在对客沟通交流时必须注意使用礼貌用语。

（1）多用雅语、敬语、谦语。即说话时力求敬人、高雅、谦恭。雅语与俗语相对，是一种比较含蓄、文雅的表达方式。如说“用饭”代替“要饭”；用“几位”代替“几个人”；用“贵姓”代替“您叫什么”等等。敬语是说话者把听话者视为上位者，直接表示对听话者敬意的语言。如：“先生，对不起，让您久等了。”敬语力求让宾客感受到自己在接待人员心目中所占有的地位，以及自己作为一名宾客在消费活动中所享有的尊重和礼遇。常用的敬语有“您”、“请”、“尊”、“贵”、“阁下”等。敬语最大特点是“请”字开头，“谢谢”结尾。谦语是向对方表示谦恭和自谦的一种语言。谦语充分体现了“退让以敬人”的礼仪原则。即在人际交往活动中，人与人之间本身地位平等，施礼于人者本身应退让一步，将宾客放在自己之上，从而让宾客享受被尊重的快乐。如“你们好，我是职业点菜师，能为你们服务是我的荣幸。”又如当客人夸你“真棒！不愧是职业点菜师！”时，你应当微笑着说：“谢谢您的鼓励，我会继续努力。”

（2）委婉、商讨的说话方式。当客人点的菜肴卖完了，不可简单回答“卖完了”，应有礼貌地致歉解释，求得客人谅解，并婉转推荐其它类似菜肴。如客人点的菜在菜单上未列出，不可一口回绝“没有”，可以说：“请您稍等，我马上和厨师商量，尽量满足您的要求。”如确有困难，应向客人说明，敬请下次光临或预约。同时，职业点菜师在对客服务时应禁说四语：即不敬重之语、不友好之语、不耐烦之语和不客气之语。而要做到这些，职业点菜师在说话时要切忌语气语调上的不容置疑、得理不饶人、咄咄逼人、锋芒毕露及无精打采、推卸责任等。应养成委婉、商讨的说话方式，从而赢得客人们的理解和信任。

4．言之有趣——让语言生动有趣

生动形象地语言是职业点菜师对客交流中的磁和电，是职业点菜师为客人增添食欲的浪花，它可以大大增强职业点菜师语言的吸引力和感染力。职业点菜师在服务时注意语言的生动有趣，定会使宾客心情愉悦，留下难忘印象。

（1）介绍时形象生动。在给客人介绍菜肴时力求形象生动。形象地说明可以帮助客人想象菜肴的色香味，促进食欲。如“哈密瓜海鲜船，就是用一个哈密瓜雕成船状，哈密瓜肉和一些虾仁蟹柳等海鲜炒熟，然后放回密瓜中，这道菜既有瓜果的清香，又有热菜的味道，又好吃又好看，而且特显档次，你们不妨来一个尝一下。”

（2）应对时幽默诙谐。如当漂亮的女性职业点菜师把“肉末烧饼”中关于慈禧太后做梦吃烧饼的传说介绍完后，微笑着说：“吃这种烧饼可以梦想成真。怎么样？先生们，是不是值得一尝啊?!”一位爱逗乐子的男客人马上顺口接道“是吗？那我要是吃了这烧饼今天晚上做梦梦到你，怎么办?”这位职业点菜师嫣然一笑，说：“那，就永远是个梦了。”一桌客人都开心地笑了，并拍手叫好。

二、职业点菜师实用推销语言技巧

向客人推销菜肴、酒水的时候，职业点菜师不仅要语言得体、礼貌，而且需要一定的技巧，下面是职业点菜师可以应用的一些推销技巧。

1．选择问句法

选择问句法即二选一法。如："今天有刚到的海蟹、大闸蟹，海蟹比较肥，大闸蟹比较清甜，请问你们是要大闸蟹还是海蟹?" 又如 "先生，您来瓶葡萄酒还是香槟酒?" "您是要红茶、绿茶还是八宝茶?" 来代替 "您喝茶吗?" 或 "您喝什么茶?"

2．语言数学法

运用语言的加减等方法，加强语言的分量，以达到说服客人的效果。

（1）语言加法。罗列菜肴的各种优点，如："这道菜不仅味道好，原料也十分新鲜，含有多种营养，还对虚火等症状有辅助疗效。"

（2）语言减法。说明这道菜假如现在不吃会怎样，如："这种鱼只有千岛湖一带的水域中才有，而且现在这个时段吃才是最好的，过了清明，味道等均没这么好了。您如果不尝尝，离开这里后将难有机会尝到了。"

（3）语言除法。将一份菜的价格分成若干份，使其看起来不贵，如："牛肝菌煲虽然要50元一份，但8个人平均下来不过6元多钱，您只要花6元钱就可以品尝到本地正宗的牛肝菌煲高山特产了"。

3．强调法

通过着重强调某一方面特点的说话方式，达到说服的效果。

（1）强调名人效应。例如："这道菜是某某市长常来吃的，他觉得这菜口味比较独特，您要不要也尝一下?" 或 "当年乾隆皇帝下江南时吃过亦赞誉不止，如果你尝一下，一定会有同感"。

（2）强调促销。"各位，这个月是'某某某菜'的推广期，原价是258元，推广价188元，还有两天的时间。你们要不要来一份?"

（3）强调营养。"小姐们，这一道汤里面有许多味保健中药，熬了四个小时才成浓汤，不仅能够保健养生，而且还有美容的作用。你们不妨试试。"

4．赞语法

通过适当赞美，达到引导客人消费的目的。

（1）赞美自己。"这款'蟹粉扒奶酪'可是我们餐厅的看家菜，色、香、味俱佳，这菜还曾经在某某厨艺大赛中获过大奖呢！大家尝尝吧！"

（2）赞美客人。顺着客人的思路引导。如说："这位先生，你挺有眼光的，这种鱼的肉特嫩，如果清蒸的话，很好吃，看来你经常吃，而且很会吃，你看是不是来一条?"

（3）赞美双方。赞美自己更赞美客人，如说："小姐真有眼光，您点的碧绿炒双脆是我们店卖得最火的一个小炒。您看，刚刚一桌客人要完了最后一份，这样吧，您看这道'碧绿鲜虾仁'的菜式也非常不错，而且这道菜的口感比较清爽，是否来一份呢?"

5．亲近法

通过把宾客当作自己的朋友，营造出亲切随和的沟通氛围，让客人听在耳中，暖在心里，心领神会，建立起对自己的信任，从而达到推销的目的。

（1）记住客人。职业点菜师应用心记住客人，包括客人的名字、身份、饮食偏好等等。如："您好王先生，我们又见面了！欢迎您再次光临，这几位客人是您的朋友吗？……"又如："这几位客人有什么忌口的没有？张总可爱吃辣的。"

（2）自己人。把客人当成自己人，让客人觉得职业点菜师是站在自己的立场，绝对是为自己着想。如"这位老友，今晚我介绍一味好菜给您，原料是今天才买回来的……"又如"陈局长可是我们酒店的常客了，经常帮我们的新菜把关号脉，今天，我再向您推一道新菜……"

在推销菜肴、酒水时，职业点菜师还需注意以下几点。

（1）冷静自信。在介绍菜式、酒水时，遇到客人有怀疑、不满意、不接受时，职业点菜师语气要坚定，沉着，要表现出高度的冷静和强烈的自信，并保持微笑，这是一种职业素质的体现。只有冷静自信，才能发挥自己敏捷的思维能力和语言应变能力，让客人感觉到你很专业，从而相信你。比如，当客人问到清蒸刀鱼时说："清蒸好不好吃呀？我平时都是红烧的。"职业点菜师应该用肯定的语气说："先生，您放心，清蒸刀鱼原汁原味，是最好的吃法，而且，我们酒店的厨师做海鲜是非常有名的。"

（2）大胆推新。对于餐厅的老客人，在满足他们原有的口味、要求的同时，职业点菜师应大胆地向他们推介新菜，只要注意语言的表达，往往能得到老客人的认同。如张总是酒店餐厅的老客人，这天带了几个朋友来餐厅用餐，点菜师流利地介绍了几道小零盘之后．看着张总说："第一道热菜'凤还巢'，这是张总最爱吃的，也是我们餐厅的看家菜，大家尝尝。"张总说："这道菜确实不错，别处还真没有卖的。"接着职业点菜师又向张总说："今天我要向您推一道新菜．独占鳌头。这是厨师长特别介绍的，大家帮助把把关，不好吃不收钱，怎么样？"张总立即说："行！行！我回回都听你的，失望的时候不多。"而对于餐厅的新客人，只要职业点菜师在推介新菜时把话说得好，说得巧，说得妙，同样可以言到事成。如南方某酒店，一位客人设宴款待北方客户，职业点菜师为客人们推荐了"清蒸鲥鱼"，并介绍，"鲥鱼是南方的特产，肉鲜嫩，是名贵的食用鱼，明朝被列为贡品，清代被列为满汉全席的主要菜肴，味道可口且极细腻。"这道菜巧妙地表现出宴会主人对客户的盛情，北方客户听后十分高兴。

（3）循序渐进。点菜是一门学问，要循循善诱、循序渐进，不要急于求成，要知道欲速则不达。职业点菜师应通过不断的实践来磨炼自己，使自己能从容自如地掌控谈话节奏与发展方向。

【案例7】

情景：亨德森夫妇和朋友落座后，职业点菜师走到他们面前。

职业点菜师："太太、先生，你们好，我是酒店的职业点菜师，请问你们现在点菜吗？"

客人："是的。今天我们请朋友吃饭，最好上一点你们餐厅的特色菜。不过你们菜单上有那么多菜品，我们的眼睛都看花了，你能给我们推荐几道特色菜吗？"

职业点菜师："太太、先生，今天我们供应时鲜菜'蟹粉花'。这是我们大厨的拿手菜。这种花椰菜是本地产的，与贵国的同类菜有点不同。这道菜鲜美可口，值得一尝。”

客人：“好的，这道菜就定下来吧。我对中国菜知之甚少，什么叫罗汉斋？”

职业点菜师：“这是一道典型的广东菜，英语的意思是什锦蔬菜。”

客人：“好，这道菜也要了。”

职业点菜师：“来道‘清蒸红石斑鱼’怎么样？”

客人：“这是一个好主意。”

职业点菜师：“你们的菜数量好像还不够，我们这里还有地道的北极虾、东坡肉和时鲜蔬菜，各来一盘好吗？”

客人：“你想得很周到，就这样定吧。”

职业点菜师：“太太先生，你们要喝点什么？”

客人：“我和朋友想品尝一下中国酒。”

职业点菜师：“来点茅台怎么样？这是中国的国酒，也是最著名的烈酒之一，确实妙不可言，而且绝不冲脑。”

客人：“太好了，就要茅台酒吧。”

……

评析：在这个案例中，职业点菜师没有一口气将餐厅的特色菜肴报完，而是先从最具特色的“看家菜”报起，“各个击破”，步步推进，循循善诱，最后使客人完全接受了她设计的菜肴。可见，职业点菜师在对客交流时，从容自信、循序渐进，往往能收到好的效果。

第三节　职业点菜师良好语言能力的培养

一、口才培养

口才，即较强的口头语言表达能力。口才是一个人素质的全面体现，它集中体现了一个人的文化素质、心理素质、道德素质、智慧和才干。职业点菜师培养良好的口才，可从以下几个方面入手。

1. 丰富心灵和大脑

“口才是浪花，内涵是海水。”人的心灵和大脑相对于嘴来说，就好像是一口井，源源不断地向我们的嘴输送源泉。当这口井很满时，我们所知道的东西就会像流水一样从嘴里自然地流出来。而一旦知识欠缺，肚里没货，则表达就会空洞无物，捉襟见肘。所谓“书到用时方恨少”，纵然你有伶牙俐齿，也少了口若悬河的根基。所以，要成为一名优秀的职业点菜师，就必须要用渊博的专业知识来武装自己。一个给别人一碗水的人，自己必须有一桶水。职业点菜师不但要掌握本餐厅所有菜肴的品种、名称、价格、口味、颜色、营养、烹饪方法、原料配伍和各种酒水的品牌、度数、口感、香型、价格外，对其它菜系的相关内容亦应触类旁通，以便更好地为宾客提供服务。另外，从满足宾客口味和健康负责的愿望出发，职业点菜师还应知道各地风土人情、习惯嗜好尤其是饮食要求等知识。在人们对健康饮食要求越来越高的今天，职业点菜师又有营养师之称。药膳知识又可以为职业点菜师增加许多制胜的砝码，让其服务更加完美。职业点菜师还要对名特佳肴的典故有所了解，以便更好地向宾客介绍菜肴，让宾客吃出文化。同时也提高了自己餐厅的文化内涵。

2．积极的语言实践锻炼

要想拥有一流的口才，就必须重视语言的实践锻炼，即多说，多实践。语言的表达过程是越练越快速、越练越准确，越不练越迟钝。口才好的人都有个特点：即喜欢说话，乐于表达。他们越说越会说、越能说，对语言的驾驭能力就越强；而口才很差的人大都不爱说话，他们总觉得自己说不好，于是就不愿意说。越不说就越说不好，甚至会感觉表达不出来。可见，职业点菜师必须注重语言实践的锻炼，让自己多说，多练，多实践，这样，你的表达能力一定会在不断的练习与实践中得到很大的提高。

二、学会倾听

交谈是一种交流思想、沟通信息的双边或多边活动，交谈的过程也是一个合作的过程。口若悬河并非是沟通的全部，交谈的人不仅要讲，更需要听。倾听是一种重要的沟通技能。所以，一个职业点菜师不但要很会说话，同时，他还必须很会倾听。优秀的职业点菜师必须具备较强的倾听能力，即会察言观色。

1．会听——听话要会听音（察言）

“听话听音，锣鼓听声”。职业点菜师要能从宾客说话的口音中，迅速判断出客人是什么地区的人，从而有针对性地为客人服务。如当客人操着略带南方口音的普通话对职业点菜师说：“我们第一次来这里，你们有什么特色菜?”职业点菜师即推荐道：“南方人喜欢煲汤，建议您来个山药枸杞乌鸡罐，禽肉的脂肪较少……”客人听了一定很高兴；当听到客人说话是苏、沪一带口音时，职业点菜师安排的菜肴则应酸甜、白汁、不辣、味轻。

听话要会听音的深层次要求是能听出话里之话、弦外之音。一个职业点菜师必须是耳功了得，要能从宾客的言谈中听出客人的需求、想法。有时宾客会直接亮出底牌，但有些时候却不方便说，这时就要靠耳朵听了。比如宾客说“啊，我们都是好朋友。”那么职业点菜师就应开出物美价廉的菜单；如果宾客说“我请的都是很重要的朋友哦。”这时职业点菜师就应明白，这顿饭可能关系到一笔生意，那点的菜肴就不能太小气，既要让宾客吃得满意，又要让宾客有面子。

2．会看——观察客人的表情（观色）

一个职业点菜师不但要会听，同时必须得会看，会观察。通过留意宾客说话时的表情举止，准确揣摩宾客的心理和需求，来调整自己的言谈和服务策略。如职业点菜师把菜单给客人点菜时，要不断观察客人的举动，分析客人的消费心理，就容易掌握宾客的消费需求。介绍菜肴时最好不要介绍太高档的菜式或太低档的菜式，应先介绍中高档菜式给宾客，注意观察宾客的反应，从中得知他的消费标准。在和宾客交流时应注意根据宾客的表情来调整说话的节奏和内容。

【案例8】

某餐厅进来了几位宾客，职业点菜师快步迎上去。但她的热情并未得到宾客的回应，5位年轻人懒洋洋地靠在椅子上不吱声，神情傲慢。职业点菜师马上意识到这是一群很挑剔的宾客。一位小姐翻开菜单，目光停留在“清炒时蔬”上。职业点菜师反应迅速地说“今天有新鲜的枸杞尖，绿色食品。”“什么枸杞尖？不爱吃!”小姐眉头一皱，“啪”地一声把菜单扔到同伴桌前。“那还有新鲜的苋菜、芦笋、豆米，都是刚刚上市的。”职业点菜师依旧笑语盈盈，并轻轻为她斟茶倒水。“芦笋上市了?”那位小姐随口问了一句，抬眼看着职业点菜师，眼神中闪过一丝疑问，其他人也都把目光转向职业点菜师。“是的，刚刚上市，又新鲜又有营养。我们餐厅的凉拌芦笋颜色碧绿、味道清新、口感特别好，年轻人都喜欢。”职业点菜师抓住时机，真诚介绍。“是吗？那就来个芦笋吧!”那位小姐的脸色缓和了许多。

3. 投入地倾听

听（聽）的繁体字的结构告诉我们：听，要用耳朵听，用眼睛看，用心灵感受，尊重客人，王者为尊。宾客说话时，职业点菜师应投入地倾听，而要做到投入地倾听，要做到“四心”：要“耐心”，宾客说话时不要急不可待地打断，也不要自以为是地匆忙下结论；要“虚心”，宾客说话时应虚心倾听，尤其是美食家和常吃客在发表高论时，更应表现出谦谦君子的儒雅风度；要“细心”，听出宾客的话里话，弦外之音；要“会心”，用有声的语言或无声的语言表达自己与宾客的共鸣感，让宾客感受到你的回应，用你的共鸣告诉宾客：“我在听，您说得很好!”这样宾客会感觉受到尊重。

第五章　饮食消费心理

第一节　人的心理与行为原理概述

餐饮服务是一项“与人打交道”的工作，心理学是一门“研究人的心理与行为规律”的科学。要做好与人打交道的餐饮服务工作，就有必要掌握研究人的心理与行为规律的学问。

一、人的基本需求分析

《韩非子》曰：“夫安利者就之，危害者去之，此人之情也”。韩非子认为：对那些安全的、有利的东西做出“就之”即走近、趋向、请求的反应；对那些危害的、有害的东西做出“去之”即离去、躲避、害怕的反应，这就是人之常情。概括起来“趋利避害”、“趋吉避凶”、“趋乐避苦”……这就是人之常情。

人的行为动力模式告诉我们：需要产生动机，动机驱动行为，行为指向行为目标，行为目标实现，人的需要获得满足。因此，研究人的行为首先要研究人的心理；研究人的心理首先要研究人的需要；研究人的需要，就要研究人所趋求与所回避的是什么，亦即什么是利，什么是害。

人本主义心理学家马斯洛的“需要层次论”认为，人是有需求的（有需求是正常的，没有需求才是不正常的），而需求具有多样性与多层性特点，可归纳为五大需要，依次排列如下。

（1）生理需要。这是人类最原始、最基本的需要，这类需要如得不到满足，人的生存与繁衍就会成问题。人类只有解决了生存问题，才能考虑从事其他活动。

（2）安全需要。包括人身安全，生活保障，人际环境的融洽，心理安全等。

（3）交往需要，即爱和归属的需要。人们希望得到友谊、温暖，归属于某个团体，相互关心照顾。

（4）尊重需要。希望自己有稳定的地位，对名望实利的欲望，有成就，得到社会的承认，受到他人的尊重。

（5）自我实现的需要。要求挖掘潜能，实现理想与抱负，充分发挥自己的全部能力。

马斯洛认为，人的需要不仅多种多样，而且是分层次的。优势需要才是决定人的某种行为的驱动力。不同的人，人在不同的情境，其优势需要是不一样的。人的需要模式呈现三种模式：一是梯形模式。主要适用于低层次需要（生理需要与安全需要）尚未满足的人；二是菱形模式。主要适用于低层次需要已相对获得满足，他们的优势需要是中层次的交往与爱的需要；三是倒梯形模式。他们的低、中层次需要已相对获得满足，优势需要是尊重需要与自我实现的需要。

趋求幸福与回避痛苦是人的两种最基本的欲求。人的低层次需要（生理需要、安全需要）获得满足，人就会产生舒适感、方便感和安全感，即生理与心理上的快感；如得不到满足则产生不舒适感、不方便感、不安全感。人的中层次需要（爱与归属需要）获得满足，人就会产生亲切感；如得不到满足则会产生孤独感。人的高层次需要（尊重需要、自我实现需要）获得满足，人就会产生自豪感；如得不到满足人则产生自卑感。而在每一层次需求上，人都要获得新鲜感，而害怕枯燥、单调、厌烦、乏味感。舒适感、方便感、安全感，亲切感、自豪感和新鲜感这是人的幸福的源泉。

二、服务心理的“四双原理”

“服务即交往，交往即服务”。要懂得服务，首先要懂得人际交往；要懂得人际交往，就要懂得在服务交往中客我双方的心理与行为规律。这些规律可从四方面来归纳。

（一）双重关系

在餐饮服务的人际交往中，人与人之间有着双重关系：一方面是人们所扮演的社会角色的关系，另一方面是扮演这些角色的那些人之间的关系。

1. 角色关系

社会角色，是人在社会中的一种职能，一种对每个人处在这个社会地位所期待的、符合社会规范的行为模式。人在社会中扮演着不同的社会角色，就具有了不同的权利和义务。员工与客人这一组社会角色反映的是在服务工作中服务与被服务的关系。从这个意义上说，角色与角色之间的关系是“不平等”的，员工与客人所处的地位是不一样的，不能“平起平坐”，一模一样。如果说这是“不平等”，那是合理的、必要的、无可非议的不平等。处理好角色关系，一定要按“规范”（即社会规范与工作制度）来处理。

2. 人际关系

世界上没有抽象的社会角色，扮演角色的是具体的人。人与人之间构成了人际关系。人是独立的，人格是平等的。处理人际关系的最高原则是相互“尊重”。不可否认，至今仍有少部分人对餐饮服务行业抱有偏见，认为干服务业是“低人一等、矮人三分”。这是把“人”与“角色”这两个概念混为一谈了。服务人员应当为自己争平等，这是指“人格”的平等，而不是指角色的平等。人格的平等决不意味着员工可以在为客人服务时去与客人争平等。

角色关系与人际关系，这种双重关系是难舍难分、无法分开的。角色由人扮演，人要扮演角色。一个人可以扮演好多不同的社会角色，一个社会角色也可由好多不同的人来扮演。人是有个性的，人与人是不一样的；角色是无个性的，要按统一的规范来要求，这就构成了两者的复杂关系。处理好客我关系，要有“角色意识”，员工在服务工作中自始至终要清楚地意识到彼此所扮演的角色，自己的一言一行都要与自己扮演的“提供服务者”这一角色相称，要严格按角色规范工作。离开特定角色关系强调“你是人，我也是人”，同客人争平等是不合情理的。同时员工要有“超角色意识”，即“人的意识”，就是把角色和作为角色扮演者的人区别开来，不能把一个人和他所扮演的某种角色混为一谈。

（二）双重服务

从心理角度分析，服务有其功能方面与心理方面的双重作用。

1. 功能服务

为客人解决实际问题的服务称为功能服务。服务首先要满足客人期待着的“实用性”与“享受性”的需求。要记住，客人来到餐厅，首先是“人”来了，带来了身体和生理上的需求。服务不能只靠耍嘴皮子、摆花架子，而要落实到具体实际问题上去，让客人吃饱吃好。享受性是指通过设施、设备、环境气氛、服务项目、服务态度、服务技能等硬、软件服务，使客人产生方便感、舒适感和安全感。功能服务是重要的，但功能服务主要满足生理需要，更缺乏个性。每个客人所接受的实用性、享受性的服务都一样，使客人很难感到其中哪一些是专门“为自己而做的”。

2. 心理服务

心理服务即服务的情绪性，是对于服务的内心感受，心理体验。客人来到餐厅，不仅是“人”来了，“心”也来了，不仅带来了身体，更带来了心理。服务情绪性是通过人际交往而产生的，是员工与客人之间发生的人际关系的总和，包括态度、动作、表情、言谈等交往方式，使人在心理上得到接纳、尊重、理解，从而产生亲切感、自豪感和新鲜感。因此，功能服务是以物对人为中心展开的，而心理服务是以人对人为中心展开的；功能服务满足了客人对产品效用及附带利益的需求，心理服务满足了客人购买产品时的精神需求。

（三）双重因素

从满足客人心理需求来分析，可分四个层次：不满意——避免不满意（一般）——满意——惊喜。因此心理服务可分为两类因素：即必要因素与魅力因素。客人对服务工作的评价有几种情况：缺乏必要因素——不满意；具备必要因素，缺乏魅力因素——不能说不满意，也不能说满意（一般）；既有必要因素，又有魅力因素——满意加惊喜。

1. 必要因素

必要因素是“避免不满意”的因素，是“少了它就不行”的因素，是共性因素，即“人家有，我也有”的因素。要做好服务工作，首先要具备必要因素，避免不满意。否则，别人做得到你做不到，客人就会投诉。从顾客心理分析，必要因素就是要平等待客，一视同仁。平等公正地对待每一位客人，不使他们感到被轻视、被蔑视、甚至被敌视，能得到一视同仁的服务。了解、满足客人的共性需求。“来者都是客”，每个客人因消费水平不同而导致功能服务不一样，而就心理服务而言客人的要求是相同的。从服务角度讲，服务的必要因素就是提供标准化、规范化、程序化的服务。

2. 魅力因素

魅力因素是“赢得满意”的因素，是“有了它更好”的因素，是个性因素，即“人家没有，我有”的因素。一个产品如果缺乏魅力因素，必然不能畅销。别人做不到，你能做到，顾客就会满意。客人作为一个人，他和谁都不一样，具有独特的个性需求。只有提供“特别关照”（即针对个人，突出个性）的针对性服务时，他才会感到被重视，没被亏待而感到被优待，从而使客人感到特别的满意，甚至是惊喜。服务的魅力因素就是提供个性化、亲情化与细微化的服务。

（四）双重满意

服务目的就要使客人获得利益、得到满意。要使客人得到一次愉愉快快、高高兴兴的满意经历，这就要靠员工提供富有人情味的服务。有了高素质的人品，才可能有高质量的产品；有了高高兴兴的员工，才可能提供富有人情味的服务；只有提供了优质服务，才可能有高高兴兴的客人。因此要使客人满意，首先要使员工满意。只有做到了员工第一，让员工得到满意，才可能做到客人第一，让客人获得满意。

现代人际关系理论认为，人际交往时，“彼此平等”是出发点，“双胜无败”是应达到的目标。员工与客人都是独立的具有个性的人，在法律上、在人格上相互平等、相互尊重。就客我服务交往关系的结局来看，要实现“双胜无败”的目标，即客我双方都是胜利者。双方的胜利都不是以“打败”对方为前提，客人得到了最想得到和应该得到的东西；员工也得到了最想得到和应该得到的东西，这就是“尊重”。客我满意、双胜无败，这是服务的最高境界。

第二节　顾客饮食需求分析

“知己知彼，百战不殆”。顾客在饮食活动中的需求呈多样性与多层性，这些需求有物质性需求，也有精神性需求；有生理性需求，也有社会性需求；有共性的需求，也有个性的需求。要做好优质服务，就要了解顾客的需求，尊重顾客的需求，用恰当的对象、合理的方式去满足顾客的需求。

了解顾客饮食需求可从三方面进行分析：① 了解顾客的共性饮食需求心理。顾客作为一个人，必然会有人的共同心理需求；顾客作为一个餐饮消费的客人，必然会有客人的共同餐饮消费心理需求；② 了解顾客的个性饮食需求心理。人都是独立的，你就是你，我就是我，每个人必然会有其独特的与众不同的个性心理及其餐饮消费心理需求；③ 了解顾客的团体差异饮食需求心理。每个人分别属于某一个团体，必然会带上某个团体特有的团体差异心理和行为特征。这三方面的需求心理也可用三句通俗的语言来表达：即“每一个人和别人都一样，每一个人和别人都不一样，每一个人和一部分人都一样”。

一、顾客共性饮食需求心理分析

（一）人类的饮食历程

人类的饮食历程经历了一个发展的过程。

1. 五阶段论

（1）饥饿阶段。原始时代，饥不择食、食不求精，饱一顿饿一顿；

（2）温饱阶段。懂得将食物进行培育、加工、储存，以保证吃够吃饱；

（3）美食阶段。讲究食物的色香味型，在满足品种数量之余，还要满足自己的个性嗜好，不惜物地采用去粗取精，不惜时地讲究烹饪加工；

（4）营养阶段。重视进食对人体的营养，希望养身强体；

（5）益寿阶段。希望通过饮食达到益寿延年。

2. 四阶段论

四阶段论用形象的语言表达是：

（1）用“肚子”吃。饮食的目的是果腹、填饱肚子；饮食的方式是茹毛饮血、生吞活剥；

（2）用“嘴巴”吃。发现火与调味品，饮食的目的是品味，满足口福；

（3）用“眼睛”吃。多感官的享受美食，审美；

（4）用“脑子”吃。讲营养科学，达到身心健康长寿之目的。

3. 心理味觉

人类的饮食历程说明世上有三种味：物理的味指质感，化学的味指滋味，还有一种是心理味觉。心理味觉看上去很悬乎，它是一种味外之味，在实际生活中经常左右着味蕾的感觉。对菜点只要带上感情色彩，是会引起味觉偏差的。

人们常常会向往曾经吃过的某种菜点，可若干年后重新品尝时却觉得滋味索然。北京曾开多家知青饭店，上海也有北大荒餐厅，供应烧老豆腐、粉条渍酸菜、窝窝头；知青们吃得热泪涟涟，小青年们吃得直皱眉头。人的特殊经历、人的特有情感会使味道“超然物外”。人在情绪低落时吃什么都没味道；情绪高涨时，则会“酒逢知己千杯少”。服务员在服务中，偶然听到一位就餐者今天是他的生日；在这位先生将要离店时，餐厅经理亲自送来一只生日蛋糕，这位先生感动不已。对他而言，蛋糕的美味肯定胜过所有的美味佳肴。当年“迷你粽子”刚登上筵席台面时，一下子把客人征服了，小巧玲珑，情理之中，意料之外，得其味而吃不饱。泡沫红茶坊开了一家又一家，尝尝这茶，味道并不觉得难以割舍，可是，情调不也是一种味道吗？福建名菜佛跳墙，倘不知道这菜的典故，你的感觉至多是一坛比较鲜的汤。上海人以前从不吃蛇，现在许多小姐女士都吃得津津有味，除了美味，美容的吸引力更大。假如你做些红楼菜给红学家们吃，必然引起轰动。

（二）共性饮食需求

1. 卫生安全需求

任何人都逃脱不了“病从口入”的厄运，再美味的佳肴，若不卫生也会成为致病的病因。顾客在饮食活动中，要求人身与财产得到安全保障。在餐厅经营过程中，汤汁滴洒在客人的衣物上，破损的餐具划伤客人的手、口，地面打滑引起摔跤，甚至吊灯或餐厅悬挂物掉落击伤客人之类的事故偶尔也会发生。一旦这些事故发生，造成的后果往往都非常严重，不但会给经营者带来经济损失，更重要的是可能会造成企业名誉甚至形象上的损失。具体要做到以下几点。

（1）就餐环境的卫生。良好的卫生环境会给人以安全、舒适、愉快的感觉。餐厅应整洁雅净，空气清新，地面洁净，墙壁无尘、无污染，窗明门净，餐桌、餐椅整齐干净，台布、口布洁净无瑕，厅内无蚊无蝇，只有这样，客人才会放心地坐下来消费。

（2）各类食品的卫生。餐饮经营者必须严格执行《食品卫生法》的有关规定，严把食品卫生关，防止食物中毒事件的发生。餐厅食品要保证原料新鲜，严禁使用腐败变质的物品；加工烹饪过程中，要烧透烹熟；制作凉拌、冷菜时要将原料洗净消毒并科学配制。食品饮料确保在保质期内，过期食品坚决禁止供应。

（3）餐器具的卫生。餐厅的餐器具为公众所用，难免污染上某些病菌和病毒，因此，餐厅餐具的卫生就特别引起客人的关注。餐厅必须配备专门的消毒设备，要有数量足够的可供周转的餐具，以保证餐具件件消毒，保证客人的安全。

（4）员工的卫生。餐厅员工必须精神饱满、体格健康、衣着整洁、操作规范，这样才能给顾客以健康安全的心理感受，才能满足客人求清洁卫生的心理要求。员工个人卫生的好坏，将在客人心中引起“晕轮效应”，影响他们对餐厅卫生状况的评价。如果员工体弱有病，精神萎靡不振，头发散乱，指甲长且脏，服饰不整，满身油渍，都会影响客人的就餐心情，不仅拒绝接受这样的服务员提供服务，还会因此而对整个餐厅的卫生工作产生怀疑。员工如果在操作时不注意卫生，如发丝飘在菜盘上，指甲触到菜汤里，工作用毛巾没有分，都会令客人大倒胃口。

2. 简捷方便需求

求便利、讲速度是现代人的一大特点。顾客希望在就餐中能得到快捷高效的服务，餐饮企业可设计简捷方便的服务项目。如提供准确、充分的餐饮信息，供客人购买决策；有进出方便的交通和停车场，可代客泊车。在客人购买时，有职业点菜师帮助“导吃”，有便于食用的菜肴、工具，不同分量的菜品、拼盆，可增减特殊调味品，有送餐服务。有急事在身的顾客，赶时间搭车船的顾客，求快心理更为突出。即使是没有急事的客人，在餐厅消费过程中，也不愿在桌前久等。希望就座容易，点菜、上菜速度快，服务效率高，快捷准确，减少等待时间。因此，员工的操作要动作迅速、干脆，客人进店要主动快速接待。在来不及上菜时，为了不使客人觉得无聊，可以先上饮料，减少客人久等之烦恼。在就餐中，员工应集中精力、细心观察，及时发现，及时提供服务。客人就餐后，应及时结账。如果结账不及时，就可能使客人就餐时的愉快心情化为乌有。帮助打包，对意见的及时处理和回复。

如长春王记酱骨头馆提倡超前服务，凡事都想在客人前面，他们认为在客人需要和服务员的服务行为之间有一个时间差，这个时间差要求服务员在工作时全身心投入，口、手、心、眼并用，恰当地为客人服务。例如，当客人掏出香烟，这个时间差就是在客人将烟含在嘴中和动手打火之前短短的几秒钟，以主动点烟服务。如当客人刚将酒喝完，杯子空在桌子上时，服务员应主动为客人斟酒（特殊情况要征得客人同意后），如果等到客人招呼或打手势叫服务员斟酒时，服务员的服务已从主动变为被动。上海“红子鸡”美食总汇在经营方式上大胆创新，采用超市自选式餐饮，70 多米长的海鲜长廊以及数百种菜肴半成品，全部敞开供客人自选。这样做提高了产品质量的透明度，增加了人们的参与意识和就餐情趣。各种各样的菜品应有尽有，随心所欲。

3. 品尝风味需求

“民以食为天，食以味为先”，“宁吃鲜桃一口，不吃烂梨一筐”。客人光临餐厅最重要的动机是美食动机：吃不同的东西、吃好吃的东西、吃没吃过的东西，合口味，饱口福。风味是指客人就餐时对菜肴产品的色、香、味、形等诸方面产生的总体感觉印象，它是刺激消费者选择菜肴的重要因素。客人对风味的需求因人而异，各不相同。有的喜爱清淡爽口，有的希望色浓味重，有的追求原汁原味。经营者必须对本餐厅主要客源市场的风味需求有一定的了解，这样才能有的放矢地设计出适合消费者需求的餐饮产品。一家餐厅可以经营单一风味菜肴，也可以同时经营数种不同风味的菜肴，以适应和满足不同口味需求的客人。

4. 满足舒适需求

很多客人在品尝美味佳肴的同时，更希望得到紧张工作之余的轻松，希望餐厅提供的服务设施、服务项目等给自己以身心上的满足和享受。客人要求舒适的需求能否被满足取决于餐厅的硬件和软件，这就要求餐饮场所的建筑、内部装潢、多种陈设包括家具、沙发、桌椅、洁具、工艺品、电器、灯具等实物都能豪华美观，使客人身临其境得到快感、愉悦感，使宾客在这种环境气氛中得到舒适的享受。一顿完美的就餐，应当能给客人带来全身心的愉悦。

5. 营养健康需求

武汉“小蓝鲸”饮食公司提出了“饮食讲科学、营养求均衡”和“吃出健康来”的“生物钟饮食工程”的健康饮食新概念。创办以传播健康饮食新观念为宗旨的《美食新潮》周报，免费赠送给顾客；投资30多万元研制健康饮食导向系统，应用现代科技实现了“电脑导吃”，引导顾客合理消费，推广普及营养知识；免费为1000多万顾客进行了春、夏、秋、冬四季的电脑配餐。此举既提高了“小蓝鲸”品牌的科技含量，同时也培植了广大顾客对品牌的忠诚度，各连锁店生意异常火爆，出现了门庭若市、顾客如云的喜人景象。

人们对饮食的认知已从果腹型发展成了健康长寿型，从温饱型转向了保健型。过去只知道吃饱吃好，现在还要吃得科学和健康。因此，饮食与养生的结合是当今餐饮市场的最大需求。一项最新研究报告表明，国人的营养盲区很多。如日常饮食中畜类产品油脂消耗过多，奶类、豆类等优质蛋白明显不足，不少人盲从西方的高脂肪、高热量的饮食习惯，而不少爱美的女士更为“瘦身”计划完全放弃谷物和淀粉的摄入，使人体40%的碳水化合物的营养成分缺失。由食品搭配不当、营养过度引起的疾病越来越多。现代餐饮消费者的营养意识越来越强，越来越重视饮食营养的均衡和合理搭配，注重菜肴的荤素搭配、粗细结合。吃讲营养已成时尚。营养能改善人的生理功能和抗病能力，人们充分相信营养的积累效应及其对于生命与精力的作用。营养能改善人们的正常生理功能和抗病能力，营养的好坏与搭配是否合理，直接影响着就餐者精力和工作效率，甚至影响到人的外貌及个性。

合理的营养来自每一天每一餐的饮食质量，大多数外出就餐的客人希望餐厅提供的菜点能够科学合理，营养平衡，甚至希望餐饮经营者将每道菜的营养成分及其含量在菜单上标注出来，方便其自主选择。餐饮经营管理者，必须具备基本的营养学知识，并会结合客人特点进行菜肴组合，以科学的态度给消费者应有的关心和爱护。科学文明的饮食习惯包括以下几个方面。

(1) 营养搭配要得当。进食品种和营养结构必须合理，“荤素搭配”和“素食为主，荤食为次，水果为辅”对任何年龄阶段的人都是适用的。

(2) 避免营养过剩或营养不足。营养过剩导致肥胖，诱发各种疾病，既浪费了食品，又影响了健康；营养不足，盲目节食导致青少年发育不良，年轻女性营养失衡，引起机体代谢的混乱，降低了机体免疫力，这是自残自毁。

(3) 养成良好的个人饮食习惯文明。不良的饮食习惯多见偏食者、暴饮暴食者、滥用补品者，因此，要了解自我的健康状况，体内缺什么就补什么。否则，将是盲目喂饱肚子，骗了嘴巴，到头来倒霉的还是自己。

6. 物有所值需求

客人都有“物有所值”，甚至希望物超所值的需求。这种需求，不仅考虑所付出的货币与所得到的物质享受要等值，更包括付出的时间、精力与所得到的精神享受要等值。客人都希望自己所购买的产品价廉物美，质、价、量相称，希望以最小的经济支出获得最大限度的满足。客人的经济条件各不相同，有的富裕、有的宽裕、有的收入有限，但不管属于哪种情况，他们都不愿花冤枉钱。特别是消费能力有限的顾客，他们不愿将钱过多地花在就餐行为上，点菜时，往往对同类菜点间的价格进行仔细比较，注重内容、数量，不讲究花式花样，不受菜肴名称的影响，追求的是“食美价廉”。女性顾客在饮食价格上又比男性更为敏感。只有当顾客在接受服务和用餐价格等方面认为是公平合理的，才会在心理上感到平衡，感到不受歧视和欺骗，感到人格受到尊重而获得心理上的满足。

7. 欢迎尊重需求

客人光顾餐厅希望受到应有的礼遇。当客人进入餐厅时，服务员应主动上前问好，把尊重送给顾客，并热情引导客人坐到合适的位置上去，给客人留下美好的第一印象。如果用餐客人多，一时找不到座位，不要说“没有座位了”，这样等于将顾客拒之门外，也切忌带着客人满厅转着寻找座位，而应视情况给以及时入座。如果客人进入餐厅并已找好座位等待服务，而你此时正忙着接待其他客人，那么在经过他们桌旁时应送上一句：“请稍等，我马上就来”，或报以歉意的微笑，意在言明我已经注意到了，即刻就来。这样即使客人没能得到立即的服务，也不会觉得被冷落和怠慢。开餐服务过程中，服务员礼貌、规范的服务，管理人员及时的问候以及送客时恰到好处的送别语等，都会令客人感受到餐厅对他的欢迎，给他留下美好、愉快和难忘的印象。

客人希望得到一视同仁的服务。在餐厅接待服务中，不能因为优先照顾熟客、关系户或重要客人而忽视、冷落了其他客人。在做好重点客人服务的同时，应同样兼顾到餐厅里所有的客人，任何的顾此失彼都会引起部分客人的不满甚至尖锐的批评。

客人希望被认识、被了解、被接纳，得到特别的关照。当客人听到服务员用客人的姓称呼他时，他会特别高兴。特别是发现服务员记住了他喜欢的菜肴、习惯的座位甚至特别嗜好时，客人更会感到自己受到了重视和无微不至的关怀。他们要求员工热情地接待、欢迎，尊重宾客的人格个性、爱好与禁忌，理解、关心每一位宾客，尤其保护客人的自尊心，热忱、耐心、细致、周到地为宾客提供优质的服务，让客人感到亲切、温馨，富于人情味。

给客人以理解和尊重。如果客人有事询问，应及时接待；如果不小心弄脏了客人的衣物，应诚恳道歉。对于生理上有缺陷的顾客应给予特别细心的照顾、同情和理解。如果客人有某些不得体、失礼之处，也应宽容和谅解。对客人的小孩应给予特殊的关照。对于不同国籍、不同民族、不同宗教信仰的顾客，更应注意尊重其习俗和忌讳，以使其获得心理和精神上的满足。在任何时候不要对客人的谈话表现出特别的兴趣，更不可以偷听或随便插话，绝对不能与客人发生争吵，也不能催促客人用餐。

例如，嘉年华餐厅的经营者要求员工每人每月分别熟记15～30位客人姓名、单位、职务、喜欢口味等资料。在客人再次光临时，一是有针对性地介绍菜式，二是可以使客人产生亲切感和人情味。试想我们请几个朋友到酒店用餐，一进门便有小姐热情迎上来，且直呼你的姓氏头衔，像见到老朋友一样热情地打招呼，那种自豪感岂止几十元钱能买到。

又如蓝天大酒店对每一位客人，尤其是那些熟客，营销部都有一份详细的资料档案卡。档案卡上面记载着顾客的国籍、职业、地址、特别要求、个人爱好、喜欢什么样的娱乐活动、饮食的口味和最喜欢的菜肴、酒水等等。甚至喜欢看什么报纸都有专门的记载。对客人的情况搜集，来源于全体员工细致投入的服务，例如，餐厅服务员发现某位客人特别喜欢吃桂林腐乳，就将这个信息存入资料库。下次该客人来时，电脑里便会显示，餐厅即可迅速做出反应。

8. 求知求美需求

求知求美是饮食的高级需求。可借古代文化典籍和人物开发新菜，如《红楼》菜、《儒林》菜、《随园》食单等，吃出文化品位来。南京状元楼餐厅把所有的菜名都经过"文化"的过滤，都靠上"状元"这一主题。如"三元及第"、"连中三元"、"喜报三元"、"一甲一名"、"一路连科"、"九世同居"、"九羊启泰"、"白头富贵"、"鲤跃龙门"等都套用到相应的菜名上。设计的状元粥，选料固定，每年普通高招第一批录取之日隆重推出，名人开勺，公开熬制，争取数年后成为南京习俗。状元饼类似西方中国菜馆的幸运饼，每张饼中有纸条，印制精美，上书趣味文字，文字有中国特色，能体现状元楼的文化品位，能激发人们的收藏欲。

在广州、上海、北京、深圳等大城市，悄然兴起一种"透明餐厅"。深圳的一家酒楼，12 间餐厅，每间餐厅配有一个厨房，厨房与餐桌仅用一堵玻璃墙隔开，客人可看着厨师烧菜，厨师当着客人的面将鲜活的山珍海味烹饪出来。这样，顾客可放心地吃饭，再也不怕将不新鲜、不卫生的食品吃进肚子里。同时，在候餐的同时，也可一饱眼福，欣赏厨师的烹饪技艺，或许还能学上几招。郑州的唐人街食府，所有食物均在顾客面前加工，客人还可把自己特定的口味告诉厨师指定加工，让食客有一种参与意识，有一种家庭般的感觉。天津北郊的集贤大酒店，"厨房录像"经营方式别具特色，即在餐厅和包房内，均设有 74 厘米的大屏幕彩电，电视屏幕分 4 个画面：一是厨师配制冷盘的过程；二是从水中捕捞活鱼虾的场面；三是宰生、粗加工的场景；四是厨师在灶旁操作烹饪的场景。通过电视画面顾客可知自己所选的海鲜是否鲜活，可知灶台、餐具、厨师衣冠是否整洁……价格透明也是餐馆赢得顾客信任的一种经营新招。

除上述心理需求以外，客人的心理需求还包括显示气派的需求、求新求异的需求等。餐饮经营者在经营和服务过程中，必须认真研究顾客心理，设计针对性产品和服务方式，真正做到在生理和心理上都能让客人得到最大限度的满足。

二、顾客团体差异饮食需求心理分析

（一）从国家、民族特点进行分析

可从风格心理与喜忌心理两方面分析，目的就是要投其所好、避其所忌。

1. 风格心理

了解顾客首先应从国家和民族的特点上进行调查研究，了解那里的风土人情、风俗习惯、文化宗教信仰和生活方式上的特点。如日本民族好胜心较强，自制力表现突出，言行讲究礼貌，重视遵守纪律，富有钻研、探索、开拓精神与能力，以及艰苦奋斗的态度。英国人重礼节，慎言行，冷静不易激动，不随便表态；特别是上层人士表现稳重，有绅士风度，讲礼貌，不轻易动感情或随意表态；尊重妇女，讲究衣着和气派；女人的特点是"稳"，严肃端庄持重。法国人爽朗热情，喜欢与人交谈，比较乐观；爱好音乐、舞蹈，衣着也比较讲究、爱美；女性尤爱打扮，对化妆品十分看重，衣饰艳丽，女人的特点是"韵"。德国人勤勉，有朝气，守纪律，好清洁，爱音乐，注重生活的享受；女人的特点是"实"，朴素大方，持重谨慎，不爱浓妆艳服。美国人个性开朗，不保守、喜惊喜，重实利，求速度，敢冒险，谈笑风生，生活随便；女人特点是"俏"，举止大方，见人不拘束，装饰也喜花俏多色。俄罗斯人个性坚强、直爽、耐劳，敢于探索；女人的特点是"壮"，高大强壮，劳苦工作。

国家、地区的大小、贫富、生活水平以及历史上的原因都会塑造人的心理特征，使人的心理过程产生较大的差异。如在巴西人面前少说石油问题，因为他们是贫油国家，相反多谈足球运动和咖啡生产，他们会感到高兴。来自于大国、富国、文化生活水平较高的国家和地区的顾客由于国土大，遇到困难有回旋余地，人们多显示豪放、粗犷、豁达和爽朗的个性，同时也比较傲慢、清高；在处理事务方面总是从容不迫。而来自穷国、小国或地域狭小、人口密集地区的顾客可能会表现出特别敏感、谦恭；弱小的民族还有强烈的民族自尊心，比较注意和计较他人对自己的态度是否平等，是否有歧视等现象。来自与中国关系比较密切的国家的顾客，心理活动比较正常，外在表现开朗、轻松，说话办事比较融洽。当对方政府与中国官方关系疏远时或两国关系恶化时，顾客的精神负担较重，顾虑较多，言谈举止就比较拘谨。

有研究者归纳说明了不同国家的饮食心理与饮食方式的特点。

（1）美式吃法，思考下咽。是用"脑"来吃的。美式流派把吃建立在医学、健康的前提下，吃什么都用脑思考，计划选择什么该吃，什么不该吃。医学、营养学一有新理论，食品界就有新宠儿。旧方式、旧内容，或贬或弃，由人的大脑理智决定。市场上多的是配好营养的纸盒饭食，省时、省水，但并不省钱。这是用脑吃的，人人看图识字就懂。

（2）日本料理，养眼第一。是用"眼睛"来吃的。日本资源缺乏，文化传统处处养成小巧玲珑的岛民心态，所以食物也是小格局。把食物的质和量，恣意紧缩至最小最少；他们特别注意鲜亮的色彩，用以取媚食者，使眼睛有秀色可餐。日本食物美艳的色泽，的确也带给人精神上的欢愉之感。

（3）法国大餐，讲究氛围。是用"心"来吃的。法国菜式是花心思设计出来的一种珍味。他们的菜肴要花很多时间、很多作料、经过很多程序去制作，还要很浪漫地去装饰它，使之表现出不同风格。可能只需 5 分钟吃完的一道菜，厨师却化 50 分钟的制作。吃法国菜，要懂得同时使用各种不同的酒，去配合各种不同的食物一同品味。弄错了，就会让厨师难过，认为你糟蹋了他用心表现的手艺，不登大雅了。

(4) 中国菜肴，十味杂陈。是用“味蕾”来吃的，这才是上天赐予人类的福祉。中国人对五味极为敏感，甜、酸、苦、辣、咸。有时还可能有麻、臭、腐、败、醉的副榜五味，十味混同吃、兼别吃、原味吃、杂交吃，复杂得可以造成无数变味的奇味吃。这一来就可形成千万种微妙的脍炙人口的菜单。

我国各民族在风俗习惯、生活作风、宗教信仰等方面都存在着很大的差别，因此形成了具有民族特色的风格心理。如汉族人民勤劳勇敢、待人热情，好学善钻、个性持重。少数民族的风格心理就更丰富、更生动、更活泼。

各国、各民族的饮食心理与饮食民俗详见第六章。

2. 喜忌心理

喜忌心理同民族、地域、文化传统、生活习惯、宗教信仰等有关。

(1) 色彩喜忌心理。根据色彩对人的心理影响效果的不同，颜色可分为两类：一类为暖色调，如红、橙、黄色，给人以热烈、辉煌、兴奋、膨胀、前进和扩大之感；另一类为冷色调，如青、绿、蓝色，给人们清爽、娴雅、安静、收缩、后退之感。灰色易使人沉闷、忧郁，红色使人情绪兴奋、亢扬、鼓舞，黄色使人兴高采烈、充满喜悦，绿色使人安定、镇静，蓝色使人心胸开阔，黑色使人肃穆、烦闷和丧气。因为色彩具有刺激、镇静的生理效果和心理效应，于是可利用这个原理对生产场地和生活环境进行科学合理的着色，使之符合人的生理、心理特点，以利于身心健康，甚至可利用色彩作为治疗某些疾病的一种疗法。

人对色彩的爱好受到年龄、性别、民族、生活习惯、经济地位、职业、个性、情绪、爱好等因素的制约。各国、各民族的人具有不同的色彩喜忌心理，详见下表。

不同人群色彩喜忌表

色别	喜 忌 心 理	主要适用对象
白色	纯洁、光明、坦率、美好	日本、欧美人
	不受欢迎、卑贱	印度人
	敌人、反革命气氛	前苏联人
	悲哀、丧礼色	华人、部分欧洲人
黑色	沉稳、朴实、罪恶、悲哀、死亡	欧美人、华人
灰色	晦气	华人

续表

色别	喜忌心理	主要适用对象
红色	幸福、好运、富裕、欢乐	泰国人
	庄严、热烈、兴奋、革命	欧美人
	危险、警告、恐怖、专横	法国人
黄色	崇高、尊贵、辉煌、爱情、期待	欧美、亚洲人
	叛逆、嫉妒、怀疑、色情、耻辱	多国人
	丧色（淡黄色）	埃塞俄比亚人
棕色	憎恶感、无耻、凶残、贬意象征	欧美人
蓝色	不朽感、宁静、纯洁	华人
	永恒、美好	蒙古人
	信仰、生命力、文明	欧美人
	积极向上、乐观进取	捷克人
	不吉利	比利时人
绿色	春天、青春、生机、平静、安全	多国人
	喜爱、受欢迎	穆斯林
	不吉利、不祥、恶兆	日本、巴西人
	阴暗、反面人物	
高雅素馨之色彩		美、英、日、加拿大、北欧人
浓郁鲜艳之色彩		非洲、中东人

（2）数字喜忌心理。香港人喜用“6”、“8”、“3”，忌用“5”、“4”、“9”。因为“6”谐音“路”，“8”谐音“发”、“3”谐音“生”，这是吉利的谐音，比如，“168”谐音为“一路发”的意思，“38”谐音为“生发”。在欧美和一些信奉基督教的国家，普遍认为“13”这个数字不吉利。不同数字喜忌心理见下表。

不同人群数字喜忌表

数字	寓意	忌义	主要适用对象
0	以0结尾的数字是积极的		印度人
1	完美、优等、起始		西方人
3	神性、尊贵、祥瑞		希腊、埃及人
	天、地、人的尊贵		多国人
	吉利、“生”的谐音		中国香港人
		巫法之本	贝宁人
		死兆、不祥	一些西方人
		死亡、厄运	朝鲜、日本人
4	宠爱、好感、美感		泰国人
	长生不老、重视		阿拉伯人
		死亡	日本人
5	尊重、好感、重视	不吉利、“唔”的谐音	中国香港人
6	吉利“路”的谐音		中国香港人
		无赖、二流子、无用之人	日本人
7	吉祥、如意、福运		一些欧洲人
	志诚、坦然、尊重		阿拉伯、犹太人
	纯洁、神奇、崇尚		多国人
		不吉利、背运	新加坡人
8	吉利“发”的谐音		中国香港人
		不顺利	新加坡人
9	至极、祥瑞、长久		华人
	神性、神圣之至		西方人
		苦命、痛苦	部分西方、中国香港人、日本
11	自豪、吉利、崇尚		瑞士人
13		不幸、厄运、倒霉	部分西方人
		不吉利、不顺	新加坡、加纳人、日本
17		不祥、不顺	加纳人
37		不祥、不吉	新加坡人
42		死、死兆	日本人
69		不吉利	新加坡人

续表

数字	寓意	忌义	主要适用对象
71		不吉利	加纳人
108	神、神秘、驱邪		华人、日本人
奇数	祝贺、兴旺、美满		日本人
	非常尊重、祥和		泰国、北欧人
		消极	多数欧洲人
偶数	庄重、和美、尊重		华人
	积极的象征		多数欧洲人

（3）花卉喜忌心理。日本人喜爱樱花，菊花只能用15个花瓣的，因为只有皇室帽徽上才有16个花瓣的菊花；忌讳荷花。意大利人爱玫瑰花、小梅花、雏菊、紫罗兰、百合花，忌讳菊花。法国人认为桃花是不祥之兆，白菊花只能用于丧葬礼。在德国，不能把红玫瑰送给女主人。俄罗斯人认为黄蔷薇意味着不吉利与绝交。中南美洲国家人认为紫色花是不吉利的。

（4）动物喜忌心理。信奉伊斯兰教的人们忌讳猪。日本人喜欢龟和鹤，象征着长寿。北非有些国家忌讳狗。东南亚有的国家忌讳乌鸦。

（5）动作喜忌心理。在澳大利亚不能向妇女眨眼示意。在巴西，OK的手势被认为是粗俗的。在拉丁美洲不能以手帕作礼品。在沙特阿拉伯，挽着别人的手在街上并行是表示极大的尊敬。在中东，不能用手指来召唤人。

（6）饮食喜忌心理。注意有些客人的饮食禁忌：① 不食动物内脏。部分西方与中东客人不食动物内脏，包括心、肺、胃、肝和肾、大小肠；比如牛百叶、炒肝尖、夫妻肺片；② 不食动物的四肢；③ 不食家庭宠物；④ 不食珍禽与珍奇动物，世界与我国政府动物保护协会明令禁止的动物；⑤ 不食猪肉，如穆斯林。

（7）其他喜忌心理。西方人很不喜欢他人查问他们的经济收入，女人忌讳询问她的年龄与已否结婚。国际公认三角形是“警告性”标记，捷克人使用红三角形表示“有毒”标记，土耳其把三角表示“免费样品”标记。

（二）从地域、地区特点分析

不同地域、地区的饮食习俗详见第六章。

（三）从职业特点、社会角色分析

职业和身份影响着人们的个性形成和发展，构成人们之间的差异。从职业的不同可以观察到人们经济地位、社会地位和文化素养方面的不同。三百六十行中，有大学教授、工程师、医生、记者、董事长，也有工人、农民、学生、职员等，不同的职业有其相对稳定的职业心理。

产业工人由于同大机器生产相联系，他们乐于合群，相互间有一定的依赖，有较强的群体心理。一般心直口快，喜欢发牢骚，也讲义气，爱打抱不平。他们比较关心带有普遍性的社会问题，诸如物资供应、物价、子女教育等，喜欢娱乐性游览项目。

农民在同土地打交道的过程中养成了俭朴、踏实的心理特点。他们一般不随便花费，不浪费。由于对大都市生活的渴望，他们在穿着、购物等方面又会模仿城市旅游者，喜欢打听当地收成、城市生活等情况。

教师的心理特点是在长期的教学过程中形成的，他们看问题比较理智、全面，能理解他人的言行。沉着的个性使得他们有相当的自制力，不轻易发火。在旅游期间，他们也希望得到他人的尊敬。

一个人的兴趣和他的专业或职业有着密切联系。如高级知识分子、专家、教授，表现出文雅自重、严谨稳健，喜欢个别交谈和与同行交谈，谈话内容多与专业有关，讲话深思熟虑，用词比较考究，希望得到他人的尊重。企业一般员工则多喜欢自由自在地不拘形式地围在一起闲谈，话题相对广泛，用词也较随便，关心带有普遍性的社会问题。政府官员则善于外交辞令，不轻易发表个人意见，一般与本国政府的观点总是保持一致。人在社会中的不同职业，如蓝领、白领、灰领、银领、金领和钻石领们，在饮食消费心理上各有特点和不同。

（四）从年龄特点分析

1. 青年顾客的消费心理特点

精力旺盛，活泼好动，思维活跃，兴趣广泛。喜欢集体活动，情绪易激动，情感强烈但不稳定，好提出质疑和进行争论，注重别人尤其是同龄异性对自己的看法。对新鲜、时尚、浪漫、冒险的活动有浓厚的兴趣和好奇心，想像力丰富。在消费过程中热情有余、冷静不足。对硬条件不太看重，也不愿在价格上斤斤计较，只要手中有钱，乐意大大方方花销。由于追求时尚，好奇心强，对特色项目和菜肴有深厚的兴趣，先尝为快。由于情绪色彩较浓，容易感情用事，所以多为冲动性的消费。由于无家庭经济负担，故消费水平较高，购买能力较强，决策往往比较果断，很少犹豫不决。

2. 中年顾客的消费心理特点

年富力强、思维敏捷、判断力强、生理功能趋于稳定、心理素质成熟度高，对服务质量有较强的综合评价能力。由于经济收入和家庭负担情况，中年顾客的消费心理具有求实、求廉和求速的特点。在消费时理智胜过冲动，经验重于印象，重视各种需要的满足，重视企业的信誉和服务的质量。中年顾客成为回头客的可能性比较大。他们看重与自己年龄身份相称的较舒适的享受，喜欢悠闲轻松，不愿太劳累；对食宿条件比较在意，对员工的素质要求较高。

3. 老年顾客的消费心理特点

生理功能有了不同程度的衰退，但心理评价功能却比较强。生活经历丰富，情绪易激动、好发火、爱唠叨。在消费中注重产品和服务的经济性、实用性。自尊心理强，对服务态度极为敏感。老年顾客有丰富的生活阅历，沉着老练，有怀旧心理，他们总是认为以前的东西好。一般都较固执，一旦做出消费决定，就不会轻易改变。由于体力的影响，对设施设备有一定要求；鉴于年龄的关系，对自己的身体补养和爱惜十分重视。

（五）从性别特点分析

1．男性顾客的消费心理特点

在消费过程中有较强的理智性，他们善于自控，表现得冷静、果断。消费时注重实质，要求快捷服务，不愿花太多的时间去比较与挑选，也不会斤斤计较，适应性较强。消费行为具有一定的规律性。对新产品较留意，喜欢知识性强、竞争性强的活动，愿意显示自己的勇敢和承担责任；不喜欢别人以指导者身份对自己喋喋不休。

2．女性顾客的消费心理特点

情感丰富而细腻，情绪波动性较大，消费行为有浓厚的感情色彩，易受各种因素的影响，由此造成消费倾向的不稳定性。观察事物细致，富于想象，喜欢精打细算，自尊心较强，对服务态度敏感，对消费环境较为挑剔，特别注重清洁卫生。情绪易冲动，易受环境气氛感染，易接受他人影响，非常在意别人对他们的态度，喜欢结伴外出，她们家庭观念较强，对与家庭生活有关的事物较留心，对价格比较敏感。

三、顾客个性饮食需求心理分析

（一）从个性心理特点分析

1．活跃型顾客

一般属于多血质气质。活泼大方，表情丰富，爱说爱笑，显得聪明伶俐。反应迅速，理解能力强，喜欢刺激性和多变的生活，喜欢与人交往，善于随机应变，对一切都表现出极大兴趣，但兴趣不稳定，情绪易变化，耐不住寂寞。这类顾客乐观并且富于同情心，尊重、理解服务员的辛苦劳作，不大挑剔，对服务中出现的小小失误能给予充分的谅解。接待这类顾客，应主动接近，以满足他们爱与人交往的特点，不能不理不睬，但又要避免与其交谈得过于“投机”，避免啰唆呆板。服务速度要快。

2．拘谨型顾客

一般属于抑郁质气质。性格较内向，喜怒哀乐深藏于心，心里有事不愿对别人讲，很少在大庭广众中高声言笑，行动谨慎，少言寡语，好静不好动，不愿抛头露面。与人交往显得拘谨腼腆，遇事不愿启齿求人，自我约束能力较强。内心体验深刻，情感丰富细腻，自尊心十分强，敏感、脆弱、多疑，想像力丰富，心境易受影响，易落落寡欢。反应速度慢，行动迟缓。在消费过程中显得安静、温和、稳重，有紧张心理，不过多地提出要求，不追求时尚，消费较保守，对别人提出的建议常抱怀疑的态度，对新品种的菜点和新增设的服务项目持观望态度，对服务态度较为敏感。接待这类顾客，要尊重他们的选择，不要过多地打搅他们，但当他们有要求时应给予及时的满足。交谈时态度要诚恳，语气要温和，语调要平稳，操作动作不可太急躁。

3．傲慢型顾客

这类顾客态度傲慢，行为任性，表情冷漠，情绪暴躁。在消费过程中，自视高人一等，轻视服务工作，喜欢炫耀自己，孤芳自赏。不能体谅服务员的辛劳，不能容忍服务员有丝毫的怠慢，喜欢提出一些不合理要求，对服务员颐指气使，对服务态度、服务水平、服务环境、设施等比较挑剔，处处表现出一种优越感，希望服务员重视他，以他为中心。接待这类顾客，服务员首先要自尊自重自爱，态度不卑不亢，主动征求他们的意见，尊重他们的选择，尽量满足他们的要求，使他们的某种优越感得到形式上的满足。而对那些摆架子、使性子的顾客，服务员要保持良好的心境和适度的承受力，不要因为计较他们的态度而影响自己的工作，要耐心、谦逊、冷静，临辱不怒，临阵不乱，在适当的时候主动交换意见，从自身找原因，使其心悦诚服。

4. 急躁型顾客

一般属于胆汁质气质。对人热情，感情外向，讲话速度较快，动作迅速，行为有力。自制性较差，不善于克制自己，容易兴奋，易发火动怒，并且一旦发生就难于平静。喜欢显示自己的优点，好胜心强，自信心强，比较固执，好认死理，一般不轻易改变自己的决定。他们精力充沛，办事果断干脆，但有时又显得缺乏耐心，在进餐、结账时显得心急火燎，做事毛手毛脚，经常丢三落四，显得很粗心。接待这类顾客，应注意尽可能避免与他们讨论有争议的事，避免与他们发生争执，一旦出现问题，应避其锋芒，采取冷处理，息事宁人，等对方平静下来后再作必要的解释。服务要迅速及时，离店时提醒他们不要遗忘物品。

5. 稳重型顾客

一般属于黏液质气质。他们不苟言笑，不爱与服务员攀谈，情感深沉、稳定，喜欢清静优雅的环境，有“恋旧”的情绪，不喜欢多变的、没有规律的生活。他们自制力强，有忍耐力，注意力稳定，兴趣持久，面部表情不明显，常给人一种摸不透、难以接近的感觉。言行谨慎，动作缓慢，对新事物不太感兴趣，喜欢旧地重游。接待这类顾客应照顾他们喜欢清静的心理特点，选择较为僻静的环境和座位，不要过多打搅他们，交谈应简单明了，谈话速度稍慢，必要时作适当的重复。允许他们有较长时间的思考来做出消费决定，不要催促，不能过于心急。

（二）从饮食消费行为分析

1. 简单快捷型顾客

以注重服务方式简便、服务速度快捷为主要动机的行为类型。人们有一种“好出门不如歹在家”、“在家千日好，出门一时难”的心理。他们大多时间观念较强，性情较急躁，缺乏足够的忍耐性。最怕排队等候，讨厌员工漫不经心，动作迟缓，不讲效率。随着生活与工作节奏的加快，这类消费群体越来越大。他们希望能节省时间、减少麻烦、方便消费。针对这类客人，在客观条件许可下，要处处为顾客着想，努力为其提供快捷、便利、讲求质量的服务。应在服务网点的设置、服务方式的运用、在服务规范、服务流程等方面为顾客提供各种便利条件。如设便餐、快餐、自助餐，带料加工、回勺加热或外卖、外做、外送、电话预约等服务项目，科学地安排营业时间，用现代化的手段装备有关服务设施，不断提高服务质量和工作效率。

2. 经济节俭型顾客

以注重消费价格的低廉为主要动机的行为类型。大众化消费群体属于这种类型。他们都具有精打细算的节俭心理，大多经济收入比较低，购买能力不强；希望能以最少的支出换来最大程度的消费享受，对价格因素特别敏感，特别强调价廉实惠。注重饮食出品或服务的价格；而对菜肴和服务的质量不要求过分，希望得到一视同仁的服务，对员工的故意怠慢十分敏感；对用餐环境并不计较，只要卫生整洁。随着餐饮市场向大众化、中低档化方向发展，这类消费群体将越来越大。因此，这就要求餐饮企业的各种服务项目档次配套合理，以中低档的服务项目去满足求廉型顾客的需要。如在餐厅经营中，既要发展风味独特的高档菜肴，又要保留省时省钱的快餐食品。

3. 追求享受型顾客

以注重物质生活和精神生活享受为主要动机的消费者群体。这类顾客一般都具有一定的社会地位，或具有较强的经济实力，他们把餐饮消费活动更多的是当成显示自己地位和实力的活动。因此，对菜肴的档次、服务的规格、用餐的环境有很高的要求。在消费活动中，注重出品和服务的质量，注重服务人员的服务态度，热衷追求物质生活上的享受，不太计较服务收费标准的高低。他们喜欢进出高档餐馆，品尝高档菜肴，以显示自己显赫的社会地位和经济能力。为了满足他们的需要，酒店不仅要为其提供高水平的饮食出品、现代化的设施设备，还要为其提供全面优质的服务，使其获得最大限度的物质和精神享受。

4. 标新立异型顾客

以注重菜肴、服务和环境的新颖、时髦、刺激，追求与众不同的感觉为主要动机的行为类型。这类顾客以青年人和外出用餐次数频率高的消费者居多。他们好奇心强，喜欢标新立异，易受广告宣传和社会潮流的影响，具有一定的冲动性，往往走在消费浪潮的前列。他们对新开发的菜肴、用较少见的原材料制作的菜肴、制作方式独特的菜肴，新奇别致的服务方式兴趣浓烈。而对价格不十分计较。目前这类客人在都市为数不少。为了满足他们的需要，企业应不断开拓、创新，增加具有现代意识的服务项目和经营品种，提高服务水平，以新、奇、美来吸引顾客，满足其求新爱美的心理需求。如顾客自定价消费、自助式消费，国外的一些倒立餐馆、古堡式餐馆，都是以其新奇取胜。

5. 期望完美型顾客

以注重企业的信誉、出品、服务和环境都要求精致，以求获得餐饮消费全过程轻松、愉快、良好的心理感受为主要动机。他们属于唯美主义者，有丰富的就餐经验，对餐饮市场变化和菜肴、服务等都很熟悉。他们以企业的信誉作为选择的依据，注重餐厅的综合实力、经营业绩和社会形象，而对企业的设施设备、价格等并不十分苛求，但是他们不能容忍餐厅的脏、乱、差，更不能接受员工怠慢的服务和在服务中可能产生的任何不必要的纠纷和冲突。

四、了解顾客饮食心理和饮食行为的方法与途径

（一）心理预测

VIP 客人和团队客人，可在客人抵达之前，通过各种途径和团队名单来了解客人的基本情况。重点了解客人的国籍、民族、地区、年龄、性别、职业等因素，根据以往积累的知识与资料，对顾客的共性需求可做初步的预测，然后设计、制订出有针对性的菜单和服务计划。但心理预测只能了解客人的共同饮食需求和团体差异饮食需求，对他们的个性需求以及散客的饮食需求要通过察言观色来了解。

（二）"三相经"

"三相经"，即听其言、观其行、察其意。据心理学研究：人际交往信息的总效果＝7% 的书面语＋38% 的口语表情＋55% 的脸部表情。可通过由表及里、由此及彼、由浅入深了解客人的内在心理活动。了解的方式可以是召集、组织座谈会，也可以是拜访会晤，更常见的是聊天与个别观察。在察言观色的过程中仔细、认真、善于思索，通过表象达到掌握心理之目的。

1．观察衣冠服饰

衣冠服饰能显示人的社会等级、工作职业、性情爱好、文化修养、信仰观念、生活习惯及民族地域等信息。如文化修养较高的学者、教授，因长期从事脑力劳动，戴眼镜的较多，有书卷气，衣着款式不随波逐流，喜欢深色的衣服。政府公务员、公司职员或企业家、商人讲究效率，给人以精明能干、守信、处事严谨的印象，衣着多为挺括的西服或夹克。演艺界人士大多衣着高雅华丽，显得光彩照人。英国人、日本人一般衣着讲究，显得彬彬有礼。美国人衣着较为随意，不拘一格。顾客所佩戴的饰品也是其身份的象征。如胸戴十字架，是一种宗教信仰的表示；戒指的戴法更是一种讯号和标志：戴在中指是"在恋爱中"，戴在无名指上是已婚，戴在小指上则表示"独身"。

2．观察面部表情

人的面部表情是反映内心情感状态的寒暑表，喜怒哀乐等情绪变化，均可在面部有所反映。细心观察顾客的眼神变化，就可以窥见其基本的心理状态。比如，顾客较长时间炯炯有神地注视某人或某一事物，说明对其产生了浓厚的兴趣；如果闭目养神，沉默不语，说明已感疲劳，需要休息；目光不怎么接触或有意避开，说明含羞或害怕；正在传达坏消息，诉说痛苦的事情也可能避免目光的接触；眼睛直直地盯着人，表示威胁、恐吓。微笑作为最基本的表情语言，在人类各种文化中是基本相同的，它是能超越文化的传播媒体之一。

3．观察言语特点

"听话听声，锣鼓听音"。根据口音和语种可以基本判断出客人的地区、职业和性格。"三句话不离本行"的人，表明他对自己所从事的工作特别专注和熟悉；讲话准确、洗练，注意词语的修饰，文绉绉的言辞有礼，是文化修养较高的人；讲话快速，性格外

向；慢条斯理，阴声细气，性格内向；豪放的人，语多激扬而不粗俗；潇洒的人，言谈风度生动而不随便；谦虚的人，语言含蓄而不装腔作势；宽厚的人，言必真诚直爽而多赞扬；善交的人，言谈开朗而好说话；博学的人，旁征博引话有重点而简要；图虚名的人，言好浮夸；刻薄妒恨的人，言好中伤；言语啰唆者，多为逻辑思维紊乱；言语晦涩者，多为识薄心乖。

4. 观察体态动作

谦虚的人，躬身俯首，微缩双肩，力求不引人注目；高傲的人，挺胸腆肚，摇头晃脑；矫揉造作的人，娇滴滴的，装模作样；好媚的人，卑躬屈膝，常露奸笑。手势反映的含义非常丰富。激动时手舞足蹈，不安时手足无措，平静时动作很小。西方客人爱用较多的手势来表达自己说话的意思，他们在说“不知道”或“那没有什么办法”时，总是习惯用两手的手心向上并配以耸肩的动作。东南亚的客人忌用左手接送东西。步态也可以反映人的性格、职业和情绪等特点。手脚麻利，步态轻捷的人，多为性格外向、豪爽明快的人；步态正规而精神，则可能是政府公务员或军人出身；步履轻盈、挺胸收腹者，或许是演艺人员；步态缓慢而无力，表明此人此时生理或心理上有疲惫感；步态轻松自如，则表明其心情愉快，心旷神怡。

5. 观察生活、风俗习惯

客人戒绝饮食或不食猪肉，那他可能是一位伊斯兰教的信奉者。办公用品与生活用品摆放整整齐齐、井然有序，体现此人有条理性、效率高、组织能力强、办事细心认真；但也可能是刻板固执的人。用品凌乱，说明个性随便、要求不高，或自由散漫、工作欠条理、有头无尾。有客人来时整理有序，过后就不然，说明此人个性聪明，但很懒惰，或较随便。

6. 观察其它行为方式

如观察笔迹、观察行李用具等。

（三）建立客史档案

客人离店后，应建立完善的客史档案。把重要的客人、重要的团队的需求，尤其特殊需求记录下来，输入电脑，形成档案，以便客人在第二次光临时对他的个性一目了然。客史档案内容一般包括常规档案、个性档案与反馈意见档案。

（四）信息渠道畅通

发现与捕捉信息是了解、管理客人需求的重要一步，但这种信息要产生效用，就要保持服务系统内部沟通渠道的畅通。不管是运用客史档案等手段还是通过与客人直接或间接接触所获得的信息，经过筛选后，要及时地把有价值的信息传递给各有关部门与人员，这需要有制度和规定的工作程序来保证，需要所有员工逐步养成密切合作的团队协作精神。

第三节　服务心理策略

“路遥知马力，日久见人心”，在正常的人际交往中是一句至理名言；但在服务交往中，由于客我交往是一种“短而浅”的人际交往，因此员工要使客人“马上见人心”。员工要善于把“乐于为客人效劳”的“人心”，通过“溢于言表”的方法、立竿见影地充分表现出来，让客人体验到人情味。处理好餐饮服务中的客我人际关系，一要解决“原则”问题，二要解决“艺术”问题。前两节，我们主要分析“原则”的问题，本节着重分析餐饮服务中的客我人际交往的“艺术”问题。

一、客人第一，服务至上

（一）客人是“人”

1. 尊重人格

真心地把客人当作“人”来尊重，而不能当“物”来摆布，当然也不必当“神”来崇拜。第三产业的服务行业不同于第一、第二产业，第一、第二产业的员工工作的直接对象是“物”，生产的成果也是“物”；而餐饮服务行业员工凭借着一定的物质条件（如设施设备）为客人服务，工作对象是“人”，工作的主要成果是精神产品，也隶属于“人”。

员工是人，客人也是人，既然都是人，那就都有一个共同的需要，即都需要受到他人的尊重。“你希望别人怎样待你，你就应该怎样待人”（《圣经》），“己所不欲，勿施于人”（孔子）。这一正一反的两种说法，都是一个意思：你希望别人尊重自己，你就应该尊重别人；你不希望别人把你“不当人”，你也不能把别人“不当人”。“把人不当人”这是最令人气愤、最不堪忍受的话语之一。人在世界上是至高无上的，最重要、最珍贵的。人有其自尊、个性与价值，需要得到关爱、体贴、理解与尊重。当然，我们的员工决不会有意把客人当作“物”来处置摆布，但如果不能时时、事事、处处把客人当作“人”来尊重，就有可能引起客人的反感与不满。

2. 人有情感

人，有血有肉有感情，充满七情六欲。客人上门消费不是为我们企业“送钱”来的，而是为了满足其自身的各种需要而来的。如果我们无视客人的需要与情绪，不让他们的需求得到应有的满足，而只想从他们那里挣到更多的钱，那么客人会觉得我们只不过是把他们当成一个“钱袋”来处理。要处理好“脑袋”与“钱袋”、“面子”与“票子”的关系：满足了客人的“脑袋”和“面子”，钱就会源源不断地给你；只盯着客人的“钱袋”，不了解与满足客人的“脑袋”和“面子”，你永远不可能成功。

3. 善待人性

金无足赤，人无完人，人不可能十全十美。人性具有复杂性：不仅有善的一面，也有恶的一面；不仅有光明面，更有其阴暗面；不仅有优点，而且有弱点。客人当他作为客人之时，更不可能完美无缺，更会表现出人性的种种弱点。因此对客人不能苛求，而要抱着一种宽容、谅解的态度。有了这样的心理准备，就不至于见到客人中有一些不太好的表现就大惊小怪，甚至不可容忍。当然客人中有个别素质低劣、居心不良者，对此员工也要有心理准备。

（二）客人是“客人”

1. 客人是服务对象

在餐饮服务的客我双方交往中，双方都扮演着不同的“社会角色”：员工是“提供服务者”，客人是“接受（或享受）服务者”，“客人是服务的对象”。这里强调“客人”，即客我关系中的另一面“角色与角色”之间的角色关系与角色交往。

一些员工常常忘记“客人是客人”。有时把客人当“陌生人”来对待，不是热情、耐心、细致、周到地服务，而是冷漠、粗心、马虎地应付；有时把客人当“讨厌的人、麻烦的人”来对待，表现出厌烦、讨厌、甚至厌恶的服务行为；有时把客人当作“评头论足”的对象，“比高低、争输赢”的对象，变成了“说理争论”的对象，变成了“接受教育”甚至“改造”的对象；甚至把客人看成是干扰与破坏自己安逸的“罪人”；更有甚者，把客人当“仇人”来对待，吵骂污蔑甚至是人身攻击。

2. 客人的人格特点

客人不是一般的人、普通的人。应记住四句话：① 客人是具有优越感的人。客人在单位可能是小办事员，在家可能是“小三子”；到酒店他自认为是“老大”，喜欢居高临下、习惯使唤别人。② 客人是具有自由化情绪的人。高素质的人也会变成低素质的客人，他不愿受约束，人性的某些弱点在公共场合暴露无遗。③ 客人是寻求享受的人。他要求宽松、舒适、温馨、舒心的环境和产品；客人有着美好的期望心理，有着众多的需求动机，他们是“花钱买享受”，不是“花钱买气受”、“花钱买罪受”。这种享受不仅包括物质享受，更包括精神享受。而精神享受的一个重要内容，就是经历“轻松愉快的人际交往”。④ 客人是最爱讲面子的人。中国人讲面子，客人尤其讲面子。“给足面子挣足票子，不给面子没有票子”。客人是希望被特别关注的人，因此我们不要老盯着钱袋，忘掉脑袋。

3. 员工是服务提供者

在员工与客人的这种服务与被服务的社会角色关系中，员工“必须”而且“只能”为客人提供服务。客人购买与消费的是服务，员工生产与提供的也是服务，客人评价的更是服务。满足客人的需要、做好服务工作是员工的“天职”。我们要高度认识服务的重要性与必要性。凡有人群的地方必有服务行为。随着时代的发展，服务成了现代文明的基本准则与标志，服务产业成了兴旺长盛的朝阳产业。不可否认，至今还有一些人，包括员工中的一些人对服务行业抱有偏见，他们认为干服务工作是“伺候人”，因此“低人一等、矮人三分”。总觉得“客人坐着我站着（甚至蹲着、半蹲着），客人吃着我看着，客人玩着我干着”，不能与客人“平起平坐”，心中不平衡。其实他们把两种关系搅混了。

二、良好形象，愉悦客人

心理学有个第一印象心理效应：人对初次接触的事物与人物所形成的印象特别深

刻，而且会影响到其他知觉对象的印象。

形象问题是个重要的问题。人在对物的知觉中，物的外观形象即空间、形状、色彩、光线、音响、气味、温度等因素首先起作用。客人来到餐饮场所，会用眼去观察餐饮场所的造型、选材、色调和建筑风格，去观察餐饮场所的外部环境和内部环境，审视环境是否美观雅致、清洁整齐；用鼻去嗅闻空气是否清新，有无异味；用耳去听环境是否宁静；用皮肤去感觉温度是否宜人、物体触感是否舒适，然后才通过思维对事物做出评价。第一印象由此开始建立。所以餐饮企业要重视“装点门面”，给客人提供一个良好的感知形象。餐饮场所大门和庭院可结合区域特色布设草坪、花园、喷泉、水池、雕塑，使客人觉得环境清新优雅、心旷神怡。大厅布置既要有时代感，又要有地方民族特色，要富于美感。布局简洁合理，各种设施要有醒目易懂的标志，使人一目了然。餐厅的门面、出入口、空间、光线、色调、音响、温度、设施设备、客人与员工的流动路线设计都要给人以美好的感官形象，从而烘托出安全、安静、亲切、整洁、便利和舒适的气氛，使客人一进门就能产生一种宾至如归、轻松舒适的感受。

人际交往中的第一印象首先会受到交际双方的长相、容貌、衣着、举止、言谈等外表因素的影响；进而人的内在的知识、素质将起更大的作用。员工的美首先表现在外表美，主要是长相美、服装美、化妆美、举止美，但更为重要的是内在的心灵美。餐饮企业对第一线员工的长相都有一定的要求：身材亭亭玉立或伟岸挺拔、五官端正、面容姣好、皮肤白洁。“三分长相，七分打扮”。员工要做到“化妆上岗、淡妆上岗”。增强美容观念，使人体自然美与人工修饰美融为一体，给客人以健康、庄重的心理感觉。美容使人的天然美更为突出，使美中不足之处得到弥补。男员工头发要梳理，胡须要刮净，指甲要修剪，切忌不修边幅。女员工，切忌浓妆艳抹，上岗不能佩戴首饰。员工上岗要穿工作服，工作服要有特色：在面料、质地、色调、款式上给人以识别性与美感。服饰要清洁、整齐，特别要保持衣领与袖口处的干净。皮鞋要上油擦亮。表情要和蔼可亲，温文尔雅，举止要热情主动，端庄有礼，做到举止规范而不呆板，言语亲切而不忸怩，声调柔和而不做作，神态活泼而不轻佻，态度热忱而不卑怯，动作利索而不懒散，表现出较高的素质与修养。

三、平等待客，一视同仁

顾客是服务产品的消费者与产品质量的评价者。服务产品质量的评价体系由三部分构成，即员工自我评价、顾客评价与第三者（认证机构、社会团体与舆论）评价，其中最主要的是客人评价。

客人对服务质量的优劣好差评价在于其主观感受性，这种主观感受会受到客人的个性、情绪、认知等多种心理因素的影响，但基准在于客人的一种被服务时与被服务后的感受。这种感受是由客人的“期望”（需求的体现）和员工服务的“现实”（服务的结果）之间的关系决定的。实际与期望相平时，会使客人感到名副其实、如愿以偿，即“满意”；实际优于期望时，客人会认为“出乎意料地好”，即“惊喜”；实际与期望在低水平上相平时，客人则不会有过多的感慨，可称之为“一般”、“过得去”，也不会有更大的不满；而期望极高，实际状况极差，便是“背离期望”，“名不副实”，客人会强烈地不满。

员工与客人的关系就如圆心与圆周的关系。要保持“等距离原则”。如果说每一位客人都是站在圆周位置上的，那为客人服务的员工则必须站在“圆心”的位置上，不能偏离。偏离了圆心的中心位置，就会对有的客人距离近，对有的客人距离远。而厚此薄彼、亲此疏彼、近此远彼，这是服务与管理上的大忌。顾客作为一个“客人”，花费了一定的货币（钱）与“心理货币”（余暇时间、精力、体力……），就要求员工把他当作“客人”来接待，满足他期望的功能服务与心理服务。客人在接受服务过程中不希望被“蔑视”、被“忽视”、被“轻视”，而希望得到“重视”；不希望被“亏待”，而希望被“宽待”、被“善待”、被“优待”；不希望被冷落、摆布，而希望被热情地理解与尊重；他们要求得到与其他客人一样的服务，要求得到按规范要求的服务，而不愿员工在服务上不按标准地“偷工减料”。员工上岗以后，要排除“个人感情”的干扰，严格要求自己把每一位客人当作真正的“客人”来接待服务，做到对每一位客人都既没有明显的疏远，也没有过分的亲近。

但在实际服务工作中，部分员工由于“客人”意识与“服务”意识不强，或者由于责任心不强，抑或是工作中的疏忽大意，在对客服务上常常不能一视同仁，有厚此薄彼的倾向。在餐饮服务业中常出现的各种不一视同仁的现象，如：重视外宾，轻视内宾；重视欧美顾客，轻视东南亚顾客；重视白肤色顾客，轻视有色肤种的顾客；对熟悉的顾客热情亲近，对陌生的顾客冷淡疏远；对花费高的客人重视，对花费少的客人轻视；对长得漂亮的顾客重视，对长得难看的客人轻视；对异性客人殷勤热情，对同性客人不冷不热；对衣着豪华艳丽的客人重视，对衣冠一般的客人轻视；对乘坐豪华轿车来的客人重视，对乘坐一般出租车、公交车或者自己步行来的客人轻视；对社会地位高的顾客重视，对平民百姓轻视等等。因此，服务业的员工要牢记“来的都是客”，要把每一个客人都接待服务好。

四、针对个性，特别关照

人都希望表现自己，突出自己，肯定自己，成为自己。要获得客人的好评，就要为每一位客人提供有针对性的即“针对个人”的服务，这就是个性化的服务。

1. 超常服务

员工应在不违背服务原则的前提下，针对每一位客人的特殊需要提供相应的服务，满足客人“超出常规”的需求。一种情况是客人提出在服务规范中没有的要求，这正是为客人提供针对性服务的大好时机；另一种情况是客人本人虽然没有提出特殊要求，但他有这方面的需要，这就靠员工用眼去观察，用心去发现，然后提供针对性的服务。

2. 超前服务

员工要眼观六路，耳听八方，时刻“心里想着客人，眼里看着客人”，及时主动寻找为客人提供服务的机会。在客人暂时用不着服务之时，员工也要时刻准备着，待机而动。对客人发出的“请为我提供服务”信号的反应，能明显地反映与衡量出不同服务人员的素质。不称职的员工心不在焉，反应迟钝，甚至根本收不到；一般的员工能在客人发出信号后，及时地提供相应的服务；优良的员工则在客人尚未发出信号又有需要之际就能察言观色，超前反应，他们除了有强烈的服务意识之外，还具有丰富的服务经验。

3．领悟服务

客人想让员工服务却又不便明说的某种难言之隐，这时需要员工能敏感觉察、心领神会，做出恰当的反应。如有的客人在筵席上明明没吃饱，但看到他人不吃主食了，自己也不好意思吃了。这时员工就该把盛着小点心的盘子移到他面前，巧妙地说：“我们做的小点心很好吃，请您尝尝。”如有的客人想“能够省钱”的办法，可又怕别人说他“小气”、“寒酸”而不敢明说、明做。员工能够做到把他内心需求“看穿”，而口中不“说穿”，然后“心领神会”地帮助客人，客人一定会感到十分满意。

五、富有人情，尤显尊重

1．亲切感

消除孤独感、获得亲切感，获得情感上的交流和关爱是人的一种高级心理需求。人际交往中，和蔼可亲，热忱大方的人使人易接近；而给人以冷冰冰、硬邦邦、干巴巴的感觉，则使人难以接近。要使客人产生亲切感，员工一定要以“柔性”的而不是“刚性”的、使人感到亲切的而不是觉得冷漠的态度对待客人。具体地说，一定要让客人觉得你“和蔼可亲”，关键要“声情并茂”，通过外在的语言、表情与动作把内心和蔼可亲的态度、情绪表现出来。

2．自豪感

在人际交往中有“别人对别人”、“别人对自己”、“自己对别人”、“自己对自己”等几种情况。人最关切的最重要的是“自己对自己”的满意。人的心态都是“一爱表现、二爱表扬”。表现为了表扬，为了提高人的自豪感。对客人来说，他所关心的并不是餐饮企业与员工，他关心的是他自己。人感到自豪还是自卑，与别人如何对待他很有关系：得到肯定性反应就会感到自豪，得到否定性反应则会感到自卑。让客人获得自豪感的关键是“让客人对他自己更加满意”，即“您重要！”

尊重客人要体现在细微之处。服务质量打拼的就是服务细节，要去寻找提炼细节的关键时刻，要把客我交往的接触点变成提高产品质量的关键点，变成餐饮企业的闪光点。100＋1＝满意加惊喜。让客人100%的满意，然后在“1”字上意外的惊喜。客人光临时，迎宾人员就要立即热情接待；客人在点菜，如果员工一时忙不过来，不能立即为他服务，就要先向他打个招呼。要尊重客人的风俗习惯、宗教信仰、个人爱好和忌讳，不能要求客人“入乡随俗”，要保护客人的隐私。在人的自豪感中，最主要、最敏感，或者说也是最脆弱的一种情感是自尊心。“自尊心是人的一根最敏感的神经”。为客人服务时，我们以客人乐于接受的方式，要善于尊重、保护客人的自尊心，以增加客人的自豪感。尤其要巧妙地扬客人之长，隐客人之短。决不能让客人“出丑”，决不能对“客人”的“短处”表现出你的“兴趣”与“注意”，更不能去讽刺嘲笑。客人由于缺乏经验而“出洋相”，你只能“眼中看穿”不能“口中说穿”。如果能在客人陷入窘境时，帮助他渡过难关，保住他的脸面，他会从内心感谢你。

六、互补交往，心态平衡

人的行为由三个“自我”心态支配：

①“儿童自我”。这是一个不动脑筋、易动感情的“感情自我”，它不会根据社会的、他人的利益和自己的长远利益来考虑“合理不合理”、“应该不应该”的问题，它只考虑“喜欢不喜欢”和“高兴不高兴”的问题。

②“家长自我”。这是个只动脑筋、不动感情的专门教导约束孩子的“权威自我”，是一个“照章办事”的行为决策者。

③“成人自我”。这是个能冷静地动脑筋的“理智自我”，它面对现实、冷静理智。人的行为因为“喜欢”而出现，这是受“感情”支配；服从他人“要求”而做，则是受“权威”支配；而独立思考后认为自己“应该”做，则是受“理智”支配的。

三种心态会有五种行为模式：

①“儿童任性式”。天真、任性的、反抗、不受约束的儿童行为。

②“儿童服从式”。“听话的”、“乖孩子”的拘谨的行为，按照某种规范，按他人提出的要求来行动。

③“家长命令式”，又称“严父式”。下命令、教训别人、指责别人的威严行为。

④“家长抚慰式”，又称“慈母式”。以宽容、怜悯、谅解的态度待人，关心人、爱护人的行为。

⑤“成人理智式”。以平等的态度待人，通过共同协商、探讨来解决问题的行为。人的行为模式的运用一定要考虑到时间、地点、场合和彼此所扮演的角色。五种不同的行为模式并无绝对好坏之分，关键在于能否恰当地灵活地去运用。

人际交往是人与人之间相互作用的过程。交往中，当一个人采取某种行为刺激对方时，期待着对方做出迎合、满足的反应，就是“相补”反应，否则就是“相阻”反应；双方都做出相补反应，交往就能进行下去，否则交往就会出现障碍。平行性交往有以下三种形式。一是成人理智式——成人理智式的交往。二是家长命令式——儿童服从式。例如，客人对员工道：“快过来点菜！”一派命令的口吻。员工则顺从地答曰：“好，先生我马上来。”三是儿童任性式——家长抚慰式。例如，客人发现丢失了结婚戒指，心情焦急地说：“哎哟，我的戒指不见了！”员工安慰道：“太太，请不要着急，我们帮您找一下。”

在人际交往中要诱导对方成人理智行为。欲改变他人的行为方式，最好是首先改变我们自己的行为方式。在服务工作中，我们既不能去选择交往的对象，也无法去改变对象的个性。无法改变“他这个人”并不等于无法改变“他的行为”。他人的行为不仅与他本人的个性有关，而且也与我们如何去对待他有关。

七、敏捷准确，快速高效

服务质量，第一表现为技能技巧（技术）水准是否准确、娴熟；第二是时间水准，即准时性、适时性是否恰到好处。影响时间心理有九种因素，相应可采取九种对策。

（1）有事可做的等待与孤独空耗的等候相比，前者要快于后者。对策：在必须等待的服务过程中（如点菜后的上菜，总台的结账等），应让客人“有事可做”，如浏览书报、杂志、菜谱，提供饮料茶水，增加文娱节目等。

（2）对已纳入服务程序之中的等待与尚未纳入程序中的等候相比，前者要短于后者。对策：尽早使顾客进入服务程序之中，或创造一种气氛，使客人感到餐饮企业在为他着想。如在顾客人多时，员工可“接一顾二联系三”，即接待第一位顾客时照顾第二位客人，同时联系第三位客人。

（3）焦急的心情会使等候的过程格外长。对策：及时不断地向客人传递有关信息，或做好客人的情绪稳定工作，减少客人的焦虑心理。

（4）知道结果或有限定的等候时间，比不确定时间的等候，感觉上要过得快，因为有心理准备。对策：“限时服务”，在规定的时间里完成服务。如客人落座后2分钟内服务、点菜后第一道菜15分钟（早上10分钟）内上菜、客人离餐后清桌摆台4分钟；客房点菜早上25分钟、中午30分钟、晚上35分钟送达；酒吧在客人落座后30秒服务、3分钟内将酒水送上、结束后2分钟清桌。

（5）有清楚明确的解释与不加任何说明的两种等待，前者感觉要短。对策：让客人迅速了解正在发生的情况，以利于双向沟通。

（6）客人公平的等待与不公平的等待相比，前者要比后者短。对策：对客人要一视同仁，不能厚此薄彼，维护公正和稳定的服务秩序。如有特殊情况需要特殊照顾，则要做必要的说明与解释。

（7）越是昂贵或有价值的服务项目等候时间就越长。对策：提供名副其实的等价服务，以与等候时间成正比。

（8）一群人等候比起一个人等候，时间要相对缩短。对策：提供一群人进行交谈的气氛，对一个人则要以微笑等表情来打动人，使其心情轻松。

（9）钟表表盘设计以5分钟为一格，尚未走完5分钟时，等候的客人对等待的感觉并不明显，而时间指针一旦跨过大格，感觉就会强烈起来。对策：力争使客人等候的平均时间不要超过5分钟。

八、客我满意，双胜无败

客我交往的出发点应该是彼此尊重，客我交往的最后结局应该是客我满意，双胜无败。客我交往有两种结局：

（1）双赢。客人的最终消费行为与员工的服务行为都正确，使客人得到最想得到与应该得到的利益，员工也得到最想得到与应该得到的利益，双方的需求都获得了满足，大家都赢得了胜利。这是客我人际关系的最高境界与最好结局。

（2）双败。客人的最终消费行为与员工的服务行为都不正确，客人没得到应有的利益，从此不但不再光临餐厅，而且造成很差的口碑效应；而员工的不正确的服务行为将导致企业门庭冷落，最终被激烈的市场竞争无情地淘汰，员工与企业也将最终丧失自己应该获得的利益。双败无胜的结局是最差的境界、最坏的结局。

在客我交往中正确处理好几种情况，以达到客我满意，双胜无败的境界与结局。

（一）员工“不正确”

员工“不正确”即员工服务工作有缺陷，造成顾客不满与失望。

1. 服务缺陷的原因

员工的原因：

① 工作态度上对客人冷漠、消沉或者急躁、粗暴。

② 工作上懒散、马虎，敷衍塞责，得过且过。

③ 言语上使用不文明、不文雅、过于随便的语言与不恰当的体态语言。

④ 服务技能上生疏、笨拙、毛手毛脚。

⑤ 工作效率上动作缓慢、反应迟钝、等待时间长。

⑥ 对客交际上，忽视文化差异、冒犯客人忌讳。

⑦ 服务质量上标准太低或不按操作规范服务等。

酒店的原因：

① 如餐饮环境嘈杂、拥挤、不洁。

② 菜品味道不纯正、分量不足、不够新鲜、有异物、有异味、原料受污。

③ 服务项目太少。

④ 价格不透明、硬性搭配、虚假折扣。

⑤ 为客服务的设施设备老化、不完善，质量低劣，不能发挥正常的服务功能。

⑥ 客我交际过程中出现的一些误会等原因。

2. 补救性服务

服务有了缺陷，客人肯定不满意。从功能上说，没解决实际问题，没把事情办好；从经济上说，没得到应有的享受，有“吃了亏”的感觉；从心理上说，没得到尊重。从服务心理来看，为客提供补救性服务有五个要点。

① 必须尽最大努力去满足客人的需要。即使不能完全按照客人原来所提出的要求去做时，也要在征得客人同意之下用变通的方法去解决客人的问题，使客人得到替代的满足。

② 既要向客人表示歉意，又要争取客人的谅解。有些是受条件限制，或有些实在是无法完全按照他的要求去做。即使面对无法改变的现实，还要尽可能地引导客人往好处去想。

③ 对那些觉得吃了亏的客人，要让他们在物质上、经济上，更要在心理上得到补

偿。最理想的补偿是稍许超出客人的期望值。

④ 对怨气很大的客人，应让他们发泄消气，然后再同他们讲事，让他们“出了气再走”，而不是把他们“推出门了事”，把怨气带回家，向亲朋宣泄。

⑤ 认真处理投诉。

3．正确处理投诉

员工“不正确”，客人会投诉。客人在投诉时有三种投诉心理：求发泄，求尊重和求赔偿。处理要点是：心理准备、态度正确，认真倾听、记录要点，确认问题、同情理解，评估问题、不做解释，采取措施、相互协商，处置行动、关注结果，询问意见、表示歉意。

（1）态度正确。投诉是桥梁、投诉是挑战、投诉是信号；投诉客人是质检部经理不花钱的“啄木鸟”；帮助发现问题与不足，提高改善宾客关系的机会、培养忠诚客，改善服务质量、提高管理水平。有个统计：一位客人投诉，有 26 人不满意但保持了沉默，他们每人又会告诉 10 位亲朋好友，其中约有 33% 的人会告诉另外 20 人。如果投诉处理得当，60% 的愉快顾客将与酒店继续保持商业关系；如果投诉被迅速处理，则该比率将上升到 95% 。

（2）“息怒”技巧。

① 不要让客人在公开场所发泄。

② 语言艺术：语气亲切、语调温和、轻声柔气。

③ 身体语言艺术：眼神亲切、看着客人、微笑表情。

④ 通过请坐、喝茶、抽烟来控制客人的身体动作。

⑤ 不要火上加油，切忌摆道理、下结论、装傻乞怜、转嫁责任、与其争论。

（二）客人“不正确”

1．让他去吧

客人的交际行为不正确时，从后果来讲可分为两类：一类是对企业、对他人、对客人本身不会造成不利的后果或与服务无关的“不正确”行为。比如对客人的“出洋相”，不懂装懂之类的“不正确”行为，员工根本不要去过问，更不要出于“好心”去“说穿”，帮助他“纠正”，更不能有意无意地背后讥笑或当面嘲笑一番，这样员工的行为也“不正确”了，下降到“双败无胜”状况了。在这种情况下，员工的眼睛可以把它看穿，嘴巴或身体动作不能把他揭穿。

2．得理让人

第二类是对企业、对他人、对客人本身会造成不利后果的“不正确”行为，如逃账、顺手牵羊等。这时员工要牢记：“法则之一：客人总是对的；法则之二：如果客人不对，请重读法则之一。”我们可以把它化为六句话：“顾客绝对不会有错；如果发现顾客有错，一定是我看错；如果我没有看错，一定是我的错才使顾客有错；如果顾客有错，只要他承认错，那就是我的错；如果顾客承认错，我还坚持他有错，那就是我的错；总之，顾客不会有错，这句话不会有错。”客人是人，人总有弱点和失误，事实上，客人并不是总是对的。“客人永远不会错”这句话并不是对作为事实所做出的判断，它是为了实现优质服务而提出的一种理念。客人是“花钱买服务”、“花钱买享受”来的，不是来接受批评与教育的，不是来认错的。这个理念就是提醒员工不管发生什么事情，只要客人还是“客人”时，都不要说客人“不对”，更不要逼迫客人承认自己“不对”。作为员工，不去说客人“不对”是对的；说客人“不对”则是不对的；要客人向自己认错，向自己赔礼道歉，更是不对的。

当客人错时，重要的是在“事实上”分清，而不是在责任上的分清。如想逃账的客人其行为当然是不正确的，应当把钱追回来。去追钱的时候，可以说客人“忘”了，也可以说员工自己“没及时地送账单”，说什么都可以，就是不能说“逃账”。这叫做把“面子”即自尊心让给客人。钱追回来了，“在事实”上分清了。这就叫“得理让人”、“把对让给客人”。用这种巧妙的艺术的办法，让客人在不丢面子保护自尊心的情形下，把事实上的不对悄悄地变成对，这样客我双方都胜利了。而如果员工直截了当揭露改正客人的不正确行为，表面上你“战胜”了，实际上损伤了客人自尊心，客人不满意，也是打败了我自己，这是一种“两败俱伤”的结局。

3. 用法律保护自己

不管碰到怎样的客人，发生怎样的情况，要坚持服务标准，按规范操作做到始终如一、不卑不亢、不愠不怒、以柔克刚、以静止动。提倡忍让、委屈精神。接待低素质宾客时，心里要有热情，行动要显得温馨，面带三分笑，说话、做事要冷静，做到以“冷”止“热”，不使矛盾产生，不使矛盾扩大。特别是接受无理投诉时要冷热交融，他们“热”时，我们要“冷”，他们“冷”时，我们要“热”，尽量使忽“冷”忽“热”转化为“温”。对低素质的言行要尽量避免正面接触，避开锋芒，从侧面进行解释、服务。即使一时解释不通，也要忍耐。只要他不做出有违人格、有违国法的事，要“怒气埋在心里，眼泪流在肚里，哭泣躲在角落里”，经得起委屈；要树立“以忍让为高，以忍让为荣”的服务精神，设立“委屈奖”，对忍让好的员工进行褒奖。对素质较低的客人，也可采取预防性服务。消费时把他们集中到一个相对集中、损失相对较小的场所。挑选素质高、技能好、应变能力强的员工担纲服务。服务过程中要密切注意动向，一旦发现他们的不良行为应理直气壮地、巧妙地向他们指出，以维护酒店的利益不受侵害。面对少数有挑衅性的、故意找茬儿的客人，也要增强自我保护意识，善于保护自己，不要使自己成为失败者。要区分是不文明行为还是违法行为，碰到有可能发生违法行为时，要主动、快速回避，并向有关部门报告，要求得到支持，以制止违法行为的发生，保障自己的人身权利不受侵害，学会用法律保护自己。我们不能打败客人，也不能被客人打败，全力以赴争取双胜无败！

第六章　中外饮食民俗

第一节　饮食民俗概述

在长期的历史传承过程中，各个国家、各个民族形成了各具特色的饮食民俗。学习和掌握中外饮食民俗对提高职业点菜师的素质和技艺大有裨益。

一、饮食民俗的形成

饮食民俗是指有关饮料和食物在加工、制作和食用的过程中所形成的习俗。饮食民俗源于四个方面原因。

1．经济原因

饮食民俗的孕育和变异受到社会生产力发展程度和农业生产力布局的制约。有什么样的物质生产基础，便会产生相应的膳食结构和肴馔风格。而农业生产的多样性又为各地饮食民俗多样性提供了物质基础。在自然条件和社会经济条件的共同影响下，我国的农业生产布局、耕作制度、农副产品种类等都有很大差异。东部以种植业为主，西部以牧业经济为主；北方农区以面粉、杂粮为主食，南方农区以稻米为主食，茶和酒为主要饮料。

2．自然原因

我国地域辽阔，自然环境复杂，各地的地形、气候、水文、土壤、生物等因素都有较大的差别。气候和地域不同，农副产品的种类、品性不同；食性和食趣自然也不同。不同的自然环境导致了不同的饮食习俗，南方以米饭为主食，北方以面食为主食。从地域来看，“南甜北咸东辣西酸”、“南甜北咸东淡西浓”的口味嗜好分野，大体表明了各地的口味特点。东南待客重水鲜，西北迎宾多羊馔，均与“就地取食”的生存习性相一致。

3. 民族原因

各民族在长期的生产和生活实践中，经过世代的传承和变异，形成了区别于其他民族的所特有的传统饮食民俗。各民族间的文化交流大大丰富和影响了饮食习俗。如东汉张骞出使西域后，西域的黄瓜、葡萄酒、胡萝卜以及蚕豆传入中原。南方人食用的苹果、面食等食品也是文化交流的结果。

4. 宗教原因

不少饮食民俗是从原始信仰崇拜和某些宗教仪式演变而来的。道教、佛教、伊斯兰教的兴起、传播和流行，对饮食民俗有着较大的影响。

二、人类的饮食历史

人类饮食民俗的形成经历了生食、熟食和烹饪三个阶段。

(1) 生食阶段。原始人采集到任何果实以及捕到任何动物及鱼类等，稍加处理就茹毛饮血、生吞活剥直接食用。如今，在许多地方还有古老的生食习俗的“遗留”，如“吃生鱼”、腌制生鱼、生肉的习俗。

(2) 熟食阶段。分烤食和煮食（炒食）两类。发现火之后，首先出现的是烤制食品，方法很多，如用烧红的石片、石块烤肉吃。有的地方是这样烧烤鸡块的：先杀鸡，掏干内脏，后用泥封好埋入地下，再在地面上烧烤起来，到时挖出，呈现在面前的就是喷香的烤鸡了。傣族的制作香竹饭，砍断香竹，从有节的地方断开，盛入米和水，封口，放在火里烧，隔一段时间后破竹取食。

(3) 烹调阶段。随着人类食物来源的扩大与丰富，有了主食和副食的划分与不同配制，形成了不同的风味和民族特色食品。食物经过火的烹制和调味品的调味，味道不仅鲜美而且丰富。

三、饮食结构、饮食类型和饮食惯制

1. 饮食结构

饮食结构是指日常生活中一日三餐的主食、菜肴和饮料的配制方式。

(1) 主食。中国传统的饮食结构以植物性食物五谷为主食，以蔬菜及少量鱼、肉、蛋、奶、果品为副食。主食俗称为饭，一是米饭，有米饭及米糕、米粉食品等；二是面食，种类很多。蒸制的有馒头、包子等，煮制的有面条、水饺等；烙烤的有各种无馅之饼及馅饼；炸制的有油条、油糕等。北京的打卤面、山西的刀削面、山东的伊府面、河南的鱼焙面、四川的担担面，为我国著名的五大面食。西北的臊子面、江南的阳春面等也较有名。用米、米粉、面粉、豆粉等制成的糕点为正餐以外不定时的小食，称为点心、茶食等，其中有些如花糕、粽子、汤圆、月饼等，也是特定的节日食品。

（2）菜肴。副食俗称为菜。菜是蔬菜的总称，肴是煮熟的鱼肉。菜肴即指饮食结构中的素菜和荤菜。汉族菜肴以独特精美的色香味形闻名于世，常用的原料有水产品、畜禽（含肉、禽蛋、畜乳、油脂）、各种蔬菜、干鲜果品和调味品四类，不同的搭配和烹制，产生了我国风格各异的烹调艺术，烹调出成千上万种菜肴，形成了不同的菜系。中国幅员辽阔，各地自然环境和出产不同，人们就形成了各自的爱好口味，即地方风味。

（3）饮料。饮料有酒、茶、奶等，其中又以酒和茶为主。

2. 饮食惯制

（1）日常生活的饮食惯制。采用一日三餐制（早晨、中午、晚上进餐）。城市居民多将晚餐、农村居民多将午餐作为一日三餐中的重点，饭菜比其它两餐丰盛。三餐的配餐方式，南方的早餐为吃粥与包子、馒头、油条等早点，午餐、晚餐吃米饭和菜肴；北方一日三餐都有面食，早餐、晚餐另加小米稀饭或其它汤类饮食。农忙季节，农村则一日四餐，在下午加一次点心作为间食。一些城市居民还在晚餐之后加食夜宵。饮食方式是共餐制，它体现了中国传统伦理道德中的群体精神。西方的分餐制虽然在近代传入中国并得到一些人士的提倡，但至今尚未在群众中普遍流行起来。

（2）岁时节日的饮食惯制。中国众多的节日在饮食方面也有所区别，带有浓厚的地方性与民族特色。如饺子、年糕、腊八粥、元宵（汤圆）、粽子、月饼、重阳糕、糌粑、馕、手把肉、抓饭、酥油茶、乌饭等。

（3）礼仪上的饮食惯制。人们在嫁娶、生育、寿诞、丧葬等礼仪活动中，如过生日吃生日蛋糕；老年人庆寿，离不开长寿面；婚礼上新婚夫妇要饮交杯酒，要吃同心莲；葬礼上要吃“豆腐饭”，不可吃荤菜等等。

（4）信仰上的饮食惯制。大多表现在供奉祭祀后为活人所享用的食品上。如初一、十五盛满一碗白米饭，供奉以后再倒进饭盆里由家人享用；过端午节时饮用雄黄酒；有的地方正月初二上坟，作为祭牲的鸡在上完坟后，把它与萝卜混煮食用等等。

（5）宴席中的饮食惯制。宴席是人们为着品尝风味、社交、联络感情的目的和意义，按照一定的规则举行的聚餐，是融合了许多礼仪内容和社交惯例而形成的。在祝捷庆功及贺喜、接风、送别、聚会等社交活动中，一般都要大摆宴席，几乎是无宴不成礼。其中的私宴——结婚、儿女满月、接风、饯行、拜师、谢师等都有各民族的饮食民俗惯制。

四、菜系

详见第七章菜点知识。

五、茶俗

开门七件事：柴、米、油、盐、酱、醋、茶。茶又叫“茗”，不论自饮还是待客，它都是最盛行的日常饮料。平时，人们都习惯泡上一壶茶，饭前饭后喝上一碗。中国人有以饮茶聚会的习俗。

1. 来客茶礼

（1）饮茶方法。详见第九章酒水知识。

（2）以茶敬客。中国人讲究“以茶待客”，泡茶献客。江浙一带，家里来客或有喜事，主人应给来客或帮忙的人沏茶，并双手奉上，否则便被认为是失礼。茶有讲究，来客是至亲或稀客，应泡糖茶；一般客人是沏红茶或绿茶；未婚青年男女彼此做客，泡鸳鸯茶——茶叶加糖泡成的茶。如第一杯给甜茶，第二杯应是茶叶茶。饭前糖茶，酒饭后应给茶叶茶。过年过节时，给客人第一杯都是糖茶。主人斟过茶之后，到吃点心的时间应给客人或帮忙的吃点心。最普遍的点心是团子和粽子，中秋节时是月饼，建房时是馒头，生日时是面条。如果来客是女婿，丈母娘家须煮蛋当点心，或四只或六只，成双以图吉利。江南人沏茶，水斟至七分上下，主人须不断为客人斟茶，忌杯中茶水见底，否则即为失礼。哈尼族家中来客，主人先敬一碗“闷锅酒”，然后再从火塘中取出茶罐，向客人敬浓茶。闽西客家人多备有嫩、粗两种茶，粗茶为自己准备的；嫩茶为待客之用；客来以小茗壶冲泡嫩茶，用小杯敬茶品茗。宁夏回族奉客是“盖碗茶”和炸馓子。“盖碗茶”有一套特别的茶具，由茶碗、掌盘和盖子组成。客人一到家，主人便会在炕桌上先摆上炸馓子，然后奉上“三香茶”由冰糖、桂圆和茶叶沏成。假使客人是贵客或恋爱对象，主人便会奉上“八宝茶”——用茶叶、桂圆、荔枝、葡萄干、杏干等沏成。

（3）“功夫茶”风俗。详见第九章。

2. 喜庆茶礼

浙江一带有以茶作彩礼的习俗，男家向女家正聘时，纳百金若干，不拘数，谓“送茶”或曰“受茶”。结婚时有“交杯酒”、“闹茶”及“新娘奉茶”等俗。江苏、江西、安徽，山东、河北一带，婚嫁行聘礼曰“下茶”；土家族迎亲时，带一只羊、两块茶砖，表示吉祥富贵。婚礼中喜用茶，一为普遍的习俗外，二是还在于“茶不移本”，“植必生子”，它象征着孝顺、子孙繁盛。云南的拉祜族婚俗中仍行茶礼，拉祜人常说“没有茶就不能算结婚”。在婚礼上，更少不了要请亲友喝茶。

3. 祭祀茶礼

茶礼在祭祀过程中也有表现。例如，在江西某些地区，每当中元节、大年初二时，有用篮子装着一些祭品，包括鱼、猪肉、鸡、茶、酒、白米饭，到了坟地后，燃起香烛、纸钱，倒酒、茶于地上，口中默念，祝愿祖宗保佑来年有个好收成，最后燃放鞭炮。

六、酒俗

中国是酒的故乡，酒是从祭祀演化而来的，酒就是中国人民喜爱的饮料之一。酒礼酒俗，在民间饮食文化中是最为丰富多彩的。

1. 现代官方的宴会酒俗

在一周或半个月之前，确定宴会费用规格、制定菜谱、发出邀请或通知。宴席上，桌位和座位会事先安排好的。酒宴开始由主办领导先致祝酒词，再举杯向主宾一一碰杯祝酒。接着，由主宾致谢。然后饮食才正式开始。宴会的结束以主宾席上的主办领导和主宾起身退席为标志。

2. 民间的婚宴酒俗

举办婚宴的日子由男方的长辈根据历书中的黄道吉日来择定，写好大红的“日子帖”，由媒人送交女方。同时，亲自写信或带口信给亲友们。婚宴，一般女方是中餐，男方是晚餐，其余都是便饭。婚宴的用桌、桌位及座次都有一定的规矩。至于饮食的时间，可由各位自由决定，且主人家总是鼓励客人多喝几杯的。

3. 节日酒俗

俗话说：“无节没有酒，无酒不成礼”。岁时节令、祭祖酬神、嫁娶寿诞、祝捷庆功等场合都离不了添乐增趣的酒，如除夕以酒祭祖，家人饮酒联欢；端午节饮雄黄酒、菖蒲酒；中秋节喝“团圆酒”；重阳节登高饮菊花酒。在以家庭、宗族为基础的农耕社会，对生命的繁衍、家庭的亲和十分重视。每当妇女“有喜”，一朝分娩，就大事庆贺，喝报生酒，以后又有三朝酒，满月酒、百日酒、周岁酒。相亲订婚要喝“订婚酒”，婚宴上要办“结婚酒”，新婚夫妇洞房里须喝“交杯酒”。为老人祝寿时更要喝寿酒。当人生走到尽头时，也应置办酒席，一来是答谢前来吊唁者的辛劳，二来是表示对逝者的怀念。社交往来中，如贺喜、饯行、洗尘及宴宾飨客、亲朋聚会等，酒更是示诚示敬的必备饮料。

第二节　中国汉民族饮食民俗

一、中国传统节日饮食民俗

中国传统节日约有150个。除去地区性、行业性节日及已经衰落或转化成平日的节日外，全国各地、各行各业至今仍然盛行的传统节日及饮食民俗如下所述。

1. 春节饮食民俗

春节是中国最悠久、最隆重的传统节日。汉族俗称过年。腊月二十三日（有些地区是二十四日）就拉开过年的序幕，各家用麦芽糖等物祭送灶神，称为祭灶或过小年。此后各家打扫房屋、购买年货、准备节日新衣和食品等。“年三十”因旧岁至此夕而除，故又称为“除夕”。全家团聚，吃年夜饭，饮分岁酒。年夜饭中都会有鱼，意为年年有余。晚辈要向长辈行礼辞岁，长辈则给晚辈压岁钱。人们彻夜不眠，谈笑娱乐，欢度良宵，叫做“守岁”。初一燃放鞭炮，北方人吃饺子，南方人吃汤圆。饺子和汤圆中有的包有小钱等物，谁吃到谁就会有好运。

2. 元宵节饮食民俗

农历正月十五日是一年中第一个月圆之夜，称为“元宵”，特定的食品是汤圆，南方叫汤团，北方叫元宵，象征着家人团圆和睦、生活幸福美满。此节是一个以游乐为主题的节日，可以视作中国的狂欢节。

3. 清明节饮食民俗

清明节在农历三月、公历4月5日前后。这是一个融合了古代寒食节民俗而发展起来的传统节日。寒食节在清明前一天或二天，民众于此日禁火、吃冷食，并插柳于门，以纪念春秋时期晋国人物介之推。人们在清明节吃冷食，如苏沪一带人们吃用糯米粉、豆沙馅做成的青团子，晋南万荣一带人吃凉面、凉粉、凉糕，即为寒食之遗意。

4. 端午节饮食民俗

农历五月初五端午节。此节起源有纪念屈原之说。端午包粽子。南方滨水之处，例行龙舟竞渡。遍及南北各地的活动是驱邪避瘟。节日午时，人们多举行家宴，饮雄黄酒（雄黄旧为中药，但含对人体有害的砷，今人已不再饮雄黄酒），并以此酒洒墙壁、地面，涂儿童耳鼻面额。有些人还在室内焚烧白芷等，或以草药煮水浴身。

5. 中秋节饮食民俗

农历八月十五日中秋节成了团圆的象征，特定食品是象征团圆的月饼。月饼的图案与月相关，如嫦娥奔月、银河明月、犀牛斗月、吴刚伐桂、白兔捣药等。现在月饼品种很多，其中广式、京式、苏式、宁式、潮式月饼较为著名。人们多买来馈赠亲友和自用。节日之夜各家在月下陈列月饼、瓜果等物祭月拜月，祭拜完毕，全家人团聚饮宴，按人数将月饼分切成块，各吃其一，当时不在家的人亦有一份，以祈祝团圆。大家边饮食谈笑，边观赏圆月。

6. 重阳节饮食民俗

农历九月初九重阳节，人们有赏菊之举，多插茱萸或簪菊，饮茱萸酒或菊花酒，以辟恶气、御初寒、延年益寿。还吃重阳糕，有些地方重阳糕十分精致，如山西多达九层，像个小宝塔，其上有两只小羊象征重阳，或插彩旗以图吉利。“糕”谐音“高”，吃糕寓意步步登高。

除了上述中国的传统节日外，近代以来传入一些外国民俗节日，如圣诞节、母亲节、情人节等也日益流行。

二、中国各地区饮食民俗

中国北方以面食为主，如馒头、花卷、烙饼、面条，饺子是北方人最喜欢的一种面食。过年吃饺子，需在守岁时包，辞岁时吃。年糕也是春节普遍食用的食品，这里有大吉大利之意，“年糕”谐音“年高”，即预祝新的一年步步高。南方以大米为主。一日三餐，早晨为早点，中午和晚上为正餐。菜有荤、素两类。以木筷、竹筷进食。口味特点如《全国口味歌》“安徽甜、湖北咸、福建浙江咸又甜，宁夏、河南、陕甘青，又辣又麻外加咸，山西醋、山东盐，东北三省咸加酸，黔赣两湘辣子酸，又辣又麻数四川，广东鲜、江苏淡，少数民族不一般。”四川、湖南喜辣，江浙喜甜，西北喜酸，华北喜咸。一般都有饮茶的习惯。

1．东北地区饮食民俗

东北三省气候寒冷，东北人以大米为主食，口味喜咸辣，并爱喝白酒，以祛风寒。夏秋季蔬菜较多，冬天基本上以大白菜为主，白菜炖猪肉是最爱吃的菜肴。松花江的鲤鱼是爱吃的佳肴。

2．京津地区饮食民俗

京津地区盛产小麦，以面食为主食。突出的饮食特点是肥冬素夏。冬天寒冷干燥，爱食味道浓厚的菜肴，起滋补身体的功效。夏天喜食清淡、素净的菜肴，凉菜、汤菜较受欢迎。还爱吃羊肉及鱼、虾等海味。

3．鲁冀地区饮食民俗

山东、河北地区气候干燥、寒冷，盛产小麦、小米、赤豆、黄豆等杂粮，口味重、略咸辣、卤汁多，爱吃大蒜、大葱，主食是面食，其中饺子是最爱吃的面食，有“好吃不过饺子”的说法。青岛、烟台人爱吃海味。

4．陕甘宁晋地区饮食民俗

黄土高原粮食作物主要是小麦、谷子、玉米等。以面食为主，特别是山西的面条、陕西的烙饼较为出名，有“一面百吃”之誉和“烙饼像锅盖”之称。畜牧业较发达，以羊为最多，爱吃羊肉。山西老醋闻名全国，山西人爱吃带醋味的菜肴，“无酸不下饭”。还爱食带辣的菜肴，把红辣椒用油炸成油辣子，几乎每日必食，形成了酸辣的口味特点。

5．湘赣地区饮食民俗

位于长江中、下游，以大米、糯米为主食，偶尔也食面食，但有“吃面吃不饱”的心理。爱食鱼虾，不爱吃海味。爱食辣椒，用以调味、开胃。爱在菜里放豆豉以助味，爱吃豆腐和熏腊肉类。

6．苏锡沪地区饮食民俗

长江下游地区以米饭为主食。阳澄湖大闸蟹驰名全国、东海还有黄鱼、鲤鱼等，四季鱼鲜不断；四季蔬菜常有。苏州、无锡人口味偏甜，烹制需烧熟煮透。上海人口味要求各有不同，适应性也较强，乐于接受一些各地不同口味、原料、烹饪方法的菜肴，但要求制作精细，质量上乘。

7．浙江宁绍地区饮食民俗

浙东沿海以米饭为主食。爱好吃鱼虾海味的，爱吃风干腌制的海味，形成了咸中带鲜的口味特色。同时爱吃新鲜的蔬菜，喜欢喝汤。

8. 闽粤地区饮食民俗

以米饭为主食，福建人有吃“线面”的爱好，其面细如棉线，颇为爽口，是当地的特色食品。对河鱼、海鲜都较喜爱。广东人还爱吃野味。有饮茶的习惯，早上起来以后先喝茶，饭前、饭后也要喝茶。口味喜爱清淡，菜肴要求生脆、爽口，一般不爱食油腻、辛辣、炖烂的食品。

9. 四川地区饮食民俗

四川有“天府之国”的美誉，一般爱吃米饭，也食面条，如担担面。爱好鱼、肉等荤菜。泡菜是家常必备之物，多喜食辣椒，有除湿去寒、促进血液循环的作用。

10. 安徽地区饮食民俗

米食、面食兼爱的特点。皖南普遍爱好食鱼，冬天爱吃牛、羊肉，春秋季节爱吃猪肉，夏天爱吃冷面，还食狗肉，有吃饭前爱喝汤的习惯。以酿酒而闻名，男子大都有喝酒的嗜好，特别是淮北地区。口味上习惯甜咸适中，并稍带辣味。

第三节　中国少数民族饮食民俗

1. 满族饮食民俗

以面食为主食，主要是蒸煮食品，喜吃小米、黄米干饭与黄米饽饽（豆包）。“豆面卷子”和“萨其玛”是传统的名吃食品。喜欢饮酒和吸烟。喜欢甜食，甜源主要是蜂蜜。过节喜吃“哎吉格饽”（饺子）。除夕必吃手扒肉。忌食狗肉。

满族菜流传于东北、京津和华北，有400余年的历史，在清代颇有名气。用料多为家畜、家禽或熊、鹿、獐、狗、野猪、兔子等野味。主要烹调方法有白煮和生烤，口味偏重鲜、咸、香，口感重嫩滑。菜品多为整只或大块，吃时用手撕或用刀割食。其名菜主要有白煮猪肉、白肉血肠、烤鹿腿、手扒肉，常用蔬菜有大白菜和酸菜等。“火锅”颇为有名。民族风味宴席，如三套碗、茶席也很有特色。

2. 朝鲜族饮食民俗

以大米、小米为主食，喜食干饭、冷面和打糕，传统食品有五谷饭、松饼、药食等。荤菜喜欢牛肉、狗肉、精猪肉、鸡和各种海味，特别是明太鱼，最爱吃的是狗肉，有“三伏天大喝狗肉汤可大补”的说法。素菜喜欢吃黄豆芽、卷心菜、粉丝、萝卜、菠菜和洋葱等，特别是泡菜。爱喝汤，一日三餐几乎顿顿离不开，冬季喝大酱汤，三伏天喝凉汤。口味喜酸辣，喜食有香、辣、蒜味道的菜肴。爱喝花茶，还爱喝豆浆，男子爱喝酒，除白酒外，还有自酿的“马利格”酒。一般不吃稀饭，不喜欢吃鸭、羊肉、肥猪肉和河鱼，不吃花椒、带甜味的菜，对放糖和花椒的菜及油腻过多的菜不感兴趣。不喜欢在热菜里放醋。

朝鲜族菜流传于东北和天津，与朝鲜和韩国食馔同出一源。选料多为狗肉、牛肉、瘦猪肉、海鲜和蔬菜，擅长生拌、生渍和生烤，习惯以大酱、清酱、辣椒、胡椒、麻油、香醋、盐、葱、姜、蒜调味，菜品风味鲜香脆嫩，辛辣爽口。餐具多系铜制，喜好生冷。其名菜有生渍黄瓜、辣酱南沙参、苹果梨咸菜、头蹄冻、烧地羊、生烤鱼片、冷面等。

3. 赫哲族饮食民俗

旧以鱼肉为主食，今以小米、面粉为主食。鱼食方法尤为多样：有将鱼肉切成薄片，拌以食盐、姜葱生食，冬天仍生食冻鱼；有将鱼肉串在烧叉上，放在火上熏烤，抹以食盐烤食；有将鱼加工成鱼条子、鱼披子等鱼干储藏起来平日食用；有将鱼肉加工成“鱼毛”（鱼松）食用。嗜烟、酒。

4. 鄂伦春族饮食民俗

以兽肉为主食，主要是狍、鹿及野猪肉等。今有以粮为食或肉食、粮食掺半的。早上多吃肉粥，午间与晚上多吃烤肉与煮肉。喜生吃兽肝和腰子，还喜食肉干。在一个家庭公社（乌力楞）内有传食习惯，即在野外围绕一个火堆，把烤好的兽肉一个人吃一点，再传给另一个人。

5. 蒙古族饮食民俗

饮食种类有茶食、粮食、奶食和肉食四类。茶食分为淡茶、奶茶、酥油茶和油茶四种。嗜饮砖茶。炒米（即蒙古米）是主要食品。奶食分食品与饮料。食品有白油、黄油、奶皮子、奶豆腐、奶酪和奶果。饮料有奶茶、酸奶和奶酒。传统食品分为白食和红食两种。白食是牛、羊、马、骆驼的奶制品，以白食待客是最高礼遇。红食是牛、羊等牲畜的肉制品。红食中最多的是羊肉，花样甚多，如手扒羊肉、全羊席等。爱好饮酒，冬天喜喝泡子酒、夏天多为奶子酒、平时习惯喝各种白酒和烈性酒，酒量较大。牧区蒙民不食各种鱼类、鸡鸭、虾蟹和内脏。

蒙古族菜流传于内蒙古、东北和西北地区，有800多年的历史，元代是其鼎盛时期。蒙古族菜仅用盐或香料调制：重酥烂，喜咸鲜，油多色深量足，带有塞北草原粗犷饮食文化的独特风味。其代表性名菜主要有扒羊肉、烤羊尾、炖羊肉、羊肉火锅、炒骆驼丝、烤田鼠、太极鳝鱼等。

6. 回族饮食民俗

以米面为主食，居住南方的也食米饭。喜吃牛、羊肉和鸡、鸭、鹅等，其素食以清、净、香、甜、雅著称。喜欢喝茶，一般不嗜好烟酒。油炸馓子是民间的风味食品。正宗宴席十分考究。忌讳猪肉、马、骡、驴、狗肉和一切凶猛禽兽的肉。忌食动物的血，忌食非回民宰杀的牲畜，也忌食无鳞的鱼、海参、虾等水产品。在宰杀牲畜前，要请阿訇念经。

7. 哈萨克族饮食民俗

主食主要是牛、羊、马肉，其次是用面粉制成的馕、面条以及抓饭等。最喜欢的食物有“金特”，用奶抽混合幼畜肉，装进马肠里，蒸熟后食用。还有“那仁”，用碎肉、洋葱加香料，搅拌蒸熟。爱喝马奶酒，多喝砖茶。“米星茶”是一种特色饮品。

8．维吾尔族饮食民俗

以面粉、大米为主食，肉食以羊肉为主，常见的面食为“馕”，喜庆节日或待客吃“抓饭”，烧烤羊肉是最普遍、最有特色的食用方式。各类小吃如羊肚、羊头、羊肝、羊心、面筋是饮食佳品。喜喝奶茶或茶水，吃奶油。饭前饭后必须洗手，以壶冲洗，下以盆接，且只限三下。吃抓饭时，预先还要剪指甲，以便手抓食物。饮料一般喜各种奶茶和清茶，爱喝葡萄酒，酒量颇大。喝汤用木勺。吃饭时，将“饭布”铺于炕上然后家人围坐就餐。禁食猪肉、驴肉、狗肉和鸽肉，在南疆还禁食马肉。另外还不吃芹菜、豆腐和虾，炒菜时忌用酱油。

9．壮族饮食民俗

主食有大米、玉米、木薯、红薯等。木薯可直接煮熟吃或加工成糍粑吃。逢年过节，家家户户都要做糯米饭。年节还爱吃粽子、糍粑和米粉。古俗不吃牛肉，至元朝才食牛肉；但少数偏远山区仍存不食牛肉的古俗。壮族有一种特殊的饮酒方式叫“打甏”。客人来了，先在地上铺一张席子，把小瓮放在宾主之间，旁边放有一盂干净水，开瓮后，酌水入瓮，插一根竹管，宾主轮流用竹管吸吮，先宾后主，竹管中有一个像银鱼一样的机关，能开能合，吸得过急或过张，小银鱼就会关闭。

壮族菜流传在广西和粤、滇、湘等地，有3000年以上的历史，是岭南食味的本源。壮族菜以猫、狗、蛇、虫为珍味，也吃禽畜与果蔬，擅长烤、炸、炖、煮、卤、腌，口味趋向麻辣酸香，酥脆爽口。美食众多，调理精细，食礼隆重，在桂菜中占有重要的地位。名菜有辣白旺、火把肉、盐凤肝、皮肝生、脆熘蜂儿、油炸沙蛆、清炖破脸狗肉、洋瓜根夹腊肉、龙虎斗、彗星肉、烤辣子水鸡、酿炸麻仁蜂、龙卧金山、白炒三七鸡、酸水煮鲫鱼、马肉米粉。

10．布依族饮食民俗

以大米、玉米为主食，辅之以小麦、荞麦、薯类等。糯米、狗肉、牛肉汤锅是最喜欢的食物。喜食酸辣。喜欢饮水酒、吸叶子烟。节日常以糯米粑粑为主食。有的地方喜用顶罐煮饭，其味极香。爱饮米酒，饮酒时有几个特点：一是用坛子装酒，将葫芦伸进坛里汲取；饮酒不用酒杯，而多用碗。二是对饮时要行令猜拳以助兴。三是要唱酒歌，你唱一首，我答一曲，对答不了的罚酒。唱完，敬每个客人喝口酒，人们也举起斟满米酒的碗来唱歌答谢。

11．侗族饮食民俗

以大米为主食。平坝地方多吃粳米，山区多吃糯米。肉食喜欢猪牛鸡鸭和鱼虾，有的还吃腌制田鼠。烹调很有特色，不善炒菜，最爱煮菜吃。调味品喜欢酸辣和酸味，最有特色的作料是“别”。大多喜欢吸叶子烟及饮酒。饮食禁忌是正月初一不能吃青菜。

侗族菜流传在黔、桂、鄂交界的山区，有近千年历史。侗族菜最大的特点是无料不腌，无菜不酸，腌制方法独特（有制浆、盐煮、拌糟、密封、深埋等10多道工序，保存时间少则2年，多则30年）。酸辣香鲜，甘口怡神。其代表性名菜有五味姜、龙肉、酷鱼、牛别、酸笋、酸鹅、腌龙虱、腌葱头、腌芋头、腌蚌。

12. 瑶族饮食民俗

以大米、玉米为主食。木薯、芋头、马蹄、棕衣苞、棕心、苞蕉心、飞花菜等既作粮亦作菜。一日三餐，半年全吃干饭。平时天亮前吃一顿，天黑后吃一顿，中午则以芭蕉叶包饭到田间食用。农忙时如住在田间，则在住地生火煮食。嗜饮酒。下地劳动时往往以竹筒瓦罐将白酒带至田间，兑上清水饮用。清明节吃一种染色的“花饭”。

13. 白族饮食民俗

以稻米、小麦为主食；山区则以玉米、荞子为主。吃饭时，长辈坐上席（首席），晚辈依次围坐两旁，添饭泡汤。喜吃酸冷、辣味。善腌火腿和制作弓鱼、螺蛳酱、油鸡棕等食品。特色小吃有海水煮海鱼、炖梅、乳扇，最负盛名的是砂锅弓鱼。喜欢别具风味的“生肉”、“生皮”。尤喜饮烤茶，常以“三道茶”待客，具有“一苦二甜三回味”的特点。

14. 傣族饮食民俗

以大米为主食。德宏地区主要吃粳米，西双版纳一带爱吃糯米。爱吃竹筒饭。不吃羊肉，以猪肉为主，牛肉次之。喜油煎炸而食，不喜炒食。独特食品是“虫虫菜”。民间习惯早、晚两餐。有嗜酸之癖好，各种蔬菜均要加入特制的酸汁，酸味十足。男子喜饮酒，甜米酒男女老少喜爱，流行别具风味的竹管酒。傣族人还爱嚼槟榔。吃饭时全家人席楼而坐，围一小篾桌。如吃糯米饭，则用手捏成团而食。

傣族菜有800余年历史，带有小乘佛教的浓郁色彩。用料广博，动、植物皆被采用。制菜精细，煎、炒、炮、熘无所不用。口味偏好酸香清淡，昆虫食品在国外与墨西哥虫馔齐名。肴馔奇异自成系统，有热带风情和民族特色。其代表性名菜有苦汁牛肉、烤煎青苔、五香烤傣鲤、菠萝爆肉片、炒牛皮、鱼虾酱、香茅草烧鸡、炸什锦、刺猬酸肉、蚂蚁酱、蜂房子、生吃竹虫、清炸蜂蛹、烧烤花蜘蛛、凉拌白蚁蛋、油煎干蝉、狗肉火锅等。

傣族人请客饮酒时，贵宾必须上座。土司头人宴请重要客人，俗例由寨中年轻姑娘敬酒，她们用银盘托着酒壶，依次向客人敬酒。如果谁敬而不饮，她们就会抱其头灌饮。如果想让她们手下留情的话，就必须准备好银元，在来敬酒时，放上一枚银币，请其代饮。

15. 纳西族饮食民俗

以小麦、大米之玉米为主食，山区另掺些青稞、荞麦和洋芋，食酸辣。有的地区早午两餐吃粑粑、杂粮，晚上多吃米饭。有的地区受藏族影响，爱喝酥油茶，以青稞、大麦和荞子为主食。吃饭时用木制餐具。吃肉时由父亲掌勺平分，媳妇负责加添饭菜。一般喜爱饮酒，吸草烟。

16. 羌族饮食民俗

羌族以大米、青稞、洋芋和荞子为主食，辅以小麦和玉米。青稞和小麦的吃法主要是做成炒面，供旅途或放牧时食用。玉米或磨成细颗粒，蒸成玉米饭，称为面蒸蒸。或掺入大米混蒸，称为金裹银或银裹金。或加蔬菜煮成玉米稀饭，称为面汤。或磨成面，不经发酵，而加以麦面做成馍馍，先用锅炕而后再用火烧食，称为“锅塌子”。多食酸菜或腌菜，喜欢“咂酒”，吸“兰花烟”，吃熏干“猪膘”等。

遇有喜庆或招待贵宾时，羌族同胞会抬出一个大坛子，放在地面。人们围坐在坛子周围，每人手握一根竹管或是芦管，斜插入坛中，一边谈笑一边从坛子里吸吮酒汁。由于管长达数尺，人们围坐的圈子较大，所以五六个人甚至七八个人都可以同时吸吮，气氛十分热烈。有时饮一会儿酒，又起身跳一会儿锅庄舞，再继续饮酒，这种饮酒被称作“饮咂酒”。

17. 苗族饮食民俗

以大米为主食，有些地区也以玉米、洋芋、燕麦等杂粮为主食。日常饮食多为素食，逢年过节或宴会待客才以猪肉、牛肉、鸡鸭等为珍品。常食野菜。喜欢酸味，以酸汤最为著名，喜欢用酸坛制作肉食，苗族人几乎家家都备有酸菜。喜饮酒，几乎家家都自己酿酒，喜爱烧酒（玉米酒）、米酒和糯米甜酒，喜爱油麻糖、阴米糖，喜爱吸烟，但极少有妇女吸烟。桂林龙胜苗族一日三餐前，都要先饮油茶。不喜欢吃羊肉，也有的不愿吃牛肉，忌食狗肉，禁止打狗。

苗族菜流传于贵州、云南、四川、湖南等地，有1000多年的历史。红苗、黑苗、白苗、青苗、花苗的饮食风味大同小异。苗族菜食料广泛，嗜好麻、酸、糯，口味厚重。制菜常用甑蒸、锅焖、罐炖、腌渍诸法，酸菜宴独具特色。其代表性名菜有瓦罐焖狗肉、清汤狗肉、薏仁米焖猪脚、血肠粑、红烧竹鼠、油炸飞蚂蚁、炖金嘎嘎呜、辣骨汤、鱼酸、牛肉酸、芋头酸、蕨菜酸、豆酸、蒜苗酸、萝卜酸等。

18. 藏族饮食民俗

藏族的饮食种类有茶食、粮食、奶食和肉食四类。农区以青稞、小麦为主食，其次有玉米和豌豆。最主要的食物是炒熟的青稞和豌豆粉制成的“糌粑”。牧民们以牛、羊肉和奶茶类为主要食物。藏族人每天必饮酥油茶。奶制品有酥油、酸奶子、奶渣子和奶酪。忌食鱼、虾、骡、马、狗肉，不吃海味，不吃鸡、鸭、鹅等家禽。

藏民有在吃饭前先用手蘸酒或茶在桌上点三滴，表示供佛。餐具是一把小刀和一只木碗，不乱用别人的碗，也不用自己的碗在人家缸里取水。吃糌粑、吃肉皆用手抓，没有用筷子的习惯。

藏族菜流传于西藏、云南和青海，有1400多年的历史。其高原雪山的独特风味一脉相承。原料多为牛羊、野禽、昆虫、菌菇等；重视酥油入馔，习惯于生制、风干、腌食、火烤、油炸和略煮。调味重盐，也加些野生香料；口感鲜嫩。代表性名菜有手抓羊肉、生牛肉、火上烤肝、炸虫草、油松茸、煎奶渣、“藏北三珍”（夏草黄芪炖雪鸡、赛夏蘑菇炖羊肉、人参果拌酥油大米饭）、竹叶火锅等。

藏族人在客人临门时，先要敬上一碗青稞酒，表示主人好客之心如酒力一般热烈，友情如酒力一样浓厚悠长。也有以喝咂酒的方式来招待客人。其方法是，先烧开一大锅水，放在火塘边温着，然后将一坛酿好的青稞酒插入两支或数支竹管，放在火塘边的客位上。客齐后，主人先请最年长的客人坐于酒坛边，诵经并以指拨点酒向四方后，即开始饮。饮时请另一位或几位年长客人与先前那位长者对坐，各吸一根竹管。第一轮酒毕，又以长先幼后的顺序换上另一轮客人。

19．彝族饮食民俗

彝族以荞子、玉米、洋芋为主食，少数以大米为主食的。肉类有牛、猪、羊、鸡。喜欢酸辣，喜饮酒，吸旱烟，喝烤茶。食具通用木碗、木盘、木盆、竹箩及木勺（彝名马勺子）；分有漆、无漆两种，漆为彩漆，绘成近似雷电纹的图案，有黑、红、黄三种。有的用牛皮制碗。彝族人最典型的食俗饮“转转酒”和“杆杆酒”。“转转酒”就是饮酒时不分场合地点，也不分生人、熟人，席地而坐，围成一个圆圈，端起酒杯，依次轮饮。“杆杆酒”即每逢喜庆节日，彝族姑娘就抱着一坛酒，插上几支竹管或是麦管，在家门口的路边上，劝过往的行人喝上几口才让他们赶路。喝过的人越多，本家主人就越光彩。

彝族菜流传于川、云、贵、桂等地，有800多年的历史。取料多用“两只脚”的鸡、鸭和“四只脚”的猪、牛、羊，也用其他野味。多为大块烹煮。添加盐和辣椒佐味。其代表性名菜有坨坨肉、皮干生、麂子干巴、羊皮煮肉、肝胆参、油炸蚂蚱、生炸土海参、巍山焦肝等。

20．京族饮食民俗

京族人逢年过节喜欢吃糯米饭和糯米糖粥。肉食以鱼虾为多，并喜以鱼汁作调味品下饭。“风吹禧”是用米粉蒸成直径两尺的很薄的圆形饼，撒上芝麻晒干后，放在炭火上烤制而成的。“一丝”（即干粉丝）是将“一丝”与海螺肉、蟹肉拌煮而成的肉汤。这两种食物是京族人民喜爱的食品。

京族菜流传在广西防城县，有300余年历史，与越南菜同属一个体系。食馔有鲜明的渔村特色。制菜多用海鲜，有主副食合烹的习惯。爱用鱼汤调味下饭。名菜有螺蟹米粉汤、烤鱼汁芝麻糍粑、烧大虾、生鱼片、鱼露、蚌肉羹、烧石花鱼、炖海龟、清炒海龟蛋、烩海味全家福。

21．土家族饮食民俗

以大米为主食，山区主食玉米。玉米吃法一般是磨成粉，蒸熟，做成玉米粉子饭，拌合渣而食。喜食酸辣，有“辣椒当盐”之说。善饮酒，有的地区喜喝油茶汤。

土家族菜流传在湘、鄂、川边界，有近2000年历史。菜料包括禽畜鱼鲜、粮豆蔬果及山珍野味。烹调技法全面，嗜好酸辣，有“辣椒当盐”之说。肴馔珍异而丰富，带有浓郁的南国原始山林情韵。其代表性名菜有小米年肉、笼蒸油烤熊掌、煨白猬肉、凉拌鹿丝、红烧螃蟹等。

22. 黎族饮食民俗

以大米为主食，辅以木薯、红白薯。有民族特色的是“竹筒饭”。蔬菜喜欢煮着吃，很少炒菜。肉食以火去毛，或火烤抑或拌以米粉、野菜腌渍成酸而食。普遍以各种鼠肉为食，食用方法也多种多样。一般一日三餐，习惯舂一次米吃一次饭，故妇女黎明即起来舂米。以三石为灶，用陶锅煮食。男子嗜烟、酒，自己酿造并封存很长的就称为“酒蜜”，用来招待贵宾。喝酒时常常几个人围在一起用细竹管吸酒。习惯用陶缸盛酒喝，烟以竹制水烟筒吸食。有的地区以小竹管吸酒敬客。妇女喜嚼槟榔。

23. 畲族饮食民俗

以大米、红薯、面粉、豆类为主。把大米和番薯丝放在锅中煮涨后，捞出来放甑中蒸熟，叫番薯丝饭。景宁畲村有这种习惯，一甑要煮三种饭：白米饭捞一角，以招待客人；半米半番薯丝的，给老人孩子吃，绝大部分是番薯丝的给年轻力壮的吃。传统民间食品是黄金糍。以茶相待客人，一般要喝两碗，“喝一碗是无情茶”，“一碗苦，二碗补，三碗洗洗嘴。”喜欢喝酒，以有酒喝为生活好的标志。畲族“豆腐儿”略带甜味，调上辣椒，放在锅中边煮边吃，又热又辣，吃得满头大汗，极为舒服。

第四节　中国港澳台地区饮食民俗

一、香港饮食民俗

“食在香港”，绝非溢美之词。香港由于商业发达，饮食发展得很快，加上自由港之利，西菜、日菜、东南亚各式菜，纷纷立馆。香港厨师，擅吸收各家之长，融会贯通，推陈出新，遂使粤菜为主的烹饪，发扬光大。

港澳饮食不分彼此。饮茶是香港人富有特色的早餐方式。上班之前，不少人先到酒楼、茶楼饮茶，边喝茶边吃点心。有些人喜欢到餐室饮“西茶”。餐室的“套餐”早餐，一般都很“抵食”，以吸引熟客。午饭都比较简单，就近小饭馆、快餐店买个饭盒回来，免动火爨。午餐很少招待客人，宁愿请你出去饮午茶。晚餐比较讲究，绝大多数都恪守粤式传统饮食方式，偶然添加些半中半西的菜式，如牛扒、沙拉，但用筷子而不用刀叉。宵夜是晚上的小食，近来甜品已不太流行了。香港食肆类型很多，名称也不尽相同，有酒楼、茶楼、餐厅、茶室、快餐店、自助餐厅、冰室、粥面店、大排档、甜品店、凉茶铺等。

二、澳门饮食民俗

澳门的饮食民俗与香港若有不同的话，那也只是在澳门还有一些葡萄牙人，由于他们信奉天主教或基督教，因而他们的饮食习俗就免不了受天主教或基督教的影响。

三、台湾饮食民俗

以大米为主食。日常饮食简单，而节日喜庆时，多用鸡鸭等丰盛的酒菜宴请客人。春夏之交，秋冬之际，多以中药炖煮动物性食品提神补身。都嗜酒，祭祀神明、宴请客人，必备良酒。菜肴多用味精、砂糖等调味。街头巷尾有各种各样的点心摊，多是乡土饭菜，酒楼饭店经营川、粤、京、津、苏、浙、湘、闽等地风味饭菜。

高山族菜流传在台湾，有1000余年历史。食料多取自本岛所产的动植物，技法有蒸、烤、煮、腌、拌等。口味偏好酸、香、肥、糯，饮食带有热带风情。名菜有三元及第、芥菜长年、香烤墨鱼、萝卜缨菜、干贝烘蛋、芋头肉羹、南瓜汤、发家鸡、蒜薹熬鱼、黄笋猪脚、金玉满堂、土豆烧肉等。

第五节　中国宗教饮食民俗

一、中国佛教素菜

起源于我国先秦时期以粮豆蔬果为主体的膳食系统。汉魏以后逐步与佛教、道教的教义教规结合，南朝形成一大风味流派。中国佛教素菜在日本、印度、东南亚和欧美也有一定的市场。素菜分清素、花素两大类。清素由寺院素菜和宫廷素菜构成，花素由民间素菜和市肆素菜构成。其风味特点是：禁用动物性原料和辛香类菜蔬，刀工精细，善于仿形，技法全面；口味素净鲜香，清淡爽口；食疗功效明显，被视为养生佳品。其代表性名菜主要有：罗汉斋、鼎湖上素、雪积银钟、混元大菜、三姑守节、魔芋豆腐等。

二、中国清真菜

起源于唐代，发展于宋元，定型于明清，近代形成完整的体系。我国的回、维吾尔、哈萨克、塔塔尔、塔吉克、乌孜别克、柯尔克孜、撒拉、东乡、保安10个少数民族的肴馔都属于清真菜系列。中国清真菜由西路（含银川、乌鲁木齐、兰州、西安）、北路（含北京、天津、济南、沈阳）、南路（南京、武汉、重庆、广州）3个分支构成。南路选料用鸡、鸭、蔬、果；西路和北路选料用牛、羊、粮、豆；擅长煎炸、爆熘、煨煮和烤炙；本味为主，清鲜脆嫩与肥浓香醇并重；讲究菜形和配色，餐具多为淡绿彩瓷；生熟严格分开，甜咸互不干扰；注重饮食卫生。其代表菜主要有葱爆羊肉、清水爆肚、焦熘肉片、黄焖牛肉、扒羊肉条、麻辣羊羔肉、烤全羊、烤羊肉串等。

第七章　菜点知识

第一节　中国烹饪概述

一、中国烹饪发展概况

（一）烹饪的起源

1. 烹的起源

烹是源于火的使用。因森林失火产生了熟食，可称为“原始烧烤”；古人类有意识留下火种，直至发展成为钻木取火和击石取火，从而远离了“茹毛饮血，生吞活嚼”的野蛮生活。之后，烹的能源从柴火、煤炭、煤油、煤气、电能到太阳能、微波等经历了一个逐渐演变的过程，直至产生了现代的烹饪文明。

2. 调的起源

调是源于对盐的使用。盐为百味之将，后来人们又发现了酸（柠檬、梅酱）、甜（枣、饴、果汁、蜂蜜）、苦（胆）、辛辣（辣椒、姜葱）的“五味调和”，直至酒、醋和酱油等各种合成人工制的调味品。

3. 烹调对人类发展的意义

（1）改变了“茹毛饮血、生吞活嚼”的原始饮食方式。熟食使食物更卫生、更易被消化，如鱼、肉等高蛋白食物；同时食物的选择性更大，可以食用以前不能食用的稻米等农作物。

（2）改变了原始无规律的生活方式。熟食的产生使一日三餐或二餐的饮食时间得以确定，从而使人们可以定时进行生产劳动，具有充裕的时间可支配进行学习、思考和研究等发展人类文明的工作。

（3）促进饮食文化及社会文化的发展。人类的许多节庆活动是与饮食密不可分。酒文化、茶文化、祭祀文化对社会的推动作用等。

（4）人类活动的范围进一步扩大。由于食物可选择的范围扩大，使人们可以离开赖以生存的森林，到平原和沿江、沿海等地域进行生产耕作和生活。

（二）中国烹饪发展史

1. 史前时期至殷代发展期

通过烹饪介质的改良进步，达到发展烹调方法和手段的目的。

（1）石烹阶段。石器时代，除了直接烧烤外，就是把肉类和谷物放在烧热的石片上烘热成熟。现代的桑拿虾、焗鲍鱼、铁板烧等菜肴可以说是这些原始烹调法的创造运用。

（2）水烹阶段。陶器时代，产生了鼎、鬲、甑等烹调用具；开始用水作为加热介质，更加简便和卫生；形成了烧、煮和蒸等烹调方法。

（3）油烹阶段。青铜器时代，产生了青铜炊具，通过对动物油脂在烹调中的使用，演变至植物油的使用；逐渐形成了炸、熘、爆和炒等烹调方法。

2. 殷代至秦朝发展期

通过食用原料的改进和调味料的广泛使用，达到发展烹调方法和手段的目的。

（1）周代时期，先民们已经对油、盐、酱和醋（古称酢）等调味料有了充分的认识和应用。

（2）《礼记》上记载了“周八珍”及其制作方法。

（3）《吕氏春秋》中已经充分记载了火候的掌握，已经认识了旺火、温火和小火的正确应用，同时强调了“五味调和”对菜肴制作的重要性。

3. 秦朝至清朝

通过追求饮食的新奇珍特来体现皇室的排场和奢侈。

（1）原料极大丰富。随南北、内外的交流加剧，许多原料和调料被引种到中原。如胡瓜（黄瓜）、胡豆、土豆（洋山芋）、洋葱和胡椒等。中国大米也传到意大利去。

（2）烹调方法改良进步。除了原有介绍的烧、烤、蒸、焖、炒、炸、熘和爆外，又根据原料的特点，创造出了烹、炝、熏、氽、贴、锅塌、拔丝、挂霜和蜜汁等多种新的烹调方法。

（3）初步形成饮食文献和饮食文化。南北朝虞琮的《食珍录》、唐朝段文昌的《调鼎集》、宋朝谢枫的《食经》、清朝袁枚的《随园食单》等专门著作层出不穷。从孔子食道的“食不厌精，脍不厌细，三适度，十不食”的饮食思想，到以佛教、道教素食为特征的素食文化。从“荤不禁肉”（却禁止食用葱、蒜和韭菜等植物性原料，一直沿袭至今）到东晋斋日的“鱼肉不御”，直到南朝的“皆令蔬食”。从淮南王刘安无意中发明了豆腐，到后期形成的吃豆腐的民风食俗文化盛行于世。从道家倡导修身养性的“辟谷”修行，到现代人在一定时期内以水果和水充饥，仅仅以维持基本新陈代谢以达到去除人体垃圾的目的。

（4）形成了众多的特色菜肴体系和丰富多彩民风食俗。通过两千多年的发展，我国各地形成了不同特色的地方菜系，如鲁、川、苏、粤、湘、徽、闽、浙、皖、赣、滇、贵等为主的地方菜系；同时留下了各种特色餐饮老店，创造出各种特色宴席，如曲阜的孔府宴、全聚德的全鸭席、清真菜馆的全羊席，以及博采古今的满汉全席等。

二、中国烹饪特色

1. 原料选择多样

我国烹饪原料的选择极其广泛和讲究，可谓是山珍海味，无所不包，无所不及。历史上被公认为最为珍贵的原料叫“八珍”，分为上中下各八珍，共二十四珍品原料。我国烹饪还以选料精细、用法讲究闻名于世。

2. 烹调方法多样

中餐热菜制作常用的基本烹调方法有二十四种：炒、煸、熘、爆、炸、烹、烧、焖、煨、扒、炖、煮、蒸、涮、汆、烩、烤、焗、煎、贴、挂霜、拔丝和蜜汁等。冷菜烹调方法有十几种，主要有：卤、酱、酥、腌、熏、冻、酿和松等。调辅料中更是要讲究“一菜一和”。

3. 菜肴品种多样

各地传统风味名菜统计表明，主要地方菜系肴馔有五千多种。历史记载统计在册的花色品种有六万种，其中菜肴五万多种，点心近万种；再加上无书面记载的民间肴馔，及近年的创新菜肴，估计可达几十万种。仅粤菜一项就有数万种菜肴品种之巨。

4. 菜系流派众多

具有深远影响、发展完善的菜系流派有四大菜系：鲁、川、苏和粤等风味；向外辐射出的八大菜系：鲁、川、苏、粤、湘、徽、闽和浙等风味；相对普及的十二大菜系：鲁、川、苏、粤、湘、徽、闽、浙、京、沪、滇和贵等风味；菜系流派还包含了各种各样的风味菜肴，如民间、市肆、官府、宫廷、寺院、食疗和仿古等各种风味菜肴。

三、中国饮食文化

1. 祭祀文化

中国传统文化讲究“喜事为双，丧事为单”。逢年过节总是要烧钱拜祭。

2. 酒文化

酒在中国传统文化中占据重要的地位。“李白斗酒诗百篇”成为千古佳话。除了强调好的酒和相配的酒杯外，传统酒文化特别推崇饮酒者要有较好的酒品。喝酒的最高境界为“中和”，既无酒不思酒，有酒不贪杯；有酒亦能饮，饮而不过。赵荣光先生把这类人分为酒圣、酒仙、酒贤、酒痴、酒颠、酒狂、酒徒、酒魔和酒贼等。在酒桌上，自古就有“酒令大于军令”之说。在传统酒文化中带有浓厚的娱乐性和文化色彩，真正体现了雅俗共赏的文化包容性。

3. 茶文化

日本茶道追求的是一种与其文化相一致的“和、敬、清、寂”的严肃有礼。中国茶道追求的则是一种与中国传统的儒、佛、道三教合一的“和、静、怡、真”的真性情的最高境界。“和”是茶道的灵魂和核心，也是中庸之道的最主要表现；“与人和”即谦和互敬，讲究饮茶中气氛和谐；“与天地和”即顺其自然，与花荣、与风舞、与日月同欢的阴阳相和的自然和谐。“静”是茶道在达到最高境界的过程表现；即符合道家的“虚静观复法”，体现的是“心静则道明”；也符合佛家的“禅悟之道”，体现的是慧根清静则灵虚；此处的“静”追求的是一种通过品茗而达到心境的宁静。“怡”是品茶的附加获益之处，饮茶与优雅的琴棋书画等文化活动相结合，可以调节品者心情和娱乐节奏，以达到愉悦心情的目的。

4. 餐具文化

中国餐具中最具特色的应为箸和汤匙。筷子的使用符合道家的“和，刚柔适也”的思想。而汤匙的形状也正适合中餐趁热吃的特点，深浅正好，可盛可饮；酒杯、茶杯，用瓷器和陶具主要是为了保香、保温及外观色泽的需要。

第二节　中餐风味类别和潮流菜点

一、中餐风味类别

中餐风味类别大致可有如下八种。

1. 民间风味

俗称“家常菜”，具有浓郁乡土气息的菜肴，用料以家常普通原料为主，如家畜禽、蔬菜和经济海鲜等，烹调方法以炒、烧、蒸、煮和焖为主。各地家常名菜有：回锅肉、东坡肉、麻婆豆腐、糖醋排骨和霉干菜扣肉等。

2. 市肆风味

俗称“餐馆菜”，在餐馆中长期流行的具有制作精细、用料讲究、烹调技法多样、风味独特等特点。各地餐馆名菜有：北京烤鸭、叫化童鸡、佛跳墙、宫保鸡丁、烤乳猪、扒熊掌和黄焖鱼翅等。中国近代名餐馆有全聚德、便宜坊和东来顺等百年老店。

3. 官府风味

俗称“官宴”，官僚、士大夫的家庭菜肴，由家厨制作，用料讲究，注重原滋原味和器具环境的美感享受。较为著名的有：孔府菜的一品豆腐、带子上朝和诗礼朝杏等；广东谭家菜的黄焖鱼翅、蚝油鱼肚、草菇蒸鸡和红烧鲍鱼等；随园菜的冬瓜燕窝、煨乌鱼蛋和鸡汤煨芋羹等。

4. 宫廷风味

俗称“御膳”，供皇宫皇妃食用的菜肴，由民间名厨烹制，原料多为各地进贡的珍品，烹调方法以北方为主，南方为辅，讲究营养搭配和养生之道。主要菜品从周宫的“周八珍”到清朝的“满汉全席”，如熘鸡脯、龙须驼峰和烧鹿筋等。

5. 寺院风味

俗称“素菜”，以道、佛和清真的宫观寺院庙烹制的以植物性原料为主的菜肴。主要有一些素制荤味的菜肴如素鸡、素鸭和素蟹粉等以及纯素的如鼎湖上素。

6. 清真菜（又称回族菜）

广义上的清真菜，是指信仰伊斯兰教的中国少数民族的饮食菜肴。特点有：饮食禁忌严格，选料严谨，工艺精细，食品洁净，菜式多样。其料取材于牛、羊两大类，特别是烹制羊肉菜肴极为擅长。主要名菜有：全羊大菜、砂锅羊头、羊蹄哈尔巴、炸羊尾、羊肝排叉、白扒鸡肚羊、瓤馅牛尾、袈裟牛肉、一品芙蓉虾、清炒驼峰丝、奶汤银丝和它似蜜等。

7. 仿古风味

以古代记载的一些菜肴为依据重新创作或挖掘的菜肴体系，如西安的仿唐膳、松江和苏州的仿红楼宴席等。主要名菜有：驼蹄羹、遍地锦装鳖、老蚌怀珠、鱼翅烩蛏干和乌龙戏珠等。

8. 食养风味

俗称“药膳”，突出营养保健的食养机理的菜肴。其烹调多以炖、煨、清蒸、煮和炒为主。① 补阴虚的有：清蒸甲鱼、冰糖燕窝、冬虫夏草全鸡和海参扣肉等；② 补阳虚的有：十全大补汤、虫草老鸭汤、海马童子鸡、双鞭壮阳汤、人参焖鹿尾、青虾炒韭菜等；③ 润肺的有：川贝雪梨炖猪肺、冰糖银耳等。

二、中餐菜系知识

菜系，是指一地区的饮食经过漫长历史的演变而形成的一整套的、独特的烹调体系，它以有别于其它地区的独特的烹饪手法、特殊的调味品和调味手段、众多的烹饪原料为重要标志。菜系的形成要素主要有：丰富的物产、悠久的历史传统和饮食习俗、烹饪技术的广泛普及和有一大批精于烹饪的技术人才、有一定数量和规模的本菜系的风味餐馆、烹饪文化相对比较发达。

1. 山东菜系

简称鲁菜，是我国烹饪技术的发源地之一。

(1) 济南菜。北起德州，南到泰安，东到淄博等地。菜肴讲究清鲜、脆嫩和纯正的口味，以咸鲜为主，具葱香蒜味及麻酱风味等，精于制汤菜。传统名菜有：芙蓉鸡片、锅塌豆腐、油爆双脆、九转大肠、糖醋黄河鲤鱼、拔丝金枣和蜜汁三果等。

（2）胶东菜。包括福山、烟台和青岛等地。多产海鲜，菜肴讲究原滋原味、清淡鲜嫩。精于清蒸、烤、葱烧、扒、爆、炸、熘和挂霜等。传统名菜有：清蒸加吉鱼、绣球干贝、烤大虾、葱烧海参、扒原壳鲍鱼、油爆海螺片、软炸鲜贝、炸熘贻贝和挂霜丸子（香蕉）等。

（3）孔府菜。孔子家乡曲阜的菜肴。体现了孔子“食不厌精，脍不厌细”的食道精神，以历代帝王祭祀孔子所沿用的菜肴为主。名菜有：孔府一品锅、诗礼银杏、带子上朝、玉带虾仁、怀抱鲤、御笔猴头、熘肉片和冬菇烧蹄筋等。

2. 四川菜系

简称川菜。喜用各种麻辣调味料，有麻辣味、鱼香味、家常味和怪味等，还有酸辣味、椒麻味、红油味和咸鲜味等百味百格为特征。

（1）成都菜。历史上曾是蜀地的中心。口味突出麻味，精于小炒和小烧等。传统名菜有：麻婆豆腐、樟茶鸭子、夫妻肺片、锅巴肉片、宫保鸡丁、回锅肉和赖汤圆等。

（2）重庆菜。历史上曾是巴地的中心。口味偏辣，精于小炒、干烧和干煸等。传统名菜有：鱼香肉丝、干烧岩鱼、干煸牛肉丝、毛肚火锅、清蒸江团和枸杞牛鞭汤等。

（3）自贡菜。是川西北的少数民族聚居地。口味以麻辣并重，精于小煎、白煮和小炒等。传统名菜有：小煎鸡米、水煮牛肉、驼驼肉等。

3. 江苏菜系

简称苏菜或淮扬菜。具有清鲜平和，咸甜适中，口味淡雅的特点；以刀法精妙而闻名，在烹调上擅长炖、焖、煨、焐和烧等烹调法。

（1）淮扬菜。以扬州为中心的淮河流域。扬州素以“三把刀”而闻名，而菜刀为最著。菜肴中有远近闻名的“扬州三头”，即蟹粉狮子头、拆烩鱼头和扒猪头等。水产品丰富，口味以醇厚为主，精于吊汤和火工。传统名菜有：蟹粉狮子头、醋熘桂鱼、三套鸭、大煮干丝、炒软兜长鱼（鳝）、炝虎尾和蛤蜊汤（天下第一鲜）等。

（2）南京菜。口味以醇和为主，精于烹制鸭子（盐水桂花鸭、板鸭和叉烧鸭）和焖炖烤等。传统名菜有：桂花虾饼、炸虾球、凤尾虾、松鼠桂鱼和蛋烧卖等。

（3）苏锡菜。苏州和无锡。口味以咸甜为主，精于烹河鲜、湖（阳澄湖）大闸蟹，精于炸、熘、蒸和烧等烹调法。传统名菜有：碧螺虾仁、雪花蟹斗、香脆太湖银鱼和镜镶豆腐等。

（4）徐海菜。徐州至连云港。口味以鲜咸为主，精于炖、爆、烧、熘、炸和蒸等。主要传统名菜有：霸王别姬、爆乌花、红烧沙光鱼、彭城鱼丸和沛公狗肉等。

4. 广东菜系

简称粤菜。讲究五滋（五滋即清、香、脆、酥和浓）六味（鲜、咸、甜、酸、苦和辣）。

（1）广州菜。包括珠江三角洲平原和部分沿海地带。口味特点清新鲜醇，精于清蒸、软炒、烩、烤和焗等烹调法。传统名菜有：香滑鲈鱼球、烤乳猪、烩蛇羹、菊花龙虎斗、鼎湖上素和脆皮鸡等。

（2）潮州菜。潮州、汕头等地的潮汕平原。口味以清醇香浓偏甜为主，喜用鱼露、沙茶酱和梅膏等调味料。传统名菜有：烧雁鹅、豆酱鸡、红烧鲍鱼，葱姜焗肉蟹、明炉烧螺和太极素菜羹等。

（3）东江菜。又称客家菜，包括梅县、东莞和惠州等地。口味以酥软香浓、偏咸重油为主，少海鲜多野味，精于炖、煲、焗和酿等。传统名菜有：东江酿豆腐、东江盐焗鸡和什锦煲等。

5. 湖南菜系

简称湘菜。品种丰富，味感鲜明而富有菜肴个性。刀工精妙，味形俱佳；擅长调味，麻辣著称；烹调法多以煨㸆为主。

（1）湘中南菜。以长沙、湘潭、衡阳等城市为中心的区域。口味以鲜香酥软为特色；擅长煨、炖、腊、炒和蒸等烹调法。传统名菜有：红煨鲍鱼、清炖牛肉、腊味合蒸、麻辣子鸡和酱汁肘子等。

（2）洞庭湖菜。洞庭湖地区菜肴。口味以清淡鲜嫩为特色；擅长烹制湖鲜和水禽，多用煮、烧和蒸等烹调法。传统名菜有：蒸钵菜（青龙戏珠）、冬笋野鸭、红烧甲鱼、冰糖湘莲和荷叶软蒸鱼等。

（3）湘西菜。湖南西部土家族和苗族聚集地区。口味以浓厚乡土气息为特色；擅长烹制山珍野味和各种腌腊制品，多用烧、焖、炒等烹调法。传统名菜有：红烧寒菌、油辣冬笋尖、板栗烧菜心、湘西酸肉和红烧全狗等。

6. 浙江菜系

简称浙菜。细嫩鲜特的精细选料，清新鲜嫩的口味和清雅细腻的形态；擅长烹制海鲜湖蟹，烹调法主要有炒、炸、烩、熘、蒸和烧等近二十种。

（1）杭州菜。杭州及周围地区。口味以清鲜爽脆和淡雅细腻为特色；擅长烹制湖鲜家常菜，主要有烧、焖、熘、烩和炒等烹调法。传统名菜有：东坡肉、油焖春笋、西湖醋鱼、宋嫂鱼羹、龙井虾仁和叫化童鸡等。

（2）宁波菜。宁波及周围地区。口味以咸鲜为主，兼具浓厚乡土气息；擅长烹制海鲜，主要有烧、烩、煮和蒸等烹调法。传统名菜有：锅烧鳗、黄鱼羹、雪菜大汤黄鱼、三丝拌蛏和奉化摇蚶等。

（3）绍兴菜。绍兴及周围地区。口味以咸鲜兼具乡村风味；擅长烹制河鲜家禽，主要有焖、熘、烧和煮等烹调法。传统名菜有：雪菜干烧焖肉、糟熘虾仁、白鲞扣鸡和清汤鱼圆等。

（4）温州菜。温州等浙南沿海地区。温州菜以海鲜入馔，口味清鲜，淡而不薄；以轻油、轻芡、重刀工的“二轻一重”为特色。传统名菜有：三丝敲鱼、爆墨鱼花、马铃黄鱼、双味蝤蛑、橘络鱼脑和蒜子鱼皮等。

7. 福建菜系

简称闽菜。闽菜以烹制山珍海味而著称，其风味特点是清鲜、和醇、荤香、不腻，注重色美味鲜。烹调擅长于炒、熘、煎、煨、蒸炸等。口味偏于甜、酸、淡，特别讲究汤的制作，其汤路之广、种类之多、味道之妙，可谓一大特色，素有“一汤十变”之称。

（1）福州菜。福州菜起源于福建闽侯县。具有清鲜、淡爽和偏于甜酸等口味特点。讲究调汤，汤鲜、味美，汤菜品种多。擅长用红糟作配料制作的各式风味特色菜。主要名菜有：佛跳墙、荔枝肉、醉糟鸡、糟汁川海蚌、炒西施舌和酸辣海鲜羹等以及锅边糊、肉蛎饼等小吃。

（2）闽南菜。闽南菜主要包括厦门、漳州和泉州等地区的菜肴。闽南菜以讲究作料，善用甜辣而著称。主要传统名菜有：橘味加力鱼等。

（3）闽西菜。闽西菜主要包括闽西北山区。闽西菜具有咸辣和浓郁山区特色。主要传统名菜有：东壁龙珠、爆炒地猴等。

8. 安徽菜系

简称皖菜或徽菜，徽菜在烹调方法上擅长烧、炖、蒸，而爆、炒菜少，重油，重色，重火功。其经营的馄饨鸭、大血汤和煨海参等安徽菜式曾一度风靡上海滩。

（1）皖南菜。是徽菜的主流菜系，起源于歙县（古徽州）包括黄山地区。以烹制山珍野味而著称。具有原汁原味、风味古朴典雅的特点，擅长烧、炖，讲究火功，喜用火腿佐味，冰糖提鲜。传统名菜有：红烧头尾、清炖马蹄鳖、黄山炖乳鸽和腌鲜鳜鱼等。

（2）沿江菜。包括芜湖、安庆及巢湖等地区。具有酥嫩、鲜醇、清爽和浓香等口味特点；擅长红烧、清蒸和烟熏等烹调法，其中尤以烹调河鲜、家禽见长，其烟熏技术也别具一格。传统名菜有：毛峰熏鲥鱼、清香砂焐鸡和无为熏鸭等。

（3）沿淮菜。蚌埠、宿县和阜阳等地区的淮北平原。具有质朴、酥脆、咸鲜和爽口等口味特点；擅长烧、炸和熘等烹调法。传统名菜有：符离集烧鸡、葡萄鱼、奶汁肥王鱼和香炸琵琶虾等。

第三节　中餐面点知识

一、面点

（一）发展简况

我国面点制作历史悠久，在经历了数千年的历史演变后，形成了“南米北面”的两大结构特点，现有上千种名食名点，已成为我国饮食文化的一部分。

（二）面团类型

面团是指用粮食粉料（面粉、米粉及杂粮粉等）掺入适当的水、油、蛋、糖浆等液体原料及配料，经调制使粉粒相互粘连而形成的，用来制作半成品或成品的均匀混合的团、浆的总称。

1. 冷水面团

又称子面，用冷水与面粉调制的面团。特点是色白、筋力强，富有弹性、韧性和延伸性。因加水量不同，它又可分为硬面团、软面团和稀面团三种。硬面团坚实、韧性好，宜于制作面条、水饺、馄饨等；软面团弹性、延伸性好，适宜制作抻面、馅饼等；稀面团延伸性好，适宜作春卷皮、拨鱼面等，如著名的担担面、钟水饺、龙抄手、赖汤圆等。

2. 沸水面团

又称烫面、开水面、全熟面，用沸水在锅中加面粉调制而成的面团。由于水温高，面粉中的蛋白质完全变性，淀粉大量糊化，因而面团黏糯、柔软、无筋力，可塑性强，适宜制作炸糕、烫面饺等，如锅贴饺子、蒸饺、波丝油糕等。

3. 膨松面团

在面团调制过程中加入适当的辅助原料，或采用适当的调制方法，使面团发生物理、化学等反应，产生大量气体，通过加热气体膨胀使制品膨松，呈海绵状组织结构。

（1）生物膨松面团。又称发酵面团，是面粉中加入适量酵母和水拌揉均匀后，置于适宜的温度环境下发酵，使之变得膨胀松软的面团。适宜制作馒头、包子、花卷等。

（2）化学膨松面团。在面团内加入可食用的化学疏松剂（一类是单质疏松剂，如小苏打、臭粉等；另一类是复合疏松剂，由小苏打、酸性物质和填充剂构成，常用的是发粉矾碱），利用其化学特性，使熟制的成品具有膨松、酥脆的特点。其代表品种为油条。

（3）物理膨松面团。利用鲜蛋或油脂经高速搅打，能打进气体和保持气体的性能，然后与面粉等原料混合调制成的蛋泡面糊或油蛋面糊，经加热使面糊内所含气体受热膨胀，这种方法即称为物理膨松法，也可叫做机械力胀发法。其代表品种为各式蛋糕。

4. 油酥面团

起酥类制品所用面团的总称。

（1）层酥面团。即水油面团，有水、油、面混揉而成的面团。

（2）混酥面团。即干油酥面团，只用油脂和面粉揉制的面团构成。其代表品种为龙眼酥、菊花酥、水晶酥等。

5. 浆皮面团

又称提浆面团、糖皮面团、糖浆面团，先把蔗糖加水制成糖浆，再加入油脂和其他配料，搅拌成乳浊液后加入面粉调制而成的面团。代表品种如广式月饼、提浆饼、鸡仔饼等。

6. 米粉面团

事先将大米淘洗、浸泡、磨成浆，然后将水吊干或让其发酵而成的粉团，可分为糕类粉团、团类粉团、发酵粉团3种。其代表品种有汤圆、松糕、泡粑等。

7．薯类面团

一种杂粮类面团，常用的原料有马铃薯、红薯、山药等。薯类含有丰富的淀粉和大量水分，制团时，先将原料洗净放入锅中蒸熟或煮熟，然后去皮、筋，压制成泥或茸，再加入适量的熟面粉或糯米粉、淀粉等配料揉匀而成，如苕饼、山药糕、火腿洋芋饼等。

（三）面点新种类

1．速冻面点

经过快速冷冻的面点生坯或面点熟制品。其优点在于冷冻抑制了微生物的活动和繁殖，减缓被污染而腐败的速度，耐于贮存，最大限度地保持了面点原有的新鲜状态、色泽风味和营养成分。

适用范围有水调面团、发酵面团和米粉面团。适合生冻的品种有水饺类、面条类、蒸饺类、春卷类、烧卖类、汤圆类等；适合熟冻的品种有各种包子类、花卷类、发面糕类、馒头类、八宝饭类等。

2．快餐面点

适合做快餐的一类面点品种，具有独特的风味特色，适合标准化、机械化的生产，适合连锁经营的特征。其组成形式有单一式和组合式之分。现在逐渐流行品尝面点小吃组合套餐。

3．保健面点

既有面点的营养功能、感官功能，又有一般面点所没有或不具备的调节人体生理活动的功能。

（1）养生保健面点。以增进人体健康，调节人体功能为目的，按其功能又可分为：延年益寿面点、抗疲劳面点、健脑益智面点、健肤美容面点、强化面点等。

（2）食疗面点类。以防病治病为目的，又可分为：降压面点、降糖面点、降脂面点、减肥面点、补钙面点等。

二、小吃

小吃是集中国饮食文化的地理区域性、民族独特性、大众普及性、传统典型性、流行悠久性等特点于一体的食品。小吃是由常膳品种演变成小吃，进而成为名小吃，是食品不断精致化、趣味化和打破正餐局限，充分发挥广泛、随机功能的过程。

传统的小吃是指正餐膳品以外的，用于“下酒”的熟食。而今天的“小吃”则是指正餐以外供应的风味食品。如北京的“驴打滚”（豆面糕）；“艾窝窝”、“炒肝”、“豆汁”；天津的“狗不理”、“酥麻花”；江苏的“黄桥烧饼”、“五丁包子”、“苏州汤团”；上海的“南翔馒头”、“四喜饺子”、“素包”、“糯米烧卖”；浙江的“猫耳朵”、“宁波汤团”；四川的“龙抄手”、“赖汤圆”、“担担面”、“三大炮”等等。

第四节　中餐烹饪原料知识

一、烹饪原料分类方法及类别

（1）按生物学分为动物性、植物性、矿物性和合成性原料。

（2）按原料加工程度分为鲜活原料和制品原料（干货和制品）。

（3）按菜肴用途分为主料、配料和调味料等。

（4）按商品学体系分为以下几种。

① 肉品类：家畜类、家禽类、野味类、肉制品。

② 蛋乳类：蛋与蛋制品、乳与乳制品。

③ 水产品类：鱼类（淡水鱼类和海水鱼类）、腔肠动物类（海蜇）、软体动物类（扇贝、贻贝、牡蛎和章鱼等）、棘皮动物类（海参）、甲壳动物类（虾、龙虾、河蟹和梭子蟹等）、水产制品（咸鱼、熏鱼、鱼松、鱼肚和鱼唇等）。

④ 果蔬类：蔬菜类（叶、根、茎、花、果菜和菌藻类）、果实类（鲜果、干果、果脯和蜜饯等）。

⑤ 粮食类：谷类及制品、豆类及制品。

⑥ 食用油脂：动物油、植物油、油脂加工品。

⑦ 调味料、香辛料和添加剂。

二、动物性原料知识

（一）家畜类

（1）猪。分华南猪和华北猪。华南猪的品质较好，如广东的梅花猪：皮薄肉质鲜嫩，骨骼细小，一般为65千克重，宜制作烤乳猪；浙江的金华猪：皮薄肉嫩，瘦肉多，脂肪少，一般为75～100千克重，宜制作火腿等。

（2）牛。分为黄牛、水牛和牦牛。如内蒙古和西北的黄牛、川浙湘的水牛、西北和青藏高原的牦牛（鲜红细嫩优于一般黄牛肉），其中以秦川的黄牛肉最好，具有补气养血，健脾强筋骨等滋养。牛的肉质特点为肌纤维粗壮，肌间组织较多。适用于爆炒（酱爆牛肉）、滑炒（蚝油牛肉）和炖焖卤牛肉等烹调法。

（3）羊。南方产山羊，北方产绵羊，以内蒙古、西藏和哈萨克绵羊较好。具有补虚损、祛寒、助阳生精血等滋养。肉质特点为羊肉肌纤维细腻而长。适用于烧、烤、滑炒、清炒、炖、焖和涮（多加胡萝卜和萝卜等）等烹调法。

另外，还有“天上龙肉，地上驴肉”的驴肉；与鸡肉营养相似的兔肉等。

上述畜类的内脏具有吃啥补啥的特点，特别是肝具有明目的作用；如火锅毛肚（牛）、爆炒腰花（猪）、熘肝尖（猪羊）和九转大肠等。

（二）家禽类

（1）鸡。肉用鸡：江浙的4500克黄、浦东的三黄鸡（细嫩鲜美，体积大）；蛋用鸡：来航鸡（体积小，肉质差）；肉蛋兼用鸡：江苏的狼山鸡（体积中等，肉质好，产卵多）；药用鸡：江西的竹丝鸡、湖北的乌骨鸡。鸡富含蛋白质、不饱和脂肪酸，补五脏脾胃虚弱，素有“补品之王”之称。肉质特点为肉质细嫩。适于爆（酱爆鸡丁）、炒（韭黄鸡丝）、白煮（白斩鸡）、炸（油淋子鸡）、焖烤（叫化鸡）、熏（茶叶熏鸡）、烤烧、香酥和清炖等烹调法。

（2）鸭。肉用鸭：北京的白河鸭（烤鸭）；蛋用鸭；肉蛋兼用鸭：江苏的高邮鸭（咸鸭、南京板鸭）、苏州的锦鸭（麻油鸭）、福建的番鸭达10多斤重。鸭汤治虚弱，鸭肉补瘦弱、生肌。肉质比鸡肉粗。适用于烤（北京烤鸭）、炖（老鸭汤）、香酥、熏（樟茶鸭子）和酱卤等烹调法。

（3）鹅。广东的狮头鹅、江苏的太湖鹅。解热增气力，与黄酒冰糖同烧补气滋养。肉质较老，脂肪较少，熟品呈干香等特点。适用于烧（广式烧鹅）、烤、糟（糟鹅）和煮（盐水鹅）等烹调法。

另有鸽子（炒鸽松、卤鸽）、鹌鹑（炸鹌鹑、炖汤）和火鸡（大烤火鸡）等。

（三）淡水鱼类

淡水鱼类分经济鱼和名贵鱼，共有500多个品种。

（1）青鱼（青鲩鱼）。捕捞季节为秋冬，重3500～4000克。补气化温，可治脚气、下肢麻痹等。肉多刺少，细嫩鲜美，适用于炸（软炸鱼条）、炒（抓炒鱼片）、烧（红烧肚裆）、焖（红焖鱼头）和炖等烹调法。

（2）草鱼（鲩鱼）。捕捞季节为秋冬，重1500～3500克。暖脾胃，补气血，可治体虚头痛（风湿）。肉厚刺少，细嫩鲜美。适用于烧（红烧鱼块）、醋熘（西湖醋鱼）和炖焖煮等烹调法。

（3）鲢鱼（白鲢）。捕捞季节为春秋，重1000～2000克。补虚暖胃，可治面瘦黄、气短食少。肉多刺少，细腻鲜美。适于烧（红烧鲢鱼）、焖（焖鱼块）、蒸（盐腌后再蒸）和炖等烹调法。

（4）鳙鱼（花鲢、胖头鱼）。捕捞季节为春秋，重2000克左右。温肾补脾暖胃，可治瘦弱乏力、腹胀少食。肉多刺少，细腻鲜美。适用于烧（红烧鱼）、焖（焖鱼块）、炸（炸鱼块）和炖（砂锅鱼头粉皮）等烹调法。

（5）鲫鱼。捕捞季节为春秋。温中下气，可治水肿、肠胃出血等。肉质细腻，肉少多刺。适用于炖（萝卜丝炖鲫鱼汤）、㸆（葱㸆鲫鱼）、酥（海带酥鲫鱼）和红烧、氽等烹调法。

（6）鲤鱼。捕捞季节为春秋，重2500～3000克。催乳健胃利水，可治孕妇水肿等。肉质丰满，肉多刺少。适用于烧（干烧鲤鱼）和炖、蒸、炸、滑炒、油浸等烹调法。

（7）鲈鱼。捕捞季节为春秋，具有益脾补肝肾等滋养作用。肉质细腻，鲜美，刺少肉厚。适用于烧（干烧鲈鱼）、蒸（清蒸鲈鱼）和煮（明炉鲈鱼）等烹调法。

（8）鳜鱼（桂鱼）。捕捞季节为秋冬，重1000～1500克。益气补虚，可治气短乏力咳嗽等。肉多刺少，含脂高味鲜美。适用于清蒸（清蒸鳜鱼）、熘（松鼠鳜鱼）、炖（明炉鳜鱼）和煎（干煎鳜鱼）等烹调法。

（9）鲥鱼。捕捞季节为立夏时节（4～5月），重1000～2500克。补虚健胃脾，可治瘦弱咳嗽等。肉质较细腻，刺少，鱼鳞含脂高，鲜美。适用于清蒸（清蒸鲥鱼）、烧（红烧鲥鱼）和炸（软炸鲥鱼）等烹调法。

（10）鳝鱼（太湖银鱼、河鳗和甲鱼）。四季可捕捞，补虚损，益气清污，生病者不可食用。肉质细腻，刺少。适用于焖（鳝筒煲）、炒（清炒鳝糊）和熘（炸熘马鞍桥）等烹调法。清蒸银鱼、软炸银鱼和银鱼摊蛋；清蒸、豉汁和蜜汁鳗鱼；清蒸和红烧甲鱼等。

（四）海水鱼类

海水鱼类分近海经济鱼和深海鱼，共有1000多个品种。

（1）黄鱼。分大黄鱼和小黄鱼，捕捞季节为春秋。健身开胃益气，补体虚；鱼鳔有止血的功效。肉质细嫩鲜美，刺少肉多，呈蒜瓣状。适用于烧（红烧黄鱼）、煎（干煎黄鱼）、烩（黄鱼羹）、熬（雪菜黄鱼汤）和熘（糖醋松鼠黄鱼）等烹调法。

（2）带鱼（刀鱼）。分小带鱼、白带鱼和沙带鱼等，捕捞季节为春秋。可补益五脏，可治食少瘦弱、皮肤干燥等。肉嫩味鲜，肉多刺少。适用于烧（雪菜带鱼煲）、炸（炸带鱼块）、炒（韭青炒带鱼）、煎（干煎带鱼）和烹（炸烹带鱼）等烹调法。

（3）鲳鱼（镜鱼）。捕捞季节为春秋。可补益气血，健胃充精等。肉质滋味鲜美，肉多刺少。适用于烧（红烧镜鱼）、蒸（清蒸鲳鱼）、煎（煎焖镜鱼）和烤（烟熏鲳鱼）等烹调法。

（4）鳕鱼（银鳕鱼）。捕捞季节为夏冬。健身益气，补体虚；富含维生素，可制药用鱼肝油。肉质细腻，刺少肉多。适用于烧（红烧鳕鱼、雪菜鳕鱼）、蒸（清蒸鳕鱼）、炸（油炸浸卤鳕鱼）和煎（干煎鳕鱼）等烹调法。

（5）海鲈鱼。捕捞季节为春秋，具有益脾补肝肾等滋养。肉质细腻，鲜美，刺少肉厚。适用于烧（干烧鲈鱼）、蒸（清蒸鲈鱼）和煮（明炉鲈鱼）等烹调法。

（6）刺身鱼。文鱼（大马哈鱼）、北极贝（贻贝）、金枪鱼、八爪鱼（章鱼）、象鼻蚌和龙虾等。

三、植物性原料知识

（一）蔬菜类

常见的有200多种，国内常用的有80种，是素食的主体成分；可作主辅料和调料等；含有丰富的维生素和矿物质等营养成分。

1. 根据蔬菜食用部分分类

（1）叶菜类。白菜、油菜、菠菜、苋菜、雪里蕻和荠菜等。

（2）茎菜类。地上茎（莴笋、竹笋和茭白等）；地下茎（马铃薯、芋头、藕、荸荠、姜、大蒜、洋葱和百合等）。

（3）根菜类。萝卜、胡萝卜和山药等。

（4）果菜类。茄果类：茄子、西红柿、菱角和辣椒等；瓜菜类：黄瓜、冬瓜、南瓜、北瓜（倭瓜）、丝瓜和西葫芦等；荚果类：毛豆、四季豆、扁豆、蚕豆（罗汉豆）、刀豆（豆角）和荷兰豆等。

（5）花菜类。花菜（菜花）、西兰花和韭菜花等。

（6）菌类和藻类。竹荪、蘑菇、金针菇、木耳、莼菜和海带等。

2. 主要蔬菜简介

（1）大白菜。北方冬春季节缺菜期所食用的一种主要蔬菜；富含维生素，具有利肠胃、除胸烦和解酒毒等作用；适用于熬（奶汤白菜）、扒（扒三白）、腌（四川泡菜）、熘（醋熘白菜）、炒和涮等。

（2）甘蓝（包心菜）。富含维生素C，在蔬菜中最多为60毫克/100克，可与甜橙相当；在酒店中多用于装饰和围边等；适用于炒和腌制等。

（3）菠菜。原产波斯，因其颜色形态又有红嘴绿鹦哥的美称。因高含草酸，不能与豆腐同煮食，易产生草酸钙导致结石。适用于生煸、汤和馅泥等烹调法。意式菜用其做面条的染料。

（4）芹菜。分中芹和西芹。其叶菜富含维生素C，是茎的6倍，具有消热止咳、健胃和利尿等滋养。适用于爆炒（芹爆鱿鱼）、炝（金钩西芹）、炒（滑炒海鲜）和作馅心（烧卖、饺子等）等烹调法。

（5）荠菜。富含多种维生素，可治高血压、眼底出血、牙龈出血和肾炎水肿。适用于凉拌（荠菜香干）和作馅心（饺子馅）等烹调法。

（6）香菜（芫荽）。常作调料，适用于炒（香菜梗炒肉丝）、爆（芫爆腰花）和烩（黄鱼羹）等烹调法。

（7）竹笋。分春笋和冬笋，其干制品又称玉兰片。具有清肺化痰和消渴利尿等滋养。适用于煮（鸽子汤）、炒（春笋虾仁、冬笋肉片）、扒（植物四宝）和炝（金钩玉兰片）等烹调法。

（8）芦笋（龙须菜）。具有抗癌的滋养。适用于煨（鲜蘑龙须菜）、炝（麻辣芦笋）和焯（水焯芦笋）等烹调法。

（9）莴笋（莴苣）。食用于4～5月或10～11月。可治贫血病。适用于炒（蚝油莴叶）、炝（金钩凤尾）和烧（麻酱笋尖）等烹调法。

（10）荸荠。具有化痰利便的作用，肠胃病的老人和幼儿不宜多吃。适用于生食、熘（荸荠荔枝肉）和烩（甜羹）等烹调法。

（11）常见菌类和藻类。富含高蛋白，低脂肪，多种人体必须氨基酸、维生素和多糖等营养成分。

① 蘑菇。具有化痰、理气和降低血糖等作用。适用于炒（炒双菇）和作馅心。

② 黑木耳。润肺生津，滋阴养胃，益气和血，补脑强心。适用于炒（木耳炒鱼片）及作配料等。

③ 银耳。润肺，降血压。可治血管硬化和眼底出血等。适用于烧（芙蓉银耳）和

做甜羹（冰糖银耳）等烹调法。

④ 猴头菇。具有助消化和抗癌等作用。适用于烧（红烧猴头蹄筋）、氽（氽猴头鸡片）、煮（砂锅猴头）和炝（炝猴头板筋）等烹调法。

⑤ 金针菇。富含赖氨酸和精氨酸，可预防肝脏和消化道疾病。适用于炒（金针菇炒肉丝）和凉拌（凉拌金针菇）等烹调法。

（12）香料——番红花。番红花也叫藏红花，是最为昂贵的一种香料，素有香料中的红色黄金之称，每千克番红花价值4000美元左右。番红花香料是用番红花的花蕾制作而成，鉴别时可以把其涂在白纸上，看其颜色为黄色则为真品。番红花的最大出产国为伊朗，其次为摩洛哥，西班牙的海鲜饭和浓汤中经常加入番红花。番红花还是一种麻醉剂，一次用量超过15克则有生命危险。加入糖还可以作为皮炎的治疗用药。

（二）果实类

（1）苹果。以“国光”、“红富士”品质最佳，甜脆中略带酸味；有益气，生津止渴，健脾胃等作用。适用于制作酿苹果、水果羹和拔丝苹果等菜点。

（2）梨。以白梨中的鸭梨最佳，脆嫩多汁，香甜可口；具有润肺清心，消痰降火等作用。适用于制作梨膏糖、酸辣白菜、八宝酿梨、炸脆梨鸡和鸭梨素鱼片等菜点。

（3）橘子。有南橘北橘之说，以黄岩、温州的蜜柑最佳。表皮清新，果汁充裕。适用于制作橘子羹和拔丝蜜橘等菜点。

（4）香蕉。原产于马来西亚，有润肺，滑肠和疏通经络等作用。适用于制作软炸香蕉、熘蜜汁香蕉和拔丝香蕉等菜点。

（5）核桃（胡桃、羌桃）。核桃以皮薄核大为好；具有治疗肾亏腰痛，精神衰弱等作用。适用于制作琥珀核桃、鸡粥桃仁和桃仁鸡丁等菜点。

（6）白果。白果即银杏的果仁，以果实成熟饱满，外壳白净为好。收敛化痰止渴，润肺益气和利尿等滋养。适用于制作挂霜白果等菜点。

（7）杏仁。清凉解毒滋养。适用于制作滑炒海鲜和杏仁肉片等菜点。

（8）其他：芒果、菠萝、哈密瓜、猕猴桃和草莓等。

（三）调味原料（略）

（四）酒品（部分外国酒）的烹调用途

清汤加白兰地，鱼虾加白兰地、干白葡萄酒，贝类加入白兰地，鸡、鸭、牛和猪肉加入雪利酒、玛德拉酒，羊肉和野味加入红葡萄酒，烤鸡、焗火腿加入香槟酒，甜点、水果点心加入少许朗姆酒或利口酒。

第五节　中式烹调技术知识

一、中式烹调操作流程

原料选择——原料初步加工——初步熟处理（焯水、水煮、走红、过油和汽蒸）——制汤（奶汤、清汤和素汤等）——刀工处理（块、片、条、丁、粒、末和茸等原料基本成形）——整料出骨——上浆挂糊勾芡——调味（码味、定味和入味）——装盘

二、中式烹调法知识

（一）凉菜烹调法

1. 冷制凉吃

烹饪原料不加热熟制，仅经腌渍、调味装盘而成菜的冷菜。主要适用于蔬菜类原料。

生拌：将原料加工切配成丝、丁、片、块或条状等规格，用调味料拌制成菜的制作方法。① 直接生拌：蒜泥黄瓜、红油莴笋、糖醋金针菇和葱油海蜇等。② 腌制拌：葱油莴笋、麻辣萝卜丝、酸甜仔姜和酸辣白菜等。腌：醉蟹、糟鸡和珊瑚雪莲等。

2. 热制凉吃

烹饪原料经过加热熟制后，晾凉，再进行刀工处理、装盘而成菜的凉菜。烹制方法有以下几种。

（1）熟拌。原料经熟制（炸、煮、氽和烧等）晾凉后加工成片、丝、条、块、丁和末等规格，再用调制的复合味汁拌制成菜。适用于大部分原料，具有各种热制菜肴的特色：如炸制的则滋润酥脆、醇香浓厚（鱼香蚕豆）；煮制的则滋润细嫩、鲜香醇厚（红油肚丝）；氽制的则细嫩爽口（金钩芹菜）；烧制的则嫩脆柔软、本味醇厚（烧拌茄条）等。

（2）炝。将切配成形的原料，以滑油或沸水焯过，加入以花椒油（或香油）、胡椒粉等调味品调拌成菜。适用于新鲜、细嫩、清香的动植物原料。具有色泽美观、脆嫩醇厚的特点。菜例：滑炝虾仁和炝金钩芹菜。

（3）炸收卤浸。将原料清炸或干炸后，加入调制的复合味和汤汁，中小火加热收汁或倒入调制的复合味中，浸泡入味成菜。适用于新鲜、细嫩的鱼虾、豆制品与无肥膘的禽畜肉（鸭、鸽子和牛肉），具色泽美观、滋润酥松、醇厚的特点。菜例：陈皮牛肉、芝麻肉丝、油爆虾和卤浸腐竹等。

（4）酥。将原料初步熟处理（焯水）后，有顺序地排入大锅内，加入以醋为主的调味料；再用小火焖至酥软成菜。适用于新鲜细嫩的动植物原料，具有骨酥肉软、香酥可口的特点。菜例：酥鲫鱼、酥海带（藕）等。

（5）酱。将原料腌制或焯水后，再放入酱汁中烧沸，用小火煮至酥软捞出，再收浓余汁浇于原料上。适用于新鲜细嫩、滋味鲜美的原料（鸡、鸭、牛肉、肚），具有酥烂味厚、浓郁醇香的特点。菜例：酱鸡（鸭、牛肉和肚等）。

（6）卤。指将原料焯水后，放入卤汁（红卤、白卤）煮沸后改小火至熟且入味后，再捞出改刀装盘。适用于新鲜细嫩、滋味鲜美的原料（鸡、牛肉、猪肚、牛肚、内脏等），具有色泽美观、香鲜醇厚、软熟滋润的特点。菜例：卤鸡（爪、胗）、卤牛肝、卤

牛肉和卤猪肚等。

(7) 烤。将原料调味浸渍后，放入以炭木或煤气为燃料的烤炉或红外线烤炉中，直至成熟晾凉改刀成菜。适用于新鲜细嫩、味美的大型原料（鸡、鸭和猪肉等），具有色泽红亮、醇香脆嫩的特点。菜例：烤鸡、烤鸭和叉烧肉等。

(8) 熏。指将原料调味处理后，放入熏料（木屑、茶叶、砂糖和大米等）锅中烟熏制成菜。适用于细嫩的动物原料，色泽美观，具有熏料的芳香味。菜例：熏蛋、烟熏板鸭和烟熏排骨等。

(9) 冻。将原料烹制成熟后，在原汤汁中加入胶质（琼脂、鱼胶和肉皮冻）冷却后使之凝结成菜。适用于细嫩鲜美的动物和水果原料，具有色泽美观，晶莹透明，柔滑爽口的特点。菜例：水晶冻肘、什锦果冻和羊肉冻等。

（二）热菜烹调法

1. 炒

将原料加工成块、片、条、丝、丁等小块形状后，用中火在较短的时间里加热成熟，调味成菜的烹调法。

(1) 滑炒。将经过加工切配或自然形态的动物性质的原料，码味上浆，投入中少量的温油中滑油或少量油快速旺火烹制，再拌炒调味勾芡或淋对汁芡成菜的烹调法。成菜具有柔软滑嫩、紧汁亮油的特点。菜例：五彩鱼丝、宫保鸡丁、蚝油牛肉和清炒虾仁等。

(2) 软炒。将经过加工成泥茸状的半成品原料，用汤或水调制成泥状或半流体；再用中火少量油翻炒凝结成菜的烹调法。成菜具有细嫩软滑或酥香油润的特点。菜例：炒鲜奶、雪花鸡脯、三不粘和蚕豆泥等。

(3) 生炒。将切配后的小型原料，不经上浆、挂糊，直接上锅旺火热油快速炒制成菜的烹调法。成菜具有鲜香脆嫩，清淡汁薄，色彩亮丽的特点。菜例：荠菜炒冬笋、肉末豆芽、牛肉萝卜丝和白油茭笋丝等。

(4) 熟炒。将初步熟处理的原料经切配后不码味、不挂糊上浆、不勾芡，用中火热油加配料炒制成菜的烹调法。成菜具有酥香滋润，亮油不见汁的特点。菜例：回锅肉（肠）、蒜薹腊肉和仔姜鸭丝等。

(5) 干炒（干煸）。将切配后的原料，以少量油，中火热油，较长时间翻拨，煸干原料的水分，再调味入味成菜的烹调法。成菜具有干香滋润，亮油无汁的特点。菜例：干煸牛肉丝和干煸芸豆等。

2. 熘

将加工切配成丝、丁、片或块的小型或整形原料，经滑油、炸制、蒸或煮等加热成熟后，再用宽汁芡沾裹或淋浇汁成菜的烹调法。

(1) 脆熘。将加工成形的小型原料，经码味后再挂糊或拍粉（或先蒸熟再拍粉），放入热油锅中炸至外香脆酥松，里鲜嫩软熟，然后浇淋或粘裹芡汁成菜的烹调法。成菜具有外脆松酥香，里鲜嫩软熟的特点。菜例：糖醋鲤鱼（脆皮鱼）、鱼香酥皮鸭、咕噜肉和茄汁桂鱼等。

（2）滑熘。将加工切配成形的小型原料经码味上浆后滑油至断生，再放入调好味的芡汁中翻炒成菜的烹调法。成菜具有滑润鲜嫩，清淡宽汁的特点。菜例：滑熘肉片、糟溜鱼片、翡翠虾仁和鲜熘鸡丝等。

（3）软熘。将加工成半成品的原料（经煮、蒸和汆等），再浇上调味的稀芡汁成菜的烹调法。成菜具有滑润清鲜、汁宽味厚的特点。菜例：西湖醋鱼、白汁五柳鱼和软熘鱼丸等。

3. 蒸

将经过切配、调味的原料，利用蒸汽加热成熟或酥烂入味成菜的烹调法。

（1）清蒸。将切配的原料调味后，放入蒸屉蒸制成菜的烹调法。成菜具有本色本味，细嫩软熟，清淡汁清的特点。菜例：清蒸鲥鱼（刀鱼）和清蒸全鸡等。

（2）粉蒸。将加工切配后的原料，放入调味汁浸渍后，用适量的大米粉拌匀后，上蒸屉蒸至软熟糯成熟的烹调法。成菜具有软糯滋润、油而不腻、鲜香醇浓的特点。菜例：粉蒸牛肉（肉片、鱼和排骨等）。

（3）旱蒸。将原料初步熟处理加调味品调匀后，加盖或密封上蒸屉蒸熟成菜的烹调法。成菜具有形态完整、鲜嫩或软熟的特点。菜例：八宝糯米饭、旱蒸鲤鱼中段和芽菜肘子等。

4. 爆

将经刀工切配成小型状或花刀状的脆韧原料，投入中油量，热油或沸水中旺火快速成熟再调味成菜的烹调法。根据介质、调辅料不同可分为汤爆、油爆、酱爆、芫爆和葱爆等，成菜具有形状美观、脆嫩清爽、紧汁亮油的特点。菜例：油爆双脆、汤爆肚、葱爆鱿鱼花和酱爆里脊片等。

三、菜肴点缀知识

1. 围边装饰法

以一定的装饰物，将菜肴全部围起来或部分围起来，使其形成美观的形状和色彩。常用的围边图案有：圆形、椭圆形、正方形等封闭型；扶手形、对边形等半封闭型等。常用的围边原料有苹果、生梨、番茄、橘子、洋葱、黄瓜、南瓜、胡萝卜、萝卜、樱桃、青红椒、香菜、生菜、荷兰芹、西兰花和鲜花等。

2. 点缀装饰法

在盘子的某个部位，另外用一些原料进行装饰，具有画龙点睛之妙处。菜肴点缀形式活泼，手段多样。点缀物可为平面雕品，也可是立体雕品，可放于盘外围、中间或两侧，或嵌于造型中央。但不论怎样，不能违背美的造型规律，即色协调，形相宜，均衡对称等，以获得造型美观的效果。总的要求是和谐素雅，不得喧宾夺主；要画龙点睛，不得弄巧成拙。

第八章　饮食营养与卫生安全

第一节　人体必需的营养素

一、营养与健康长寿

营养是世间一切生物赖以生存、生长、发育的最重要的物质。所有动物完成营养过程都表现为饮食及其新陈代谢，食物就是营养的物质基础。大自然为人类提供的各种食物中蕴含着人体必需的四十多种营养素，分为七大类，即蛋白质、脂类、糖类、无机盐、维生素、水和膳食纤维。营养素的基本功能有三方面：一是构成机体组织主要成分；二是供给身体生长、发育和更新组织所需原料；三是调节人体各种生理功能和提供人体所需能量。

作为一名职业点菜师除了为顾客介绍菜肴的风味特色，最重要的是根据顾客的具体情况（年龄、性别、劳动强度）为其度身定制一套既符合其自身营养规律，又避免各种食物中的营养成分互相干扰而降低食物营养价值，甚至产生有害物质，并且采用营养素损失最小、有害物质产生最少的烹饪加工工艺制作的菜点；同时根据顾客的健康状况与身体素质，严格地将可能导致其旧病复发的食物或导致过敏反应的过敏源剔除干净。职业点菜师必须熟练掌握食品中可能存在的有害物质及其预防措施，为顾客把好食品卫生与安全关，使顾客在就餐过程中吃得营养、吃得健康、吃得卫生、吃得安全、吃得放心、吃得舒心。

二、蛋白质

（一）蛋白质的组成

蛋白质是生命的物质基础。氨基酸是组成蛋白质分子最基本的单元，在天然食品中有二十多种氨基酸，其中有八种氨基酸是人体自身不能合成或合成速度不能满足机体需要，必须从食物摄取，称之为必需氨基酸。

（二）蛋白质的分类

1. 完全蛋白质（优质蛋白质）

所含必需氨基酸种类齐全，数量充足，相互比例适当。完全蛋白质不但能维持人体正常生命活动，而且能促进机体生长发育。存在于家畜（猪、牛、羊）、家禽（鸡、鸭、鹅）、蛋、乳、水产品（鱼、虾、蟹、贝壳类）等动物性食物及大豆和豆制品（豆腐、豆腐衣、豆浆、豆腐干）中。

如何选择各种富含优质完全蛋白质的动物性食物？“吃四条腿（指猪、牛、羊等家畜）不如吃两条腿（指鸡、鸭、鹅等家禽），吃两条腿的不如吃没有腿（指鱼、虾、蟹、贝类等）”，这一生动而形象的顺口溜做了很好的回答，它们都富含优质的完全蛋白质，但含量和种类不同。

2. 半完全蛋白质（普通蛋白质）

所含必需氨基酸种类齐全，但数量不足，相互比例不适当。半完全蛋白质只能维持生命，不能促进生长发育。这种蛋白质存在于大米、面粉、高粱、小米等粮谷类中。

3. 不完全蛋白质

所含必需氨基酸种类不全，数量不足，比例不当。不完全蛋白质既不能维持正常生命活动，更不能促进生长发育。存在于动物结缔组织（毛发、表皮、骨骼、韧带、筋膜）中。蹄筋、鱼翅、海参、肉皮、甲鱼的肥厚裙边，属于不完全蛋白质的一类食物。

（三）蛋白质的生理功能

1. 蛋白质的生理功能

（1）构成机体，维持生命。蛋白质是构成人体组织的重要成分，是人体生长、发育、组织修复不可或缺的重要成分。

（2）调节生理功能。参与体内重要生理功能的调节，作为人体生化反应的催化剂、体内物质吸收、运输、贮存的载体、保护机体抵御病原体侵袭的抗体。调节体液酸碱平衡，维持人体正常渗透压，遗传信息传递。

（3）供给能量。1 克蛋白质彻底氧化可释放约 4.2 千焦能量。

2. 蛋白质的互补作用

蛋白质的互补作用是指两种或两种以上食物蛋白质混合食用时，其所含的必需氨基酸可相互配合，取长补短，使混合食物蛋白质中必需氨基酸种类、数量、比值更接近人体的必需氨基酸模式，从而提高混合食物蛋白质的营养价值。

利用蛋白质互补原理，参与互补的食物蛋白质种类越多、种属越远，效果越好；不同食物蛋白质食用间隔时间越短效果越好。以黄豆炖猪蹄为例，黄豆为植物性食品，而猪蹄为动物性食品，种属相隔甚远，两者差异性大，互补性很强。日常膳食中人们往往不自觉地运用着蛋白质互补作用原理，如素什锦、菜肉包、锅焗豆腐、杂和面等等。

（四）蛋白质缺乏与过多

1. 蛋白质的供给量

我国营养学会建议：成人每天每公斤体重应摄入1.2～2.5克蛋白质，要保证三分之一以上为优质的完全蛋白质，或由蛋白质提供能量占每日所需总能量的10%～14%。

2. 蛋白质缺乏

蛋白质摄入不足则导致体重减轻、贫血、免疫力下降、伤口愈合不良、慢性腹泻、皮肤有特殊的红斑，尤其是婴幼儿、青少年对蛋白质不足反应更敏感，突出表现为生长发育迟缓，甚至智力发育障碍。

3. 蛋白质过多

过多的蛋白质摄入往往与低植物性或高动物性膳食有关，由此会引起膳食纤维、维生素、无机盐等的缺乏，饱和脂肪酸、胆固醇过量摄入，增加心血管疾病、肠道癌症发生率。增加肝脏的负担，导致尿中钙的丢失增多。

4. 对食物蛋白质营养评判中的误区

（1）误区一。烤麸、油面筋营养价值等同于豆制品。豆制品是富含优质完全蛋白质的食物，而烤麸、面筋则是富含半完全蛋白质的食物，两种食物蛋白质的营养价值相去甚远，不可同日而语。

（2）误区二。鱼翅、海参营养价值高于鸡蛋、豆腐。按照营养学的原理分析，这些食物虽然都属于高蛋白食品，但鱼翅、海参主要含有不完全蛋白质，而鸡蛋、豆腐则以完全蛋白质为主，显然鸡蛋、豆腐营养价值要高于鱼翅、海参。

三、脂类

脂类是生命的构成物质，主要是由碳、氢、氧（C、H、O）及少量硫（S）、磷（P）等元素组成。脂类是人体的重要组成成分，也是食物中含有的重要营养素。

（一）脂类的生理功能

（1）参与构成人体。脂肪是机体重要贮能物质，1克脂肪彻底氧化能产生约38千焦热量。类脂又是构成机体生物膜结构及类固醇激素的重要成分。

（2）供给能量。皮下脂肪可保温隔热。

（3）保护固定人体的脏器。位于内脏器官及关节处脂肪组织还起到缓冲作用。

（4）促进脂溶性维生素吸收。提供人体必需脂肪酸。

（5）由于脂肪在胃中的排空时间长，故可增加饱腹感。

（6）脂肪能改善食物感官性状，改善食物色、香、味。

（二）脂肪和必需脂肪酸

1. 脂肪

脂肪是由甘油与脂肪酸缩合成的甘油三酯混合物，各种动物脂肪的区别在于构成其脂肪酸种类的不同。

脂肪食物来源：主要存在与动物肥膘、蛋、奶及各种植物油中。

脂肪供给量：由脂肪提供能量占人体每日所需总能量的20%～25%比较合理，最多不能大于30%。

2. 脂肪酸

构成脂肪的脂肪酸自然界存在40多种，按化学结构将脂肪酸分为以下几种。

（1）饱和脂肪酸。如硬脂酸、软脂酸等，存在于动物尤其是家畜脂肪中。其熔点较高，多数在常温下呈固态，习惯称为“脂”。摄入过多，则堆积在心血管壁、肝脏，引发高血脂、高血压、动脉硬化、脂肪肝。

（2）不饱和脂肪酸。普遍存在于植物中，常温下多呈液态，习惯称为“油”，如豆油、芝麻油、花生油。

3. 必需脂肪酸

从营养角度可把脂肪酸分为必需脂肪酸和非必需脂肪酸。必需脂肪酸是指机体生理必需，而体内又不能合成，必须由食物供给的多不饱和脂肪酸，包括亚油酸、亚麻酸、花生四烯酸三种。

（1）必需脂肪酸的生理功能。必需脂肪酸是机体组织细胞的组成成分，能促进人体胆固醇代谢，是合成前列腺素的必需前提物质，保护人体皮肤免受X射线、紫外线的损伤。

（2）必需脂肪酸缺乏症。导致鳞屑样皮炎、湿疹、高胆固醇引发的心血管疾病、不孕症等。

（3）必需脂肪酸食物来源。主要存在于植物油中，尤其是橄榄油、茶油、红花油、豆油。其次存在于家禽、鱼类等动物脂肪中。

（三）类脂

1. 磷脂

能促进人体内胆固醇的溶解和代谢，起到清除体内多余脂肪和胆固醇作用，从而防止动脉粥样硬化。从大豆、核桃、蘑菇、蛋黄、动物脑、肝、肾、瘦肉中可以获得磷脂，大豆卵磷脂的降血脂作用优于蛋黄中的卵磷脂。

2. 固醇

（1）动物固醇。主要指胆固醇，以动物脑、内脏、蛋黄、鱼子中含量最为丰富，其次是家畜肥膘、蛤贝类，而家禽、鱼类、奶类含量较低。胆固醇为人体合成类固醇激素和胆汁酸，但人体血液中胆固醇浓度过高，有引发心血管疾病的危险。

（2）植物固醇。来自粗制粮谷类、豆类等植物性食物，如麦角固醇、豆固醇等，其可促进饱和脂肪酸和胆固醇的代谢，具有降血脂与降胆固醇作用。

四、糖类

（一）糖类的分子组成

糖类主要是由碳、氢、氧（C、H、O）三元素组成，所以又称为碳水化合物。经植物光合作用合成的，构成植物细胞骨架或作为能源储备物质储存于动植物体内。

（二）糖类的结构

1. 单糖

单糖是糖类最基本结构单位，可直接被人体吸收。营养学上有重要作用的单糖有：葡萄糖。又称血糖，人体能量最直接来源，主要存在于果蔬中；果糖。甜度最大的糖，存在于水果、蜂蜜中；半乳糖。甜度最小的单糖，仅存于哺乳动物消化道；核糖。遗传物质脱氧核糖核酸（DNA）、核糖核酸（RNA）的组成成分。

2. 双糖

营养学上具有重要作用的低聚糖为双糖。少数几种低聚糖能被人体消化酶分解为单糖而被人体吸收，大部分低聚糖不能为人体消化吸收，但具有活化和增殖肠道有益菌群，降血清胆固醇防肠癌作用。常见的有：蔗糖。常用的营养甜味剂，存在于水果中；麦芽糖。存在于发芽谷粒中；乳糖。存在于动物的乳汁中，能促进肠道有益菌生长。

3. 多糖

多糖又称高聚糖。可分为以下两种。

（1）能被人体消化吸收的多糖。如淀粉，主要存在于粮谷类、杂豆类、根茎类、坚果类等富含淀粉的食物中。

（2）不能被人体消化吸收的多糖。又称为膳食纤维，主要存在于蔬菜、水果、粗加工粮谷类中。根据水溶性大小，分为两种。一是水溶性膳食纤维：如果胶、黏胶、β－葡聚糖；二是非水溶性膳食纤维：如纤维素、半纤维素、木质素。

膳食纤维的生理功能有：一是预防肠道疾病和肠道癌症；二是增加胆酸排泄，降低血胆固醇浓度；三是预防胆结石和心血管疾病（水溶性膳食纤维作用更胜一筹）；四是控制血糖预防糖尿病；五是增加胃内容物的体积产生饱腹感，减少食物摄入，控制体重，预防肥胖；六是吸附与排除食物和肠道细菌产生的有毒物质，起解毒作用。

膳食纤维供给量，每个成人每天应摄入20～30克膳食纤维。过多摄入膳食纤维会阻碍钙、铁、锌等无机盐的吸收。

（三）糖类的生理功用

糖类具有构成机体、调节生理功能、供给人体能量作用。人体从食物中获取的热能用于维持人体基本生命活动耗能、食物消化吸收耗能、生长发育耗能、各种活动耗能

(工作、学习、娱乐、锻炼)。

三类产能营养素在膳食中的合理比例应为：蛋白质供能应占人体每日所需总能量10% ~14%；脂肪应占20% ~25%；糖类应占60% ~70%。或膳食中糖、脂肪、蛋白质三者重量之比为4:1:1。

人体维持正常生命活动所需能量应由富含淀粉，并含无机盐、B族维生素、膳食纤维的粮谷类提供。纯糖制品只提供能量，摄入过多易转变为脂肪。

五、无机盐

人体内除碳、氢、氧、氮四种元素以外，所有元素统称为无机盐，又称为矿物质。无机盐人体不能合成，只能从膳食和饮水中摄取。无机盐既不能在人体代谢过程中消失，又不能转化为其它物质，只能通过尿液、汗液、粪便排出体外。其作用是构成机体和调节生理功能。

1. 钙

钙是人体含量最多的一种无机盐。99%分布于骨骼与牙齿。

(1) 钙的生理功能。一是构成人体骨骼和牙齿重要成分；二是维持神经、肌肉的正常兴奋性；三是作为体内某些酶的激活剂；四是参与机体血凝过程和激素的分泌。要满足机体对钙的需要，必须维持人体钙平衡。

(2) 影响钙吸收的因素

① 促进因素：维生素D、乳糖、乳酸、氨基酸、醋酸、柠檬酸等有机酸。即当含钙的食物与含有促进因素有机酸食物如动物肝脏、牛奶、酸奶、食醋、柠檬汁配伍，并同时食用时则大大提高食物钙被人体的吸收率。

② 抑制因素：草酸、植酸、单宁、膳食纤维来自植物性食物，因此植物性食物中的钙，人体吸收率低。在食物配伍中，避免富含人体容易吸收优质钙的动物性食物与含有抑制因素的食物相遇而阻碍人体对钙的吸收。

钙的吸收率与年龄有关，随年龄增长而下降。如婴儿吸收率为60%，青少年为35% ~40%，成年人为15% ~20%，老年人则更低。身体不佳如腹泻、消化不良也会降低钙的吸收。

(3) 钙的食物来源。乳及乳制品、虾米、海带、豆及豆制品、油料种子。而动物性食物中的钙更易被人体吸收。

(4) 钙的食物供给量。成人每天需要从食物中摄取800毫克的钙，日常膳食可提供500毫克，不足的300毫克可由一袋牛奶提供补充。

(5) 钙的缺乏症。人体严重缺钙影响骨骼和牙齿的发育。婴幼儿期缺钙，软骨不能钙化，引起骨骼变形的一系列症状枕秃、鸡胸、X或O形腿等等，其统称佝偻病。成年人缺钙导致骨质软化症。老年人出现骨质疏松症，骨骼易断易裂。

(6) 错误的补钙方法

①“传统方法烹制的骨头汤是一种很好的补钙食品”。这是错误的。因为骨头骨髓

腔大量脂肪在熬制中水解产生大量脂肪酸，并与骨头中溶出的钙形成不溶性脂肪酸钙，从而阻碍人体对骨中钙的吸收。要提高骨头汤中钙的吸收率，只要在熬制时加入少量食醋或柠檬汁，在酸性条件下，脂肪酸不能与钙形成沉淀物而利于人体吸收。

②“牛奶、豆腐、豆浆与柿子、石榴、菠菜、竹笋、粗粮同时食用”。牛奶、豆腐、豆浆富含钙，而柿子、石榴、菠菜、竹笋、粗粮属于单宁、草酸、植酸、膳食纤维含量多的植物性食物，一旦相遇，必然阻碍人体对钙的吸收。

2. 铁

铁是人体含量最多的一种微量元素。

（1）铁的生理功能。一是参与血红蛋白、肌红蛋白的构成，起运输氧气与二氧化碳作用；二是催化β－胡萝卜素转化为维生素A；三是参与嘌呤与胶原合成、抗体的产生、脂类转运及药物在肝脏的解毒。

（2）铁的缺乏症。缺铁性贫血。具体症状：皮肤、黏膜苍白，疲劳心慌气短，口内发酸，指甲脆薄反甲，抵抗力下降。

（3）食物中铁的存在形式。两价的血红素铁。存在于动物性食物中，人体对其吸收率高。三价的非血红素铁。存在于植物性食物中，人体对其吸收率低。

（4）影响铁吸收的因素如下。

① 促进铁吸收因素：维生素C、维生素B_2、胱氨酸、半胱氨酸、赖氨酸、柠檬酸、琥珀酸、脂肪酸等有机酸；葡萄糖、果糖；家禽、鱼类中的“鱼肉因子”。补铁要选择富含人体容易吸收的二价血红素铁的动物全血、肝脏、瘦肉、鱼类等动物性食物，同时要与富含促进铁吸收因素搭配食用，则人体对铁吸收率会大大提高。

② 抑制铁吸收因素：植物性食物中植酸、草酸、单宁、膳食纤维；抗胃酸药物。因此富含人体易吸收的二价血红素铁的食物应避免与含有抑制铁吸收因素的柿子、石榴、菠菜、竹笋、粗粮等植物性食物及抗胃酸药物同时食用。抗胃酸药不能连续长期服用，否则导致缺铁性贫血。

（5）铁的推荐供给量。成年男性每天每人需要从食物中摄取12毫克；成年女性每天每人需要从食物中摄取18毫克。

3. 碘

（1）碘的生理功能。一是参与甲状腺素合成；二是促进生物氧化，协调氧化磷酸化过程，调节热能转化；三是维持机体正常生长发育；四是促进骨骼生长，组织分化，神经系统发育。

（2）碘缺乏症。成人缺碘则出现甲状腺功能亢进症（大脖子病），胎儿或婴幼儿严重缺碘导致中枢神经损伤，引起智力低下、生长发育停滞导致的克汀病（呆小症）。碘过多也可引起“高碘性甲状腺肿”。

（3）碘的食物来源。存在于海水及海产品中，如海带、紫菜、海产鱼虾。碘强化食品有加碘盐、加碘油。

（4）碘的供给量。成人每天每人需要从食物中摄取150微克碘。

4. 锌

(1) 锌的生理功能。一是锌是人体内200多种催化生化反应的酶的组成成分与激活剂；二是能促进机体生长发育与组织再生；三是促进维生素A的代谢，维持正常暗适应能力；四是参与唾液蛋白形成，促进食欲。

(2) 锌的缺乏症。如果膳食中长期缺锌会导致异食癖、厌食症。

(3) 影响锌吸收因素如下。

① 促进因素：维生素D、氨基酸、还原谷胱甘肽、柠檬酸盐。

② 抑制因素：植酸、膳食纤维、高钙、高铜、高亚铁离子。

(4) 锌的供给量。成人每天每人需要从食物中摄取10毫克锌。

(5) 锌的食物来源。富含锌的食物有牡蛎、畜禽肉、蛋、肝、乳及乳制品，而豆类、粗杂粮中锌含量少且吸收率低。

5. 硒

(1) 硒的生理功能。一是很好的抗氧化作用；二是部分重金属的天然解毒剂；三是保护心血管、维护心肌健康、促进生长、保护视觉器官及抗肿瘤作用。

(2) 硒的缺乏症。克山病、新生儿溶血性贫血、消化道癌变。

(3) 硒的供给量。成人每天每人需要从食物中摄取50微克的硒。硒也是一种有毒物质，过多会硒中毒，表现为牙齿变色、皮肤出疹、头发脱落、指甲发脆、肠胃不适等症状。

(4) 硒的食物来源。硒含量最多是动物的肝、肾、肌肉、海产品；其次为粮谷类，含量最少是果蔬类，但硒在烹饪加热中易挥发。

6. 铬

(1) 铬的生理功能。因为铬是葡萄糖耐量因子GTF的重要组成成分，所以铬在人体中起潜在性胰岛素作用，能促进葡萄糖的利用和葡萄糖转变为脂肪，促进脂肪代谢及RNA合成，降低人体血胆固醇，提高高密度脂蛋白含量。

(2) 铬的缺乏症。引发高血糖症、糖尿病。

(3) 铬的推荐供给量。美国食品药品检疫检验局（FDA）建议，每个成人每天应从膳食中摄取50~200微克的铬。

(4) 铬的食物来源。有啤酒酵母、肉类、肝脏、乳酪、牡蛎、粮谷类。

六、维生素

(一) 维生素概述

维生素是维持人体正常生命活动，包括生长、发育等生理功能所必需的一类低分子有机物的总称。

(1) 维生素的共同特征。一是维生素不供能、不参与机体构成，主要作为辅酶起调节机体生理功能作用；二是化学性质活泼，在碱、光、热、氧的条件和环境下极易破坏；三是存在于天然食物中，含量极微小、人体需要量亦甚少，但人体自身无法合成或合成太少，不能满足人体需要，必须由膳食提供。

(2) 维生素的分类。存在于自然界中的维生素按其溶解性分为以下两种：一是脂溶性维生素：贮存于脂肪组织，不溶于水，只有溶于脂肪才易被人体吸收。但人体摄入过量易中毒。维生素 A、维生素 D、维生素 E、维生素 K。二是水溶性维生素：易溶于水，体内不易贮存，每天必须由膳食供给。包括 B 族维生素、维生素 C、维生素 PP、叶酸、泛酸等。

（二）脂溶性维生素

1. 维生素 A 和胡萝卜素

胡萝卜素又称维生素 A 原，存在于红、橙、黄、绿果蔬中的脂溶性色素，包括α-胡萝卜素、β-胡萝卜素、γ-胡萝卜素三种。维生素 A 溶于脂，不溶于水；一般烹饪加工不易破坏；对碱稳定，遇紫外光、酸、热、氧易分解。

(1) 维生素 A 的生理功能。一是能维持正常视觉功能，防治夜盲症；二是促进骨骼、牙齿及机体组织的生长和发育，具有抗上皮肿瘤发生发展的作用，维持上皮组织结构的完整性，增强机体抵抗力。

(2) 维生素 A 缺乏症。易患夜盲症、干眼病、毛囊角化症。

(3) 维生素 A 供给量。成人每天每人必须从食物中摄取 750 微克的维生素 A。

(4) 维生素 A 食物来源。一是动物性食物：肝脏、水产类、蛋类、未脱脂乳及乳制品。二是植物性食物：胡萝卜、菠菜、草头、豆苗、韭菜、红心甜薯、柑橘、芒果等红、橙、黄、绿色果蔬。

2. 维生素 D（包括维生素 D_2、维生素 D_3）

存在于植物性食物中的麦角固醇，在紫外光照射下可转变为维生素 D_2；存在于人体皮下脂肪中的 7-脱氢胆固醇，在紫外光照射下可转变为维生素 D_3。因此经常晒晒太阳可增加人体维生素 D 的含量、防止维生素 D 缺乏症产生。

维生素 D 对热、氧、碱稳定，遇酸易分解，一般烹饪加工不易破坏。

(1) 维生素 D 生理功能。促进钙、磷吸收，维持血中钙、磷浓度；促进骨齿正常发育，皮肤新陈代谢。

(2) 维生素 D 缺乏症。与缺钙相似。

(3) 维生素 D 供给量。成人每天每人必须从食物中摄取 2.5 微克，但摄取量大于 10 微克则会引起中毒。

(4) 维生素 D 食物来源。有鱼肝油、动物肝脏、蛋黄、奶油、干酪。

（三）水溶性维生素

1. 维生素 B_1（又称硫胺素）

维生素 B_1 对酸稳定，在中、碱性条件加热易分解。

(1) 维生素 B_1 生理功能。以辅酶形式（TPP-焦硫胺素）参与三大产热营养素代谢；调节神经生理活动与心脏活动、食欲维持、胃肠道正常蠕动及消化液分泌。

（2）维生素 B_1 缺乏症。初期出现食欲差、疲乏、恶心、忧郁、腿麻木现象；后期症状更加严重，导致脚气病发生。

（3）维生素 B_1 供给量。成人每天每消耗 1000 千焦耳能量必须从膳食中摄取 0.12～0.14 毫克的维生素 B_1。

（4）维生素 B_1 食物来源。动物内脏（心、肝、肾），肉类；豆类、花生、未精加工粮谷类含量较丰富；果蔬含量较少。生的淡水鱼贝类中含抗维生素 B_1 因子，长期食用生鱼贝类易引起维生素 B_1 缺乏症。

2. 维生素 B_2

维生素 B_2 在中、酸性条件下稳定，耐短时高压加热；碱性加热条件下易破坏，对紫外光敏感。

（1）维生素 B_2 生理功能。以辅酶形式参与三大产热营养素的代谢，并能促进机体生长，维持皮肤和黏膜完整性，促进铁的吸收、贮存和利用。

（2）维生素 B_2 缺乏症。引发口角炎、唇炎、舌炎、脂溢性皮炎、眼睑炎、老年白内障。

（3）维生素 B_2 供给量。成人每天每消耗 1000 千焦耳能量必须从膳食中摄取 0.12～0.14 毫克的维生素 B_2。

（4）维生素 B_2 食物来源。动物性食物中动物内脏、水产品、肉类、蛋类含量较丰富；植物性食物中豆类、蔬菜、绿茶、食用菌含量也较多。

3. 烟酸（又称尼克酸或抗癞皮病因子）

烟酸对光、氧、热、酸、碱、高压稳定，是维生素中最稳定一种，烹饪加工不易损失。

（1）烟酸生理功能。参与糖类、脂肪、蛋白质氧化产能和脂肪、蛋白质和 DNA 合成。

（2）烟酸缺乏症。典型症状为“三 D”症，即皮肤炎、腹泻、痴呆。烟酸缺乏与维生素 B_1、维生素 B_2 缺乏往往并存。

（3）烟酸供给量。成人每天每消耗 1000 千焦耳能量，必须从膳食中摄取 1.2 毫克的烟酸。

（4）烟酸食物来源。牛奶、鸡蛋、香蕉含较多色氨酸，在人体可转化为烟酸。烟酸主要存在于肝、肾、瘦肉、鱼等动物性食物及坚果类中。玉米中烟酸大多为结合型，不易为人体吸收，以玉米为主食地域人群中普遍出现烟酸缺乏症。

4. 维生素 B_6

维生素 B_6 对氧、酸稳定，易被光、碱破坏。

（1）维生素 B_6 生理功能。参与氨基酸、糖原、脂肪酸代谢，参与脑和其它组织能量转化、核酸代谢、辅酶 A 生物合成。

（2）维生素 B_6 缺乏症。引发脂溢性皮炎、唇炎、舌炎、口腔炎、忧郁症、失眠症，并影响儿童中枢神经发育。

（3）维生素 B_6 供给量。与蛋白质摄入量成正比。成人每天每摄入 1 克蛋白质必须同时从膳食中摄取 0.02 毫克维生素 B_6。

（4）维生素 B_6 食物来源。普遍存在于动植物中，存在于鸡、鱼等白色肉类、肝、蛋、谷类、豆类、蔬果（尤其是香蕉）中，易吸收。与蛋白质结合存在于植物性食物中的维生素 B_6 不易被人体吸收。如玉米中的维生素 B_6 与蛋白质结合，不易为人体吸收。

5. 叶酸

叶酸对酸、热不稳定，烹饪中易损失。

（1）叶酸生理功能。参与人体内蛋白质合成及细胞分裂与生长，能降低胃癌、结肠癌发病率；预防心血管疾病发生。

（2）叶酸缺乏症。缺乏叶酸可引发巨幼红细胞性贫血症、舌炎、失眠、婴儿先天性神经管缺陷引起唐氏综合征、脆性 X 染色体症等。

（3）叶酸供给量。成人每天每千克体重必须从食物中摄取 3.1 微克叶酸，孕妇则增加为每天每千克体重必须从食物中摄取 200～300 微克叶酸。

（4）叶酸食物来源。广泛存在于动植物，含量丰富的有肝、肾、蛋和鱼，梨、芹菜、花椰菜、莴苣、柑橘、香蕉及坚果。

6. 维生素 C（又称抗坏血酸）

维生素 C 是强还原剂，呈酸性。对酸稳定，遇氧、碱、光、热、铁、铜二价阳离子、氧化酶等极易分解，是所有维生素中最不稳定的一种。

（1）维生素 C 生理功能。一是参与机体氧化还原过程；二是参与细胞间质的形成，维持牙齿、骨骼、血管、关节、肌肉正常发育功能，促进伤口愈合；三是具有抗感染和防病作用；四是增强人体应激能力，提高人体免疫能力；五是具有解毒作用；六是能促进铁的吸收利用；七是参与肾上腺皮质激素的合成；八是促进胆固醇代谢。

（2）维生素 C 缺乏症。导致坏血病的发生。

（3）维生素 C 供给量。成人每天每人必须从膳食中摄取 60 毫克维生素 C。高温、寒冷、缺氧、接触有害物质状态供给量应增加。

（4）维生素 C 的食物来源。存在于新鲜的果蔬，以猕猴桃、哈密瓜、酸枣、柿子椒、芥蓝、花菜等含量为高。豆类、谷类只有发芽后维生素 C 含量才大增。动物性食物中匮乏。

7. 生物类黄酮

生物类黄酮性质稳定，但遇光易被破坏。具抗氧化、抗衰老、抗肿瘤、降压作用。主要存在于柑橘类果皮和白色果肉、叶菜类蔬菜、洋葱、茶、红葡萄酒、啤酒中。

8. 牛磺酸

牛磺酸具有增强心脏收缩、维护视网膜感光活性、参与脂类代谢等作用。存在于畜禽肉及内脏，水产中蛤类与牡蛎含量高，人乳高于牛奶。

第二节　合理营养合理膳食

一、合理营养合理膳食概述

（一）合理营养合理膳食含义

1. 合理营养

合理掌握膳食中各种食物数量、质量和搭配比例以及卫生质量要求，并通过烹饪加工改进膳食，以适应人体消化功能与感官需要，使人体的营养生理需求与人体通过膳食摄入各种营养物质之间建立起平衡关系。

2. 合理膳食

合理膳食是指全面达到供给量的膳食。既保证摄食者热能和各种营养素达到生理需要量，又在各种营养素之间建立起一种平衡。

3. 营养素间平衡关系

要达到下列关系的平衡：一是三大产热营养素比例平衡；二是维生素 B_1、维生素 B_2、维生素 PP 与热能消耗平衡；三是必需氨基酸之间平衡；四是可消化糖类与膳食纤维间平衡；五是无机盐中钙磷间、成酸成碱性间平衡；六是动植物食品间平衡。

4. 按各种食物所含主要营养素将食物划分为五大类

（1）谷类。提供糖类、蛋白质、膳食纤维及 B 族维生素。

（2）动物性食物。提供蛋白质、脂肪、无机盐、维生素 A 和 B 族维生素。

（3）豆类及制品。提供蛋白质、脂肪、膳食纤维、无机盐、B 族维生素。

（4）蔬菜水果类。提供膳食纤维、无机盐、维生素 C、胡萝卜素。

（5）纯热能食物。只提供能量。

（二）合理膳食指导原则——中国居民膳食指南

1. 食物多样，谷类为主

人体所需营养素极其多样，没有一种食物能包含齐全，必须从不同食物中摄取。食物种类越多，获得的营养素种类与数量越符合人体的需要。人体所需能量 60% ~70% 应由糖类提供，而谷类富含多糖淀粉，能满足人体对能量需要。谷类，尤其是五谷杂粮含较多 B 族维生素、无机盐及膳食纤维，因此以谷类为主的膳食更符合人体生理需要。

2. 多吃蔬菜、水果、薯类

果蔬类、薯类富含维生素如类胡萝卜素、维生素 C 等，以红、橙、黄、绿果蔬中含量为多，无机盐如 K、Na、Ca、Fe 等及膳食纤维。薯类含有的黏蛋白具有抗癌作用。

3. 常吃奶类、豆类及其制品

提供优质蛋白质、维生素 A、B 族维生素、钙及脂肪。尤其是生长发育期人群及中老年人。

4．常吃适量鱼、禽、蛋和瘦肉，少吃肥肉和荤油

富含优质蛋白质、脂肪含量较少。尤其是鱼、禽类，不含胆固醇，低脂肪，并含较多必需脂肪酸，特别适合中老年人及“三高”症患者。肥肉和荤油只含脂肪（以饱和脂肪酸为主）及胆固醇，摄入过多极易导致“三高”症发生。

5．食量与体力活动平衡，保持适宜体重

要维持体重恒定，必须保持能量平衡，即食物提供能量（A）＝基础代谢耗能（B）＋食物特殊动力耗能（C）＋各种活动耗能（D）。三餐能量要合理分配：早30%、午40%、晚30%。三餐食物合理选配：早餐应由富含淀粉粮谷类（粗细搭配）和富含优质蛋白质的蛋、奶、肉、豆和豆制品及适量果蔬类组成，量适而质精。午晚餐应由富含人体必需各种营养素食物组成，种类与数量为三餐中最丰盛。特别注意动植物食物合理配比，以达到各类营养素在膳食中合理配比。晚餐应适量摄入谷物类食物和含优质蛋白质且低脂肪食物，多摄入新鲜蔬菜与水果，尤其是蔬菜（可以蔬菜代替水果，不可以水果代替蔬菜）。建议晚餐以七八分饱为宜。当 $A < B + C + D$，体重下降；当 $A > B + C + D$，体重上升。睡前4小时不摄入食物对减肥与维持适宜体重特别重要。

6．膳食清淡少盐

我国居民习惯口味偏重，盐摄入普遍过多，易导致高血压甚至白内障。每人每天食盐摄入量应小于6克。

7．饮酒应限量

适量饮用啤酒、特别是葡萄酒对人体有利。但酒精为纯热能食品，且对心、肝、神经中枢有害，总之，过量饮酒对人体无一利而有百害。

8．吃清洁卫生、不变质食物

二、中国居民平衡膳食宝塔

1．膳食中各类食物种类层次

平衡膳食宝塔共分五层，包含我们每天应吃的主要食物种类。宝塔各层位置和面积不同，在一定程度上反映出各类食物在膳食中的地位和应占的比重。

（1）谷类食物位居底层，每人每天应该吃300～500克。

（2）蔬菜和水果占据第二层，每天应吃400～500克和100～200克。

（3）鱼、禽、肉、蛋等动物性食物位于第三层，每天应该吃125～200克（鱼虾类50克，畜、禽肉50～100克，蛋类25～50克）。

（4）奶类和豆类食物合占第四层，每天应吃奶类及奶制品100克和豆类及豆制品50克。

（5）第五层塔尖是油脂类，每天不超过25克。

2．不同能量膳食的各类食物参考摄入量

参考摄入量表 单位：克/日

食物	低能量 约 7560 千焦	中等能量 约 10080 千焦	高能量 约 11760 千焦
谷类	300	400	500
蔬菜	400	450	500
水果	100	150	200
肉、禽	50	75	100
蛋类	25	40	50
鱼虾	50	50	50
豆类及豆制品	50	50	50
奶类及奶制品	100	100	100
油脂	25	25	25

3. 同类互换，调配丰富多彩的膳食

宝塔包含的每一类食物中都有许多的品种，同一类中各种食物所含营养成分大体近似，在膳食中可以互相替换。应用平衡膳食宝塔应当把营养与美味结合起来，按照同类互换、多种多样的原则调配一日三餐。同类互换就是以粮换粮、以豆换豆、以肉换肉。如大米可与面粉或杂粮互换，馒头可以和相应量的面条、烙饼、面包等互换；大豆可与相当量的豆制品或杂豆类互换；瘦猪肉可与等量的鸡、鸭、牛、羊、兔肉互换；鱼可与虾、蟹等水产品互换；牛奶可与羊奶、酸奶、奶粉或奶酪等互换。

4. 各类食物互换表

谷类食物互换表（相当于 100 克米、面的谷类食物）

食物名称	质量/克	食物名称	质量/克
大米、糯米、小米	100	烧饼	140
富强粉、标准粉	100	烙饼	150
玉米面、玉米糁	100	馒头、花卷	160
挂面	100	窝头	140
面条（切面）	120	鲜玉米	750 ~ 800
面包	120 ~ 140	饼干	100

豆类食物互换表（相当于40克大豆的豆类食物）

食物名称	质量/克	食物名称	质量/克
大豆（黄豆）	40	豆腐干、熏干、豆腐泡	80
腐竹	35	素肝尖、素鸡、素火腿	80
豆粉	40	素什锦	100
青豆、黑豆	40	北豆腐	120－160
膨化豆粕（大豆蛋白）	40	南豆腐	200－240
蚕豆（炸、烤）	50	内酯豆腐（盒装）	280
五香豆豉、千张、豆腐丝（油）	60	豆奶、酸豆奶	600－640
豌豆、绿豆、芸豆	65	豆浆	640－680
红小豆	70		

乳类食物互换表（相当于100克鲜牛奶的乳类食物）

食物名称	质量/克	食物名称	质量/克
鲜牛奶	100	酸奶	100
速溶全脂奶粉	13～15	奶酪	12
速溶脱脂奶粉	13～15	奶片	25
蒸发淡奶	50	乳饮料	300
炼乳（罐头、甜）	40		

肉类互换表（相当于100克生肉的肉类食物）

食物名称	质量/克	食物名称	质量/克
瘦猪肉	100	瘦牛肉	100
猪肉松	50	酱牛肉	65
叉烧肉	80	牛肉干	45
香肠	85	瘦羊肉	100
大腊肠	160	酱羊肉	80
蛋青肠	160	鸡肉	100
大肉肠	170	鸡翅	160
小红肠	170	白条鸡	150
小泥肠	180	鸭肉	100
猪排骨	160～170	酱鸭	100
兔肉	100	盐水鸭	110

三、营养素的损失与破坏因素

（一）烹饪加工工艺对营养素的影响

（1）煮。水溶性维生素、无机盐溶于汤汁，多糖、蛋白质部分水解，脂肪无变化。维生素 B_1 损失 30%、维生素 C 损失 60%。

（2）蒸。可溶性物溶出损失少，长时间蒸维生素 C 损失多。

（3）炖。与煮相似，但时间更长，使可溶性营养素、香气物质溶于汤汁。此烹饪方法适合含大量结缔组织的原料，使坚韧胶原蛋白变为可溶性白明胶。

（4）焖。维生素、蛋白质、脂肪有一定损失。长时文火加工，消化吸收增大。

（5）烤。燃料烤，受热不均，油脂遇高温产生强致癌物 3，4－苯并芘。维生素 A、维生素 B、维生素 C 损失大。电炉、微波炉烤比明火烤营养素损失少，有害物质产生少。

（6）卤。焯水后水溶性营养素溶于水损失。

（7）熘。挂糊煸炒营养素损失少。

（8）爆。旺火高油温快速加热，营养素损失少。

（9）炸。挂糊炸营养素损失少，不挂糊炸则由于高温长时油炸，脂肪、蛋白质、尤其是维生素损失大。

（10）炒。旺火热油速炒营养素损失少，先荤后蔬，尤其能减少蔬菜中维生素损失。

（11）熏。熏制食物防腐力增强，但产生大量强致癌物 3，4－苯并芘。

（12）煎。油脂渗入多，饱腹作用强，但烹饪油温高，不挂糊时营养素易损失，尤其维生素损失大。

（二）烹饪加工中营养素的损失途径

1. 流失

（1）蒸发。日晒水分丢失，紫外光破坏维生素，引起脂肪氧化。

（2）渗出。烹饪中加入盐、味精、糖，导致食物处高渗状态而水分及水溶性无机盐、维生素丢失。

（3）溶解。初加工、焯水及炖、煮导致水溶性营养素丢失或溶于汤汁。

2. 破坏

高温作用。煎、炸、熏、烤使油脂热分解、热氧化、热聚合产生有害物质；破坏 B 族维生素、维生素 C。

（三）食物搭配或食用方法不当

食物搭配或食用方法不当降低营养素吸收率，或破坏食物中营养素。

（1）含草酸、植酸原料如菠菜、竹笋与富含钙、铁、锌等原料豆制品、牛奶搭配，则易形成草酸盐、植酸盐物降低人体对钙、铁、锌吸收率。

（2）含富单宁食物如柿子、浓茶与高蛋白动物性食物、蛋、奶、豆制品配伍或同时食用，导致蛋白质被单宁作用发生凝固而难以被人体消化吸收。

（3）富含维生素C的新鲜蔬果如西红柿、辣椒、芥蓝、菠菜、哈密瓜、猕猴桃、酸枣、柑橘与含有氧化酶的生黄瓜同时食用，则维生素C极易被氧化酶氧化分解破坏掉。但加热煮熟后黄瓜中氧化酶被破坏，则对维生素C的作用就消除了。

（4）碱性条件下烹饪导致粮谷类食物如稀饭、馒头中B族维生素和蔬菜中维生素C破坏。

（四）生物因素

（1）微生物、昆虫侵袭，导致食物腐败变质。

（2）生物酶抑制营养素吸收（如抗坏血酸酶）。

（3）植物呼吸作用、春化、发芽导致糖、B族维生素等营养素消耗，并可能产生有害物质（如发芽马铃薯）。

第三节　各种常见疾病的饮食宜忌

1．痛风症饮食宜忌

痛风是由于嘌呤代谢紊乱所引起的一种代谢性疾病，因此控制食物中的嘌呤摄入至关重要。牢记“三低一高”非常重要：低嘌呤饮食；减轻体重；低盐低脂膳食；大量饮水。食物中嘌呤的含量的一般规律是：内脏 > 肉 > 鱼 > 干豆 > 坚果 > 叶菜 > 谷类 > 淀粉类 > 水果。

（1）宜。富含必需氨基酸的优质蛋白，又含嘌呤甚少的牛奶、奶酪、脱脂奶粉、蛋类，新鲜蔬果、藕粉、黄油、植物油。多饮水，利于尿酸排出，防止尿酸盐的形成和沉积。只要肾功能正常，痛风病人每天喝水2000～3000毫升较理想。

（2）忌。禁食动物内脏、脑，沙丁鱼，凤尾鱼，鱼子，蟹黄，火锅汤，鸡汤，肉汤等食物，而少食虾类、肉馅、酵母、贝壳类水产、带鱼、鳝鱼、鲈鱼、扁豆、干豆类（黄豆、蚕豆等）、花生等食物。食物中50%的嘌呤可溶于汤内，所以肉类及鱼类食物均应先煮，弃汤后再烹调。饮食以清淡为主，应限制盐的摄入，每天不超过3克。应少用浓茶、浓咖啡、辣椒等辛辣调味品。减肥，饮食以控制在正常人食量的80%～90%左右为妥。

2．糖尿病人饮食宜忌

（1）宜

① 粗杂粮。如荞麦面、筱麦面、燕麦面、玉米等，富含矿物质、维生素和膳食纤维，有助于改善葡萄糖耐量。

② 大豆及其制品。富含蛋白质和多不饱和脂肪酸，有降血脂作用。

③ 蔬菜。新鲜蔬菜富含维生素、膳食纤维及矿物质。

（2）忌

① 精制糖。白糖、红糖、甜点心、蜜饯、雪糕、甜饮料等（当出现低血糖时例

外）。

② 高碳水化合物低蛋白质的食物。如马铃薯、芋头、藕、山药等，食用时应减少主食摄入量。

③ 动物油脂。猪油、牛油、奶油等，鱼油除外。

④ 含果糖和葡萄糖高的水果应限量，如食用应相应减少主食摄入量。

⑤ 酒少饮为宜。

3. 胃溃疡病人饮食宜忌

应采用少量多餐的方式进餐。一般以每日 4～5 餐为宜，避免过饥过饱。定时用餐可使胃酸分泌有规律，细嚼慢咽，可减轻胃的负担。

（1）宜。食用易消化、含足够热量、蛋白质和维生素的食物，如稀饭、细面条、牛奶、软米饭、豆浆、菜叶等。主食多用发酵食品，可稀释中和胃酸，对保护溃疡病灶和促进愈合有利。多吃无渣食物，为避免大便干燥，还需常吃些琼脂、香蕉、蜂蜜等能润肠的食物。

（2）忌。油煎过的食物以及含粗纤维多的芹菜、韭菜、豆芽、火腿、腊肉、鱼干等。一切对溃疡面有刺激性过酸过甜的食物，如辣椒、生葱、生蒜、浓缩果汁、咖啡、酒、浓茶等。应戒烟。

4. 甲状腺功能亢进症饮食宜忌

（1）宜。各种谷类、薯类，动物性食物，如畜肉、禽肉、蛋类等，各种鱼类，豆类乳类，各种新鲜蔬菜和水果。

（2）忌（限）。刺激性强的浓茶、咖啡、酒等，含碘丰富的食物如海带、紫菜、海藻、强化碘盐等。

5. 胆囊炎与胆结石症饮食宜忌

（1）宜。多吃谷类、粗粮、豆类及其制品、新鲜瓜果和蔬菜以及大蒜、洋葱、香菇、木耳、鱼、家禽等具有降低胆固醇作用食物。

（2）忌。吃内脏、刺激性食物和浓烈的调味品，如辣椒、咖喱、芥末、酒和咖啡等。忌油炸食物。

6. 脂肪肝病人饮食宜忌

控制总能量及脂肪、碳水化合物等营养素的摄入量，避免脂肪在肝脏过多沉积。

（1）宜

① 低碳水化合物低脂肪软饭饮食或低糖低脂肪半流饮食。

② 含蛋白质高而脂肪少的如鸡、鱼、虾、兔等肉类食物，主食应粗细相搭配，多食新鲜蔬菜、水果和藻类，以增加维生素和矿物质的供应。碳水化合物主要由谷类供给。

（2）忌

① 动物内脏、脑等含胆固醇量高的食物。

② 甜食和甜点心。

③ 酒和酒精性饮料。

7. 肝硬化病人饮食宜忌

（1）宜

① 高生物价蛋白质食物，如牛奶、鸡蛋、鱼、虾、瘦肉等。

② 脂肪供给以植物油为主，主食采用大米和面粉。

③ 含锌高的瘦肉、蛋、牛奶及其制品、鱼及海产品，含铁高的食物有谷类、绿叶蔬菜、坚果等，含钾高的食物有菜花、莴苣、马铃薯、西红柿、黄瓜、茄子等。

（2）忌

① 酒及含酒精性饮料。

② 辛辣有刺激性的食物和调味品以及油炸食品。

③ 含大量粗糙纤维的食物如芹菜、韭菜、笋等。

④ 豆类和薯类，汽水等易产气食物。

8. 原发性高血压饮食宜忌

（1）宜

① 降压的食物有芹菜、胡萝卜、番茄、荸荠、黄瓜、木耳、海带、香蕉等，降脂食物有山楂、香菇、大蒜、平菇、蘑菇、黑木耳、银耳等蕈类。

② 适当吃鱼和大豆及其制品。不仅具有降低血胆固醇的作用，而且还能改善血液凝固机制和血小板功能，从而起到预防血栓形成。大豆蛋白有防止脑卒中与降低血胆固醇的作用。

③ 甲壳类动物的壳中含有一种降低血胆固醇的有效成分——甲壳素。

④ 有降血压作用的药膳有以下几种

楂肉干：配方为山楂 100 克，精猪肉 1000 克，植物油 250 克，麻油、葱、姜、花椒、黄酒、酱油、味精、白糖各适量。主要功效；滋阴润燥，适用于脾虚积滞，高血压，高血脂等症。

冰糖炖海参：配方为水发海参 50 克，冰糖少许。主要功效：补肾益精，养血润燥。适用高血压、血管硬化等症。

天麻鱼头：其配方为天麻 25 克、川芎 10 克、茯苓 10 克；鲜鲤鱼 1 尾（1.5 千克）、酱油、黄酒、盐、白糖、味精、胡椒粉、麻油、葱、姜、水生粉各适量。主要功效：平肝熄火、定惊止痛、行气活血。适用高血压、神经衰弱等症。

芹菜粥：其配方为芹菜连根 120 克，粳米 250 克、盐、味精少许。主要功效：清肝热，降血压，适用于高血压、肝火头痛等症。

菊花粥：其配方为菊花末 15 克，粳米 100 克。主要功效：散风热、清肝火，降血压。适用于高血压、冠心病，肝火头痛、风热目赤等症。

（2）忌（限）

① 限制能量过高食物，尤其是动物油脂或油炸食物。

② 限制所有过咸的食物及腌制品、蛤贝类、虾米、皮蛋，含钠高的绿叶蔬菜等。

③ 烟、酒、浓茶、咖啡，以及辛辣的刺激性食物。

④ 高血压患者宜少量多餐，每天4~5餐为宜，避免过饱。

9. 支气管哮喘病人饮食宜忌

（1）宜：哮喘是一种消耗性的疾病，膳食中要有充足的碳水化合物类食物，以保证热能供应。

（2）忌

① 避免刺激性食物，忌香烟、白酒，慎用辛辣食品，辣椒、胡椒、生姜、葱、蒜等。

② 禁忌食用引起过敏导致哮喘发作的食物：黄豆、芫荽、榨菜、紫菜、咸蛋、鲳鱼、带鱼、刀鱼、海虾、虾米、咖啡、酱油、盐、辛辣食物。

10. 肥胖症饮食宜忌

膳食结构原则是“四低一高”，即低能量、低脂肪、低胆固醇、低糖、高纤维膳食。

（1）宜

① 蔬菜、水果、粗粮等含纤维高的食物。蔬菜每天要吃到500克，而水果至少应该有2种。

② 适当多吃些降血脂的食物，如洋葱、大蒜、木耳、香菇、海带、山楂、胡萝卜、豆类、燕麦、大麦等。

（2）忌

① 减少动物性脂肪摄入，如猪油、肥猪肉、黄油、肥羊、肥牛、肥鸭、肥鹅等。

② 忌食胆固醇含量高的食物，如动物脑、肝、肾，蟹黄、鱼子、蛋黄、松花蛋等。

（3）避免暴饮暴食，不吃过多甜食和花生、瓜子、核桃、杏仁、松子等均含有大量“看不见脂肪”的零食。

11. 冠心病人饮食宜忌

（1）限

① 限制动物脂肪和胆固醇的摄入。尤其是各种动物的脑、肝、肾，虾，蟹黄，鱼子等高胆固醇食物。控制鸡蛋的摄入，每日半个鸡蛋或每两日一个鸡蛋。

② 限制食盐的摄入。盐可以增加血容量，加重动脉硬化，增加心脏负担。每日食盐量控制在5克以下。

（2）宜

① 多吃富含维生素C的食物，绿叶蔬菜、柑橘、猕猴桃、草莓等新鲜蔬菜、水果；富含膳食纤维食物有粗粮、薯类、豆类及一些蔬菜。

② 多吃含有多不饱和脂肪酸的海鱼，保护心血管，预防冠心病。

③ 多食有利于降血脂和改善冠心病症状的食物，如大蒜、洋葱、山楂、柿子、香蕉、淡菜、西瓜、黑芝麻、黑木耳、大枣、豆芽、荞麦、冬瓜、鲤鱼、蜂蜜等食物。

（3）忌

① 禁吃刺激性食物和胀气食物如浓茶、咖啡、辣椒、咖喱等刺激性食物；不宜喝浓茶；禁烟忌酒。

② 少量多餐，切忌暴饮暴食，晚餐不宜吃得过饱，否则易诱发急性心肌梗死。

12. 肾炎病人饮食宜忌

（1）宜

① 宜吃低蛋白饮食（每日供给20～30克左右，约健康人的1/3～1/2），应以鸡蛋、牛奶、鱼虾等优质蛋白为主。

② 含维生素C丰富的蔬菜和水果，如甜椒、油菜、菠菜、西红柿以及猕猴桃、草莓、柑橘等。含热量高，蛋白质低的食品，如土豆、山药、芋头、甘薯、藕、粉丝、藕粉等，以补充热量，减少体内蛋白质的分解。

（2）忌：严格控制水分摄入，每日盐摄入量应控制在2克之内，同时还要禁食其他咸味食品。当慢性肾炎进一步发展为肾功能不全，忌食含钾高的食物如海带、紫菜、动物内脏、香蕉等，对肾脏有刺激性的食物及调味品，如酒类、芥末、胡椒等也应禁忌。

第四节　饮食卫生与安全

一、食品污染

食品污染指危害人体健康的有害物质进入正常食物的过程。

食品污染有以下三种。

（1）生物性污染。细菌及其毒素、霉菌及其毒素、寄生虫及虫卵、昆虫、病毒；致病菌（食物中毒、传染病）、条件致病菌（人抵抗力差致病）、非致病菌（导致食品变质）。

（2）化学性污染。工业“三废”（废水、废气、废渣）、化学农药、食品添加剂、食品容器、设备、包装材料。

（3）放射性污染。来自大气、土壤、水域食品天然放射性；来自核试验；来自核废料、来自核事故。

食品污染的途径：食品直接或间接受到污染；通过食物链的生物富集途径。食物链又称营养链，是生物群落中各种动植物和微生物由低级到高级顺序而连接起来的一个生态链。生物富集指污染物沿食物链由低等向高等生物迁移，最终使位于食物链最顶端生物——人类体内污染物浓度大大高于周围环境。

食品污染对人体健康危害：急性中毒；慢性中毒；致畸形作用；致突变作用；致癌作用。

二、食品中的天然有害物质

（一）植物性食物中常见天然有害物质

（1）生豆浆中的有害物质。胰蛋白酶抑制蛋白酶的活性，降低食物蛋白质的水解和吸收，导致胃肠道的不良反应和症状。皂苷具溶血性和刺激胃肠道黏膜作用。生豆浆必须彻底煮沸，并泡沫消失后再煮5～10分钟才能彻底破坏其中有害物质。

（2）四季豆中的有害物质。植物红细胞凝集素有凝聚和溶解红细胞作用，皂苷具溶血性和刺激胃肠道黏膜作用。这些有害物质经长时间煮沸可被破坏，因此四季豆应加热至失去原有生绿色且无生、苦味才能食用。

（3）蚕豆中的有害物质。巢菜碱苷，对于先天性体内缺乏6－磷酸葡萄糖脱氢酶的人，会导致血细胞溶解，引发急性溶血性贫血，并伴有皮肤泛黄，俗称“蚕豆黄病”。

（4）马铃薯中的有害物质。龙葵素，又称茄碱，能刺激胃肠道，麻痹呼吸中枢，溶解红细胞。主要存在于发芽或黑绿皮色的马铃薯中。因此马铃薯应低温、避光储藏以防止发芽变绿，严重发芽或黑绿皮色的马铃薯不可食用，以免引起食物中毒。

（5）木薯中的有害物质。亚麻仁苦苷，在酶的作用下水解产生毒性很强氢氰酸，可导致人体缺氧窒息，麻痹呼吸及血液循环中枢。但氢氰酸遇热易挥发，且亚麻仁苦苷易溶于水，因此木薯经去皮切片、反复浸泡并晒干、再经蒸煮后能去除有害物质，食用每次摄入量不宜太多，浸泡、蒸煮用水则应丢弃。

（6）叶菜类蔬菜中的有害物质。亚硝酸盐，存在于储存时间长、新鲜度差或烹调后放置过久及刚腌7～14天左右的叶菜类蔬菜中。亚硝酸盐进入人体后将血红蛋白中 Fe^{2+} 氧化为 Fe^{3+}，而失去运输氧气作用，导致人体因缺氧而窒息引起的亚硝酸盐中毒。因此蔬菜应吃新鲜的，且烹调后应及时食用，咸菜应腌制20天后食用。

（7）鲜黄花菜中的有害物质。秋水仙碱本无毒，但进入人体后在胃中被氧化为剧毒的秋水仙碱导致中毒。

（8）鲜木耳中的有害物质。卟啉物质，进入人体后在阳光照射下引发植物日光性皮炎。但鲜木耳加工干制后，所含卟啉物质会被破坏而消失。

（9）白果中的有害物质。白果酸和白果二酚，但加热后可降低毒性，因此不可生食白果，且每次摄入量不宜过多，以免引起中毒。

（10）果仁中的有害物质。杏、桃、枇杷、李子、樱桃、杨梅及苹果等核果果仁及种子或其它部位含有氰苷，常见为苦杏仁苷，人体摄入后在酶的作用下水解产生毒性很强的氢氰酸而导致中毒。

（11）毒蘑菇中的有害物质。主要有引发胃肠炎的胃肠毒素、早期引发胃肠炎、后期为神经精神错乱的神经精神毒素、具有溶血作用的鹿花蕈素等毒素及损伤肝肾的毒伞肽、毒肽等原浆毒素。不可随便采购不认识或未食用过的蘑菇，以防误食中毒。

（12）生的西红柿中有害物质。龙葵素是西红柿中的有害物质。西红柿成熟后，生物碱甙被西红柿自身增多的酸水解，生成无毒的西红柿次碱和糖，变得又酸又甜。

（13）烂生姜中有害物质。诱发肝癌、食管癌的强毒性有机物质——黄樟素。

（14）畸形草莓中的有害物质。个头很大、颜色漂亮却索然无味的草莓，由于种植过程喷洒了过量的膨大剂，经常食用对人体肾脏产生潜在危害。

（二）动物性食物中常见有害物质

（1）河豚鱼中的有害物质。河豚毒素，神经毒素。耐热，烹饪加工不易破坏。活河豚鱼仅肌肉不含毒素，卵巢、肝脏毒素含量最高。

（2）青皮红肉鱼中有害物质——组胺。青皮红肉鱼主要指鲐鱼、金枪鱼、沙丁鱼、秋刀鱼等富含组氨酸海产鱼，当鱼新鲜度下降后大量组氨酸在细菌作用下变为有毒的组胺。过敏体质、哮喘、心脏病患者不宜食用富含组胺的鱼。死的黄鳝、甲鱼、河蟹含有大量组胺，不可食用。

（3）鱼胆中的有害物质。淡水鱼鱼胆中含有毒性很强的胆汁毒素，且耐热、耐酸、耐酒精，烹饪加工难以破坏。进入人体后可引起脑、心、肝、肾等脏器的损害。

（4）血毒鱼中的有害物质。鳗鲡和黄鳝血液中含有蛋白质毒素，生饮此类鱼血会导致中毒。但加热后能被破坏。

（5）蟾蜍中的有害物质。蟾蜍耳下腺、皮肤腺内有蟾毒素的白色浆液，人体吸收后可引起心脑、肝、肾及肺损害，对迷走神经有兴奋作用。中毒后有恶心呕吐、腹痛腹泻、水样便等胃肠道症状和伴有头痛头晕、嗜睡、四肢麻木以及心悸、心律失常等表现。蟾蜍毒汁污染眼部可致结膜炎，甚至失明。污染皮肤可致皮炎。

（6）鲜海蜇中的有害物质。新鲜的海蜇含有毒素，只有经过食盐加明矾盐渍三次（俗称三矾）使鲜海蜇脱水三次，才能让毒素随水排尽。正常的海蜇应该是肉色、略硬、无刺激性气味，购买时尽量到大型商场、超市。食用海蜇时，切丝之后用凉开水反复冲洗、晾干，以预防食物中毒。切勿购买那些外观鲜亮、形状饱满、感觉非常新鲜的海蜇。

（7）贝类中有害物质。贝类摄食有毒藻类而带有毒素，尤其是生活在“赤潮”海域的贝类。有麻痹性贝类毒素如石房蛤毒素（STX）、腹泻性贝类毒素、神经性贝类毒素，且在烹饪加工中不易破坏。

（8）牲畜腺体中有害物质。存在于家畜颈部的甲状腺和肾脏上的肾上腺中含大量甲状腺素和肾上腺素，摄入后导致人体内分泌激素紊乱而引起一系列中毒症状。

（9）动物肝脏中的有害物质。大型动物鲨鱼、熊、狗的肝脏含有大量脂溶性 VA，会导致中毒。

三、烹饪加工中产生的有害物质

（一）*N*－亚硝基化合物

N－亚硝基化合物为强致癌物。蔬菜是硝酸盐的主要来源，亚硝酸盐主要存在于腌菜、泡菜及添加硝的香肠、火腿、咸肉中。仲胺、酰胺来自肉、鱼、虾等的蛋白质分解物，尤其腐败变质时，仲胺等可大量增加。这些食品进入人的胃中就可合成 *N*－硝基化合物，烟熏肉或鱼、煎炸咸肉、用燃料在空气中直接烧烤的食品也可合成 *N*－硝基化合物。

（二）多环芳族化合物对食品污染

（1）多环芳烃类化合物。来自煤炭、木材、石油、香烟等燃料不完全燃烧产生的烟雾中，或燃料直接熏、烤的动物性食品中脂类及（脂肪、胆固醇）及反复高温加热烹饪用油高温下热分解热聚合产生。共有200多种，多具有致癌性。

（2）杂环胺类化合物。由肉类、鱼类在煎炸、烘烤过程蛋白质、肽、氨基酸热分解产生的。尤其是烧焦的高蛋白质食物中杂环胺类化合物含量更高。其为强致癌性物质，可导致食管癌、胃癌。

（3）丙烯酰胺。由天冬酰胺和还原糖（主要是果糖、葡萄糖）在加热到120℃以上反应产生的，存在于高温加热（煎、炸、烤）的淀粉类食品、谷类食品和咖啡及其类似制品中。能损害人体神经系统，经动物实验证明其有致癌性。

（4）反式脂肪酸。膳食中的反式脂肪酸主要来源是人造黄油，某些烘烤食品如炸薯条、炸鸡块等快餐食品、沙拉酱等。反式脂肪酸使胎儿和新生儿易患必需脂肪酸缺乏症，影响其生长发育；导致成人产生血栓，促进动脉硬化，加速大脑功能衰退；诱发妇女患Ⅱ型糖尿病。

四、食品中的有毒金属

（一）汞

（1）汞的来源。一是鱼贝类中汞的来源：工业废水（造纸、涂料、化工等）中无机汞（低毒性）→河、海（微生物作用）→有机汞（强毒性）→食物链→鱼贝类→人体。二是农作物中汞的来源：土壤、含汞农药、含汞灌溉水。三是畜禽中汞的来源：含汞饲料。

（2）汞的毒性。甲基汞中毒——侵犯中枢神经系统。

（二）镉

（1）镉的来源。一是食品中镉的来源：工业三废（冶炼、化工、电镀、陶瓷、印刷等）→水体、土壤、空气→水生动植物、农作物（水产品鱼贝类污染最严重）。二是容器：玻璃、陶瓷、搪瓷上色颜料及塑料稳定剂中含镉，遇酸易溶出污染食品。

（2）镉的危害：镉进入人体后积累在肾、肝、骨骼；引起肝、肾、消化器官损伤，严重时骨骼钙为镉取代而导致“骨痛症”。

（三）铅

（1）铅的来源。一是食品中来源。二是含铅食品加工机械设备。食具、容器及包装材料的釉彩及油墨中含铅。三是食品添加剂（制松花蛋用密陀僧 PbO）。四是工业废气、汽车尾气（汽油中防震剂四乙基铅）。

（2）致病性。人体铅90%蓄积在骨骼，当抵抗力差时，侵入脏器。铅中毒主要损伤神经系统、造血器官、肾脏。铅中毒可导致儿童智力下降，免疫力丧失。

五、霉变食品食物中有害物质

（1）赤霉病麦毒素。湿热环境下、镰刀菌感染麦子，产生有毒代谢产物。

（2）黄变米和黄粒米毒素。稻谷储存中因含水量高，导致霉变，产生黄变米毒素和黄粒米毒素，使米粒变黄。

（3）3－硝基丙酸。甘蔗储存不当霉变，由甘蔗节菱孢霉产生神经毒素。

六、食物过敏

某些特殊人群对某些食物中的一些成分的不正常生理反应被称之为食物过敏。

（一）食物中的过敏原

引起食物过敏的过敏原大都来源于食物中的蛋白质，常见诱发食物过敏的食物有如下10种。

（1）奶及奶制品。以牛奶致儿童过敏性哮喘发生率为最高。对需要乳类喂养的婴幼儿来说，应积极主张母乳喂养，以减少牛奶喂养所致过敏性哮喘的发生机会。

有些食物不能和牛奶一起服用：

① 橘子与牛奶。在喝牛奶前后1小时左右，不宜吃橘子和其它酸性水果。

② 果汁与牛奶。牛奶中不宜添加果汁等酸性饮料。

③ 牛奶与糖。鲜牛奶在煮沸时不要加糖，煮好牛奶等稍凉些后再加糖不迟。

④ 牛奶与巧克力。两者同食会结合成不溶性草酸钙，极大影响钙的吸收。甚至出现头发干枯、腹泻、生长缓慢等现象。

⑤ 牛奶与药。牛奶容易在药物的表面形成一个覆盖膜，使奶中的钙、镁等矿物质与药物发生化学反应，形成非水溶性物质，从而影响药效的释放及吸收。在服药前后1小时内不要喝奶。

（2）鸡蛋。鸡蛋诱发过敏性疾病的病例不少，其中有少部分表现为过敏性哮喘。如果只吃蛋黄不吃蛋清则可降低哮喘发作率。

（3）海产品及水产品。食用不新鲜的海产品可使过敏性哮喘的发生率明显增加。

（4）花生、芝麻和棉籽等油料作物。这类食物不要生吃，要经过炒、煮或加工后方可食用，以降低过敏性哮喘的发生率。

（5）豆类。黄豆、绿豆、红豆、黑豆以及芸豆、青豆等多种豆类，炒熟煮透后其致敏性降低，故食用前应充分热加工。

（6）小麦、谷类。国外报道，经常与这类食物接触的面包师中哮喘发生率高，又称面包师哮喘。面粉不易储放时间过久。

（7）水果。少数水果可能诱发过敏性哮喘，如桃子、苹果、香蕉、草莓、樱桃、椰子等，虽仅为个别情况。

（8）蔬菜。过敏性哮喘发生率很低，偶尔可见。

如鲜蚕豆，有的人体内缺少某种酶，食用鲜蚕豆后会引起过敏性溶血综合征。症状为全身乏力、贫血、黄疸、肝肿大、呕吐、发热等，若不及时抢救，会因极度贫血而死亡。

如西红柿：不宜和黄瓜同时食用。服用肝素、双香豆素等抗凝血药物时不宜食用。空腹时不宜食用。不宜食用未成熟的西红柿。不宜长久加热烹制后食用。服用新斯的明或加兰他敏时禁忌食用。

如黄瓜：不宜生食不洁黄瓜。不宜弃汁制馅食用。不宜多食偏食。不宜加碱或高热煮后食用。不宜和辣椒、菠菜同食。不宜与花菜、小白菜、西红柿、柑橘同食。

(9) 肉类。较为常见的包括牛肉、羊肉、猪肉、鸡肉、鳖肉、鸟肉等。

(10) 其他。如开心果、山胡桃等坚果，咖啡、啤酒等饮料和酒类，巧克力及花粉制成的保健品等，也可见到由这些食物引起的过敏性哮喘病例。

（二）食物引起过敏反应的途径

(1) 直接食入。

(2) 有些食物在烹煮时散发在空气中的气味也可引起吸入性过敏反应。

(3) 有些食物即使只有接触，也可能造成皮肤发痒、红肿的过敏反应，尤其是一些富含蛋白酶的水果如奇异果、木瓜、菠萝、芒果。

第九章　酒水知识

第一节　饮料知识

一、茶知识

茶、咖啡、可可是世界性的三大饮料。我国是世界上最早发现和使用茶叶的国家，也是茶树资源最为丰富的国度。唐代的茶叶专家陆羽写了世界上第一部有关茶叶的书《茶经》，对茶叶的生产发展、饮茶风气和向国外传播起了很大作用，饮茶之风遍及全球。由饮茶而衍生的茶礼茶仪、茶俗茶风、茶艺茶会、茶道茶德等等，充分地展现了茶文化的艺术魅力。

（一）茶叶的类型

1. 茶叶的命名

（1）根据茶叶的形状命名。有形似瓜子片的安徽六安“瓜片”；形似山雀舌的杭州“雀舌”；形似珍珠的浙江嵊州“珠茶”；形似眉毛的浙江、安徽、江西的“眉茶”“秀眉”“珍眉”；形似小笋的浙江长兴“紫笋”；形状圆直如针的湖南岳阳“君山银针”、安化的“松针”；形曲如螺的江苏苏州“碧螺春”；状如蟠龙的浙江临海的“蟠毫”；弯曲如虾的湖南大庸（今张家界市）“龙虾”茶；形如利剑的湖北宜昌的“剑毫”；形似竹叶的四川峨眉山的“竹叶青”；犹如兰花的安徽岳西的“翠兰”；有以丝线扎结成各种花朵形状，如江西婺源的“墨菊”、安徽黄山的“绿牡丹”等。

(2) 根据产地的山川名胜命名。如浙江杭州的“西湖龙井”、普陀山的“普陀佛茶”、安徽歙县的“黄山毛峰”、江苏金坛的“茅山青峰”、湖北的“神农余峰”、江西的“庐山云雾”、“井冈翠绿”、“灵岩剑峰”、“天舍奇峰”、云南的“苍山雪绿”、四川的“鹤木仙茗”等。

(3) 根据茶叶的外形色泽或汤色命名。如绿茶、白茶、黑茶、红茶、黄茶等。也有的将外形色泽与形状结合而命名，如“银毫”、“银峰”、“银芽”、“银针”、“银笋”、“玉针”、“雪芽”等。

(4) 根据茶叶的香气、滋味特点命名。如具有兰花香的安徽舒城的“兰花茶”、滋味微苦的湖南江华“苦茶”、四川青城山的“苦丁茶”等。

(5) 根据茶叶的采摘时期和季节而命名。如清明节前采制的称为“明前茶”；雨水前采制的叫“雨前茶”；4~5月份采制的称“春茶”；6~7月份采制的叫“夏茶”；8~10月份采制的叫“秋茶”；当年采制的称“新茶”，不是当年采制的叫“旧茶”等。

(6) 根据茶叶的加工制造工艺命名。如用铁锅炒制的称“炒青”；用烘干机具烘制成的称“烘青”；利用太阳光晒干的称“晒青”；用蒸汽处理后制成的称“蒸青”；用香花窨制而成的称“花茶”；冷蒸压而成形的称“紧压茶”、“砖茶”、“饼茶”；根据茶叶加工时发酵的程度加以区分，如发酵茶（红茶）、半发酵茶（乌龙茶）和不发酵茶（绿茶）。

(7) 根据茶叶的包装形式命名。如“袋泡茶”、“小包装茶”、“罐装茶”等。

(8) 根据茶树的品种名称命名。如乌龙茶中的“水仙”、“乌龙”、“大红袍”、“铁观音”等。

(9) 根据制茶时添加的果汁、中药及功效命名。如荔枝红茶、柠檬红茶、菊花茶、人参茶、甜菊茶、减肥茶、戒烟茶、明目茶、益寿茶等。

(10) 根据茶叶的销路命名。如国内销售的称“内销茶”；销往边疆的称“边销茶”；外销为主的称“外销茶”、“出口茶”等。

2. 茶叶的分类

我国茶叶可分为基本茶类和再加工茶类两大部分。

(1) 基本茶类。指绿茶、红茶、乌龙茶、白茶、黄茶和黑茶六大类。

(2) 再加工茶类。指花茶、紧压茶、萃取茶、果味茶、中药保健茶以及含茶饮料等。

茶叶分类表

类别		品种
蒸青绿茶		煎茶、玉露
晒青绿茶		滇青、川青、陕青
炒青绿茶	眉茶	炒青、特珍、珍眉、凤眉、秀眉
	珠茶	珠茶、雨珍、秀眉
	细嫩绿茶	龙井、大方、碧螺春、雨花茶、松针

续表

类别		品种
烘青绿茶	普通烘青	闽烘青、浙烘青、徽烘青、苏烘青
	细嫩烘青	黄山毛峰、太平猴魁、华顶云雾、高桥银峰
白芽茶		白毫银针
白叶芽		白牡丹、贡眉
黄芽茶		君山银针、蒙顶黄芽
黄小芽		北港毛尖、沩山毛尖、温州黄汤
黄大芽		霍山黄大茶、广东大叶青
闽北乌龙		武夷岩茶、水仙、大红袍、肉桂
闽南乌龙		铁观音、奇兰、黄金桂
广东乌龙		凤凰单丛、凤凰水仙、岭头单丛
台湾乌龙		冻顶乌龙、包种、乌龙
小种红茶		正山小种、烟小种
工夫红茶		滇红、祁红、川红、闽红
红碎茶		叶茶、碎茶、片茶、末茶
湖南黑茶		安化黑茶
湖北老青茶		
四川边茶		南路边茶、西路边茶
滇桂黑茶		普洱茶、六堡茶
花　　茶		玫瑰花茶、珠兰花茶、茉莉花茶、桂花茶
紧压茶		黑砖、方茶、茯砖、饼茶
萃取茶		速溶茶、浓缩茶、罐装茶
果味茶		荔枝红茶、柠檬红茶、猕猴桃茶
保健茶		减肥茶、杜仲茶、降脂茶
含茶饮料		茶可乐、茶汽水

3. 茶具的种类

茶具种类繁多，造型优美，既有实用价值，又富艺术之美。可分为煮水器、备茶器、泡茶器、盛茶器、洁涤器五大类。

（二）中国名茶鉴赏

1. 绿茶类

绿茶是我国产量最多的一类茶叶，花色品种之多居世界之首，占世界茶叶市场绿茶贸易量的70%左右。我国传统绿茶——眉茶和珠茶，以香浓、味醇、形美、耐冲泡，而深受消费者的欢迎。绿茶的基本工艺流程分为杀青、揉捻、干燥三个步骤。杀青方式有加热杀青和热蒸汽杀青两种，其中以蒸汽杀青制成的绿茶称“蒸青绿茶”。炒干的绿茶称“炒青”，烘干的绿茶称“烘青”，晒干的绿茶称“晒青”。绿茶是不发酵之茶，其珍品有浙江杭州的西湖龙井茶、江苏吴县的太湖碧螺春、安徽的六安瓜片茶、湖南洞庭湖的君山银针茶、安徽的黄山毛峰茶、河南的信阳毛尖茶、安徽的太平猴魁茶、江西的庐山云雾茶、四川蒙山的蒙顶茶、浙江长兴的顾渚紫笋茶，今被称为全国绿茶中的十大名茶。

2. 红茶类

红茶的基本特征是叶红汤红。红茶是经过发酵的茶，其名品有安徽祁门红茶、云南凤庆红茶等。19 世纪，我国的红茶制法传到印度和斯里兰卡等国，他们仿效中国红茶的制法又逐渐发展成为将叶片切碎后再发酵、干燥的红碎茶。红碎茶是目前世界上消费量最大的茶类。

3. 乌龙茶类

乌龙茶属半发酵茶，是介于不发酵茶（绿茶）和全发酵茶（红茶）之间的一类茶叶，外形色泽青褐，因此也称它为“青茶”。乌龙茶冲泡后，叶片有红有绿，素有“绿叶红镶边”之美称。分为闽北乌龙、闽南乌龙、广东乌龙和台湾乌龙四类。其珍品有福建的武夷岩茶、武夷水仙、铁观音、大红袍、台湾冻顶乌龙等，

4. 白茶类

白茶属轻微发酵茶。白茶常选用芽叶上白茸毛多的品种，如福鼎大白茶，芽壮多毫，满披毛毫，十分素雅，汤色清淡，味鲜醇美。白茶因采用原料不同，分芽茶和叶茶两类。

5. 黄茶类

黄茶的品质特点是“黄汤黄叶”。黄茶依原料芽叶的嫩度大小可分为黄芽茶、黄小茶和黄大茶三类。

6. 黑茶类

黑茶的原料较精，加之制造工序中堆积发酵时间较长，因而叶色油黑或黑褐，故名。黑茶主要供边区少数民族饮用，所以又称边销茶。各种黑茶的紧压茶是藏族、蒙古族和维吾尔族日常生活的必需品，有“宁可一日无食，不可一日无茶”之说。黑茶有湖南黑茶、湖北老青茶、四川边茶和滇桂黑茶之分。

7. 花茶类

花茶是利用绿茶作为基本原料进行再制的加工茶，分为茉莉花茶、白兰花茶、珠兰花茶、玳玳花茶等，其品质香气浓郁，滋味醇浓，汤色明亮。

（三）茶与人体健康

1. 茶的营养成分

（1）蛋白质、氨基酸类。已发现茶中的氨基酸有 28 种，其中以茶氨酸含量最高。

（2）糖类、类脂类。茶中含葡萄糖等糖类，但能溶于水的仅占 4% ~5% 。茶叶属低热量原料，适合糖尿病及忌糖患者饮用。茶叶中还含有少量的脂肪。

（3）维生素类。茶叶中含有丰富的维生素类物质。嫩茶比老茶含量高，绿茶比红茶

含量高。

(4) 矿物质。茶叶中含有大量的有机化合物，如钙、镁、磷、铁、钾、锌以及锰、氟、硒等。

(5) 生物碱类。茶叶咖啡碱是一种强有力的中枢神经兴奋剂，饮茶不但能提高思维活动能力，还具有对大脑皮质的兴奋作用。

(6) 茶多酚类。茶叶中有茶多酚类化合物，具有降血脂、降血糖、抗氧化、防衰老、抗辐射、杀菌消炎、抗癌、抗突变等作用。

(7) 有机酸类。茶叶中含有多种有机酸，对维持体液起着一定的平衡作用。

(8) 皂甙类。茶叶皂甙具有抗炎症、抗癌、杀菌等多种功效。

2. 茶的疗效作用

(1) 兴奋提神。在感到疲乏时喝上一杯茶，刺激功能衰退的大脑中枢神经，使之由迟缓转为兴奋，集中思考力，以达到兴奋集思之功效。

(2) 醒酒作用。喝浓茶可刺激麻痹的大脑中枢神经，有效地促进代谢作用，因而发挥醒酒的效能。酒后喝几杯浓的绿茶或乌龙茶，一方面可以补充维生素 C，另一方面茶叶中的咖啡碱具有利尿作用，能使酒精迅速排出体外。

(3) 利尿、止痢和预防便秘。饮茶具有明显的利尿效应，使尿液中的尿酸得以排除。茶叶的止痢效果优于其他价格昂贵的化学药物，而且有较长的特效。茶叶中的微量茶皂素也具有促进肠蠕动的作用和对弛缓性便秘的治疗效果。

(4) 防龋作用。茶叶能杀死在齿缝中存在的乳酸菌及其龋齿细菌，还有清除口臭的效果。

(5) 抗癌和抗突变作用。大量的实验结果肯定了茶叶的抗癌抗突变作用，并对人体致癌亚硝基化合物的形成具有阻断作用。在不同茶类中，绿茶的活性最高，其次为紧压茶、花茶、乌龙茶和红茶。

(6) 降血压、血脂作用。茶叶能使血管壁松弛，增加血管的有效直径，通过血管舒张而使血压下降。叶绿素可抑制胃肠道对胆固醇的吸收，它们共同起着消解脂肪、降低血脂、防止肥胖的作用。

(四) 茶艺

1. 泡茶

泡茶既要讲究实用性、科学性，又要讲究艺术性。

(1) 泡茶用水。一是甘而洁，二是活而鲜，三是贮水得法。一般都用天然水，自来水使用过量氯化物消毒，气味很重，应先将水贮存在罐中，放置 24 小时后再用火煮沸泡茶。泡茶宜选软水或暂硬水为好。在天然水中，雨水和雪水属软水，溪水、泉水、江水属暂硬水，部分地下水为硬水，蒸馏水为人工软水。

(2) 泡茶器皿。饮用花茶，宜选择较大的瓷壶泡沏，然后斟入瓷杯饮用。乌龙茶，宜选用紫砂茶具。四川、安徽地区流行喝盖碗茶（盖碗是由碗盖、茶碗和茶托三部分组成）。喝绿茶，多用有盖瓷壶泡茶。品饮名绿茶和细嫩绿茶宜用玻璃杯，茶杯均宜小不宜大，否则容易使茶叶烫熟而失去滋味。配套茶具，如放茶壶用的茶船（又名茶池，分盘形、碗形两种）；盛放茶汤用的茶盅（又名茶海）、赏茶时盛用的茶荷；沾水用的茶巾；舀茶用的茶匙；放置茶杯用的茶盘和茶托；专门存放茶叶用的铁罐、瓷罐、木罐等贮茶器具。

（3）茶水比例。泡茶三要素（用量、水量、冲泡时间及次数）中，茶叶用量为首。冲泡红、绿茶，茶与水的比例掌握在1∶50或1∶60，即每杯放3克左右茶叶，加沸水150～200毫升。如饮用普洱茶、乌龙茶，每杯放量5～10克。如用茶壶冲泡，则按茶壶容量大小适量掌握比例，投入量占茶壶容积的一半。

（4）泡茶水温。茶叶中的有效物质在水中的溶解度跟水温密切相关，60℃水浸出的有效物质只相当于100℃的沸水浸出量的45%～65%。高级绿茶，特别是芽叶细嫩的名绿茶，一般用80℃的沸水冲泡。饮泡各种花茶、红茶、中低档绿茶，则要用90～100℃的沸水冲泡，如水温低，茶叶中有效成分析出少，茶叶味淡。冲泡乌龙茶、普洱茶和沱茶，必须用100℃的沸水冲泡。少数民族饮用的紧压茶，则要求水温更高，将砖茶敲碎熬煮。

2. 绿茶的冲泡技法

冲泡高档细嫩名绿茶，一般选用玻璃杯或白瓷杯，而且无需用盖，其目的一则便于赏茶观姿，二则防嫩茶泡熟，失去鲜嫩色泽和清香滋味。普通绿茶，重在品赏滋味或佐食点心，也可选用茶壶泡茶，即“嫩茶杯泡，老茶壶泡”。泡饮之前，先欣赏干茶的色、香、形，称为“赏茶”。采用透明玻璃杯泡饮细嫩名茶，便于观察茶在水中的缓慢舒展、游动、变幻过程，称为“茶舞”。然后视茶叶的嫩度及茶条的松紧程度，分别采用“上投法”、“下投法”。所谓“上投法”即先冲水后投茶，适用于特别细嫩的茶。先将75～85℃的沸水冲入杯中，然后取茶投入，茶叶便会徐徐下沉。而下投法即先投茶后注水，适合于茶条松展的茶。细嫩绿茶的冲泡手法很有讲究。要求手持水壶，常先注入少量热水，使茶叶浸润一下，稍后再注水至离杯沿1～2厘米处即可。在冲泡时如待客，可将泡好茶的茶杯或茶碗，放入茶盘中，捧至客人面前，以手示意，请客人品饮。

【案例】

龙井茶是绿茶中的名品，又是茶种名、地名、寺名、井名，可谓“五名合一”。“龙井茶，虎跑水”则被称为杭州双绝。

（1）赏干茶：西湖龙井素以色绿、香郁、味甘、形美四绝著称于世。按产地不同有“狮”、“龙”、“云”、“虎”、“梅”之别，品质以狮峰最佳。龙井干茶的外形扁平光滑，状似莲心、雀舌，色泽嫩绿油润，味淡雅清香。

（2）品泉：西湖泉水众多，水质以虎跑泉最优，含有较多的对人体有益的营养元素，水色清澈明亮，滋味甘洌醇厚。“小杯啜乌龙，虎跑品龙井”。虎跑泉水分子密度高，表面张力大，泉水高出杯沿2～3毫米不外溢。

（3）温润泡：选用玻璃杯或青花白瓷茶盏。每杯撮上3克茶，加水至茶杯或茶碗的1/5～1/4。

水温则掌握在80℃左右，让茶叶吸收湿热和水分，以助舒张。水温过高，嫩茶叶会产生泡熟味；水温太低，则香气、滋味透发不出来。

（4）再冲泡：提壶高冲，水柱沿杯碗壁冲入，茶与水的比例掌握在1∶50，水仍在80℃左右。

（5）品茶：品饮时，先慢慢端起清澈明亮的杯子，细看杯中翠叶碧水，观察多变的叶姿。然后，将杯送入鼻端，深深地嗅闻龙井茶的嫩香，使人舒心清神。继而缓缓品味，清香、甘醇、鲜爽油然而生。

3. 红茶的冲泡技法

红茶品饮有清饮和调饮之分。

（1）清饮法。不加任何调味品，使茶叶发挥应有的香味。适合于品饮工夫红茶，重在享受它的清香和醇味。高档红茶的冲泡，以选用白瓷杯为宜，将3克红茶放入白瓷杯中。倘若用壶泡，则按1∶50的茶水比例，确定投放量。然后冲入沸水到八分满为止。红茶经冲泡3分钟后，即可先闻其香，再观察汤色。然后缓缓啜饮，细细品味。好的工夫条红茶一般可冲泡2～3次，而红碎茶只能冲泡1～2次。

（2）调饮法。在茶汤中加调料，以佐汤味。常见的是在红茶茶汤中加入糖、牛奶、柠檬片、咖啡、蜂蜜或香槟酒等。如果品饮的红茶属条形茶，一般可冲泡2～3次；如果属红碎茶，通常只冲泡1次；第二次再冲泡，滋味就显得淡薄了。调饮法用的红茶，多数用红碎茶制的袋泡茶，茶汁浸出速度快，浓度大，也易去茶渣。品饮红茶，以选用咖啡茶具较为适宜。

4. 乌龙茶的冲泡技法

乌龙茶的品饮特点是重品香，不重品形，先闻其香后尝其味。品赏乌龙茶讲究环境、心境、茶具、水质、冲泡技巧和品尝艺术。

（1）茶叶的用量。茶叶的用量以装满紫砂壶容积的1/2为宜，约重10克。

（2）泡茶的水温。要求水沸立即冲泡，水温为100℃。

（3）冲泡的时间和次数。乌龙茶较耐泡，一般泡饮5～6次。泡的时间要由短到长，一次冲泡，时间短些，约2分钟；随着冲泡次数增加，泡的时间相对延长。

（4）冲泡和斟茶。各地泡茶各有讲究。广东潮汕和福建漳泉等地区流行喝“功夫茶”。茶具小巧玲珑，茶壶用绯绛色的陶土特制。泡茶用的水以泉水、井水为佳。一般用一种半发酵后即烘炒类型的茶，泡制时先将水烧开，然后烫壶烫杯，再把茶叶装入壶中约七成满。还要配上一些茶末，水烧开后冲茶，冲时要掌握“高冲”、“低洒”、“括沫”、“淋盖”、“烧杯热罐”、“澄清”等要领。泡好后饮用。冲好茶先敬客人、尊长。在座若是3人以上，其他人则待下一轮才喝。泡上3～4轮，再加茶叶，或者完全更换，重新再泡。循环往复，可以吃上半天，今城乡盛行。

5. 普洱茶的冲泡技法

将10克普洱茶倒入茶壶或盖碗，冲入500毫升沸水。先洗茶，再冲入沸水，浸泡5分钟，将茶汤倒入公道杯中，再将茶汤分斟入品茗杯，先闻其香，观其色，而后饮用。

饮用普洱茶使用特制的瓦罐在火塘上烤后加盐品饮。也有加猪油或鸡油煎烤油茶，还有的打成酥油茶。

6．白茶的冲泡技法

以冲泡白毫银针为例。茶具选用无色无花的直筒形透明玻璃杯。先赏茶，再将2克茶置于玻璃杯中，冲入70℃的开水少许，浸润10秒钟左右，随即用高冲法，由同一方向冲开水，静置3分钟后，即可饮用。

7．黄茶的冲泡技法

以君山银针冲泡为例，先赏茶、洁具、擦干杯中水。置茶3克，将70℃的开水先快后慢冲入茶杯，至1/2处，使茶芽湿透。稍后，再冲至七八分杯满为止。加盖，经5分钟后，去掉盖。在水和热的作用下，茶姿的形态，茶芽的沉浸，气泡的发生等，都是其他茶冲泡时罕见的，只见芽茶在杯中上下浮动，最终个个林立，人称“三起三落”，这是冲泡君山银针的特有氛围。

8．花茶的冲泡技法

品饮高档名优花茶，选用透明的玻璃杯冲泡。茶叶用量与水之比为1∶50，宜用85℃左右的沸水冲泡，时间3～5分钟，冲泡次数以2次为宜。可透过玻璃杯欣赏茶芽精美别致的造型，称之为“目品”。3分钟后，揭开杯盖，顿觉芬芳扑鼻而来，精神为之一振，称为“鼻品”。茶汤在舌面上往返流动一两次，品尝茶叶和汤中香气后再咽下，此味令人神醉，此谓“口品”。中、低档花茶选用洁净的白瓷杯或白瓷茶壶冲泡，水温要求100℃，冲泡5分钟后即可斟饮。北方居家品饮花茶，常采用茶壶共泡分饮法，具有方便、卫生的特点，家人老小团聚，泡上一壶茶，一边品饮，一边拉家常，会给家庭增添温馨气氛。四川人品饮花茶很有地方特色，常用一套三件头茶具（茶碗、茶托、茶盖）泡茶，边饮品边摆“龙门阵”，悠然自得。

9．紧压茶的冲泡技法

饮用紧压茶的地区，多半是西藏、内蒙古、新疆等地。紧压茶的调制方法与众多其他茶的冲泡法至少有三点不同：一是饮用时先要将紧压茶打碎；二是不宜冲泡，要用烹煮方法才能使茶汁浸出；三是烹煮时大多加上作料，采用调饮方式饮茶。

（五）茶道

茶道精神是茶文化的核心，是茶文化的灵魂，是指导茶文化活动的最高原则。茶道是一种相对于茶艺的表现形式，二者共同构成了中国茶文化的核心。如果说“茶艺”是指制茶、烹茶、品茶等茶艺之术的话，那么“茶道”则是茶艺过程中所贯彻的精神。前者有名有形，是茶文化的外在表现形式；后者则是精神、道理、规律、本源与本质，是看不见、摸不着，只能通过心灵去体会的内在表现形式。二者结合，艺中有道，道中有艺，是物质与精神高度统一的结果。

（1）精行俭德。陆羽是中国茶道的奠基人。他所著《茶经》是世界第一部全面论述茶的专著。他将普通茶事升格为一种美妙的文化艺能，并提出茶道：精行俭德。

（2）廉、美、和、敬。这是已故浙江农业大学茶学专家庄晚芳教授提出的茶道。廉俭育德，美真康乐，和诚处世，敬爱为人。具体内容为：

廉：推行清廉，勤俭育德。以茶敬客，以茶代酒，减少“洋饮”，节约外汇。

美：品茗为主，共尝美味，共闻清香，共叙友情，康乐长寿。

和：德重茶礼，和诚相处，人际和谐。

敬：敬人爱民，助人为乐，器净水甘。

（3）理、敬、清、融。这是中国农业科学院茶叶研究所所长程启坤和研究员姚国坤主张的中国茶道，具体为：

理：品茶论理，理智和气之意。

敬：客来敬茶，以茶为礼之意。

清：廉洁清白，清心健身之意。

融：祥和融洽，和睦友道之意。

（4）美、健、性、伦。这是台湾国学大师林荆南教授概括的茶道精神，即“美律、健康、养性、明伦”，称之为“茶道四义”。

（5）正、静、清、圆。这是台湾的周渝先生提出的中国茶道精神。

总之，中国茶道精神的核心就是“和”字。“和”意味着天和、地和、人和。意味着宇宙万事万物的有机统一与和谐，并因此产生实现天人合一之后的和谐之美。“和”的内涵非常丰富，作为中国文化意识集中体现的“和”，主要包括着：和静、和敬、和俭、和气、和爱、和美、和谐、宽和、中和、和平、和缓等意义。一个“和”字，不但囊括了所有“敬”、“清”、“寂”、“廉”、“俭”、“美”、“乐”等意义，而且涉及天时、地利、人和许多层面，由此可认为“相睦清心”是茶文化的本质，也就是茶道的核心。

二、咖啡知识

（一）咖啡历史

咖啡起源年代已不可考。相传咖啡是衣索比亚高地一位名叫柯迪的牧羊人，发觉他的羊儿在无意中吃了一种植物的果实后，变得神采活泼充满活力，从此发现了咖啡。但最早有计划栽培及食用咖啡的民族则是阿拉伯人。约公元1000年时，绿色的咖啡豆才被拿来在滚水中煮沸成为芳香的饮料。又过了三个世纪，阿拉伯人开始烘焙及研磨咖啡豆，促使咖啡在阿拉伯世界广泛流行。16世纪，咖啡以“阿拉伯酒”的名义，经由威尼斯及马赛港逐渐传入欧洲。四百年来，咖啡的饮用习惯不仅由西方传至东方，甚至俨然成为锐不可当的流行风潮。

（二）咖啡的主要产国及特性

1．巴西

巴西咖啡的生产量占世界总量的1/3，有着极其重要的地位。但由于巴西咖啡工业一开始即采取低价策略，故所生产的咖啡质量较为一般，极优等级较少。巴西咖啡以

Santos 较著名，其次是 Rio. Santos Coffee 主要产于圣保罗州。

2. 哥伦比亚

哥伦比亚为世界第二大咖啡生产国，生产量占世界总产量的 12%，其咖啡豆质量优良。主要的品种 Supremo 是等级最高的咖啡，香味丰富而独特，具有酸中带甘，苦味中平。Medellin、Armenia、Manizale 为哥伦比亚中部中央山脉所产的三个主要品种，在咖啡市场上被称为 MAM. Bogota & Bucaramanga，产于东部山区环绕哥伦比亚的首都——波哥大。

3. 牙买加

为闻名于世之“蓝山咖啡”的出产地。牙买加的咖啡质量两极化，低地所生长的咖啡质量非常普通，仅用来制作成或混合为廉价咖啡，但高地所生产的咖啡则被视为世界上最高级的品种，主要为 Jamaica Blue Mountain & Jamaica High Mountain. Jamaica Blue Mountain 牙买加蓝山被视为是世界上最有名、最昂贵和最具争议性的咖啡。生长于海拔 3000 英尺上的蓝山区而得名。口味芳醇丰富、浓郁、适度而完美的酸味，三味（甘、酸、苦）优卓调合，为咖啡中的极品。但由于产量极少价钱昂贵，故市面上很少见到真正的蓝山，多是味道接近之综合蓝山。

4. 危地马拉

在危地马拉中央高地区生长着一些世界上最好、口味最独特的咖啡。其酸度较强，浓度中等，口感丰富，味道芳醇而稍带炭烧味。主要的品种有 Antigua，Coban，Huebuetenango。Guatemala Antigua 丰富而复杂的口味，带着一些可可香，被认为是危地马拉质量最好的咖啡。

5. 夏威夷

夏威夷岛西南海岸的康那（Kona）岛上出产一种最有名且最传统的夏威夷康那（Hawaiian Kona）。这种咖啡豆仅生长在康那岛上，也是唯一生产于美国的咖啡。上品的康那在其适度的酸中带着些微的葡萄酒香，具有非常丰富的口感和令人无法抗拒的香味。其最高等级为 Extra Fancy，其次是 Fancy，Prime 和一级（Number one grade）。

第二节　酒知识

自古以来，人们就以酒作为饮料。适量饮酒，有兴奋神经、增进食欲、舒筋活血、祛湿御寒，还有作烹饪调料、药用等作用。每逢节假日或喜庆日子，家人团聚、款待亲友，以美酒佐餐，能增加气氛，丰富人民的生活。同时，酒类还是高税利的商品，对积累资金和加速国家的经济建设也有着积极的意义。

一、酒水概述

（一）酒与酒度

1. 酒与酒的成分

酒是一种用粮食、果品等含淀粉或糖的物质经发酵、蒸馏而成的含乙醇、带刺激性的饮料。凡含有酒精（乙醇）在0.5%～65%（体积分数）的饮料，均可称作酒类。

酒中最重要的成分是乙醇，乙醇的特性在很大程度上决定了酒的特性。酒中还含有另一种成分甲醇，它能无限溶于酒精和水中，有刺鼻气味。甲醇有毒性，对人体的神经系统和视神经中的盲点有毒害。因此，我国对白酒规定了甲醇的限量，即一般粮食原料酿造的白酒中，甲醇不得超过0.04克/100毫克，薯类及代用品为原料的酒中不得超过0.12克/100毫升。

酒中还有其他多种物质，主要包括：水分、总醇类、总醛类、总酯类、糖分、杂醇油、矿物质和微生物等等。这些物质虽然在酒中所占比重甚小，但对酒的质量以及色、香、味、体等有很大的关联，决定了酒与酒之间千差万别的口味。

2. 酒度

乙醇在饮料酒中的含量是用酒度来表示的。酒饮料中酒精含量称为“酒度”。酒度有三种表示法。

（1）体积分数。以%［体积分数，曾用%（*V/V*）表示的体积（毫升）。］为酒度，即每100毫升酒中含有纯酒精。如我国茅台酒酒度为53度，即茅台酒每100毫升中有纯酒精53毫升。

（2）质量分数。以%［质量分数，曾用%（*m/m*）表示］为酒度，即每100克质量酒中含有纯酒精的质量克，我国和多数国家测定标准酒度均采用20度测定。

（3）标准酒度。欧美常用此表示蒸馏酒中酒精含量的一种方法。

（二）酒类总分类

1. 按酿造方法分类

（1）发酵酒。发酵酒亦可称为酿造酒，又称为原汁酒。是在含有糖分的液体中加入酵母进行发酵而产生的含酒精的饮料。发酵酒的主要酿造原料是谷物和水果。其特点为：酒度低，一般在3%～8%（体积分数）之间，保质期短，不宜长期贮存。

按发酵原料的不同可分为：葡萄酒：原汁葡萄酒、气泡葡萄酒、强化葡萄酒、加香葡萄酒；其他水果发酵酒；谷物发酵酒：啤酒、黄酒、清酒。

（2）蒸馏酒。蒸馏酒是把原料发酵后，以一次或多次的蒸馏过程提取高酒度的酒液。其酒度不低于24度，各种白酒大都属于这种类型。

按其酿造原料的不同可将蒸馏酒分为：谷物蒸馏酒：威士忌、伏特加、金酒、中国白酒；水果蒸馏酒（亦可称水果白兰地）：葡萄白兰地、苹果白兰地、樱桃白兰地、李子白兰地；果杂蒸馏酒：朗姆酒、特基拉。

（3）配制酒。配制酒是用发酵酒、蒸馏酒或食用酒精与药材、香料和植物等浸泡、配制而成的。其酒度在22度左右，个别配制酒的酒度高些，但一般都不超过40度。药酒、露酒就属于这种类型。可分类为：① 开胃类配制酒：味美思、必打士、茴香酒；② 佐甜食类配制酒：雪利酒、波特、马德拉、玛萨拉；③ 餐后用配制酒：果料类利口酒、草料类利口酒、种料类利口酒。

2. 按酒度分类

（1）低度酒。酒中含酒精成分在20%（体积分数）以下的酒类。

（2）高度酒。酒中含酒精成分在38%（体积分数）以上的酒类。

（3）中度酒。酒中含酒精成分在20%～38%（体积分数）的酒类，但很少采用此称谓。

一般称38%（体积分数）以下的为低度酒。

3. 按原料分类

（1）白酒。又分粮食白酒、薯干白酒和代粮白酒三种。

（2）黄酒。又分稻米黄酒、玉米黄酒和小米黄酒三种。

（3）果酒。根据原料水果不同，分成葡萄酒、梨酒、苹果酒、猕猴桃酒、山楂酒等。

4. 按用曲种类分类

（1）大曲酒。用小麦、大麦、豌豆等为原料制成曲坯，经保温自然发酵制成“大曲”。以高粱等粮谷为原料，先蒸煮、冷却，以大曲为糖化发酵剂，经过15～120天的双边发酵，通过蒸馏得原酒，再经3个月至3年后熟陈酿，勾兑得成品。国内名优白酒大多属此类酒。

（2）小曲酒。以高粱或其它粮谷为原料，小曲为糖化发酵剂；经半固发酵和蒸馏制成小曲酒。

（3）麸曲酒。以麸曲为糖化剂，用纯种酵母培养酒曲作为发酵剂，将蒸熟的淀粉质原料发酵3～9天，并经固态蒸馏，得到白酒。

（4）混曲酒。以大曲、小曲、麸曲等混合曲为糖化发酵剂，采用大曲酒和小曲酒方法混合酿制的白酒。

（5）其它糖化剂：近代有些白酒常以生物酿制剂为糖化剂，以酿酒活性干酵母为发酵剂，经糖化、发酵酿制的白酒。

5. 按香型分类

（1）称酱香型。以茅台酒为代表，酱香突出，香味幽雅细腻，酒体醇厚，回味悠长，空杯留香。

（2）称浓香型。以泸州老窖和五粮液为代表，其特点是窖香浓郁、绵甜甘洌，香味协调、尾净余长。

（3）清香型。以汾酒为代表。其特点是清香强心、五味协调、醇甜柔和、余味爽净。

（4）米香型。以桂林三花酒为代表。其特点是蜜香清雅，入口绵柔，落口爽洌、回味怡畅。

（5）其它香型。如药香型，以董酒为代表；凤香型，以西凤酒为代表；兼香型，以白云酒为代表；豉香型，以玉冰烧为代表；特香型，以江西四特酒为代表；芝麻香型，以景芝特曲白干为代表。

6. 按西餐餐饮搭配习惯分类

（1）餐前酒（APERITIF）。餐前酒也称为开胃酒，一般包括的品种有：Vermouth、Bitters、Anise。

（2）佐餐酒（TABLE WINE）。佐餐酒通常是指各类葡萄酒。在西餐的正餐中，只有葡萄酒可以作为佐餐用酒。

（3）甜食酒（DESSERT WINE）。甜食酒是以葡萄酒为酒基，调入蒸馏酒勾兑配制而成，也称为强化葡萄酒（FORTIFIED WINE）。甜食酒的糖度和酒度均高于一般的葡萄酒。甜食酒中的干型类型也常作为开胃酒来饮用。甜食酒的主要种类有：Port、Sherry、Madeira、Marsala。

（4）餐后酒（AFTER DINNER WINE）。通常可用做餐后酒的酒水有：Liqueur、Brandy、Vodka。

（三）酒的酿造

酒类主要生产工艺为四种。

1. 发酵工艺

任何酒的生产都必须经过发酵，这是酿酒过程中最重要的一步。简单地说，此工艺的关键就是将酿酒原料中的淀粉糖化，继而酒化的过程。

2. 蒸馏工艺

蒸馏是酿酒的重要过程。蒸馏的原理很简单，即根据酒精的理化性质（酒精的汽化温度为78.3℃），只要将发酵过的原料加热到78.3℃以上，就能获得酒精气体，冷却之后即为液体酒精。采用蒸馏方法来提高酒度，酒精含量一次可提高三倍，即把酒精含量为15度的酒液进行一次蒸馏，可得到45度的酒液，但原则上，通过这种方法永远也得不到100%的纯酒精。

3. 陈化工艺

将酒液储存在木桶或窖池中放置一段时间以促进酒液的成熟，从而形成完美的香气和良好的品质。但有少数酒可以不需陈化，比如金酒、伏特加等。

4. 勾兑工艺

勾兑工艺是将不同年龄、不同品质特点的酒，在装瓶前进行混兑，以达到统一的良好出品品质。酒的最终风格的形成有赖于勾兑工艺的好差。

（四）酒的保健功用

酒的医疗保健作用主要有驱寒、帮助消化、安神镇静、舒筋活血等。

二、中国名酒知识

（一）白酒知识

1. 白酒的生产

中国的白酒以高粱、玉米、大麦、小麦、红薯等为原料，经过发酵、制曲、多次蒸馏、长期贮存制成的高酒精度的液体。由于各种中国白酒的制曲方法不同、发酵、蒸馏的次数不同和勾兑技术的不同而形成了不同风格的中国白酒。

2. 白酒的命名

(1) 以地点命名。如茅台、汾酒等。

(2) 以原料命名。如五粮液、高粱酒等。

(3) 以生产工艺命名。如三花酒、二锅头等。

(4) 以曲的种类命名。如洋河大曲、泸州特曲等。

(5) 以历史人物、典故命名。如杜康酒、孔府家酒等。

3. 白酒的种类（见上一节）

4. 著名的中国白酒简介

(1) 茅台酒。产于贵州省仁怀县茅台镇，1915 年在巴拿马万国博览会上，荣获金质奖。具有酱香突出，酒体醇厚，幽雅细腻，回味悠长，空杯留香持久的风格。历届全国评酒会均被评为国家名酒。属酱香型白酒。

(2) 汾酒。产于山西省汾阳县杏花村。具有清澈透明、清香纯正、爽口绵长的风格特色。属清香型白酒，在历届全国评酒会上均被评为国家名酒。

(3) 五粮液。产于四川宜宾市，因采用五种粮食为酿酒原料而得名。具有喷香浓郁、清洌甘爽、酣甜绵软、回味悠长的风格。属浓香型白酒。它既是我国古代的名酒，还蝉联多届国家名酒的称号。

(4) 泸州老窖特曲。产于四川泸州市。自 1952 年起，在历届全国评酒会上均被列为国家名酒，荣获国家金质奖。具有窖香浓郁、清列甘爽、回味悠长、饭后尤香的风格。属浓香型白酒。

(5) 剑南春。产于四川省绵竹县。连续三届蝉联国家名酒称号。具有窖香浓郁、醇和回甜、清洌净爽、余香悠长的风格。属于浓香型白酒。

(6) 洋河大曲。产于江苏省泗阳县洋河镇，连续三届蝉联国家名酒称号。产品以甜、绵、软、净、香的风格而著称，突出甜、净为其特色。属于浓香型白酒。

(7) 古井贡酒。产于安徽省亳州市古井镇。连续四届被评为国家名酒。其生产工艺以产品具有浓香馥郁，芳香持久，醇和甘爽，回味悠长的风格。属于浓香型白酒。

(8) 董酒。产于贵州遵义市董公寺镇，因创始于董公寺而得名。四次被评为国家名酒。董酒既有小曲酒的柔绵醇和、回甜，又有大曲酒的芳香浓郁，并带药香，酒香药香融为一体。香气幽雅舒适，入口醇化浓郁，饮后甘爽味长。属于其他香型白酒。

(9) 西凤酒。产于陕西省凤翔县柳林镇。四次被评为国家名酒。具有醇香秀雅、甘润挺爽等风格。属于凤香型白酒。

(10) 全兴大曲。产于四川省成都市。三次被评为国家名酒。具有窖香浓郁，醇和协调，绵甜甘洌，落喉净爽的风格。属于浓香型白酒。

(11) 双沟大曲。产于江苏省泗洪县双沟镇。两次被评为国家名酒。素以窖香浓郁、绵甜甘爽，香味协调、尾净余长的风格著称。属浓香型白酒。

（12）郎酒。产于四川省古蔺县二郎镇。两次被评为国家名酒。具有酱香突出、醇厚净爽、回味留香的特点，属于酱香型白酒。

著名的中国白酒还有：北京二锅头、白沙液、孔府家酒、杜康酒、桂林三花酒、酒鬼酒等。

（二）啤酒知识

1. 啤酒的生产

啤酒是以大麦芽为主要原料，大米或玉米为辅料，配以有特殊香味的啤酒花，经发酵而制成的一种含二氧化碳的低酒精饮料，酒精含量一般不超过4%。

2. 著名的中国啤酒简介

（1）青岛啤酒。特点为色泽淡黄，澄清透明，泡沫洁白细腻持久，有独特典型酒花香味和麦芽香味，口味纯正，香醇爽口，苦味细腻柔和，杀口力强。

（2）北京啤酒。从20世纪60年代起入选国家“国宴用酒”。啤酒泡沫洁白、细腻持久，具有幽雅的酒花香味和麦芽香味，口味纯正，清淡爽口，是北方群众喜爱啤酒。

（3）上海啤酒。上海啤酒泡沫洁白、细腻、持久，香味纯正，口味纯净、爽口，是中国淡爽型啤酒的典范。

（4）中外合作生产的啤酒

Amstel	红爵啤酒	中荷合作
Asahi	朝日啤酒	中日合作
Beck's	贝克啤酒	中德合作
Blue Ribbon	蓝带啤酒	中美合作
Budweiser	百威啤酒	中美合作
Carlsberg	嘉士伯啤酒	中丹合作
Foster's	富士达啤酒	中澳合作
Hansa	汉莎啤酒	中德合作
Kirin	麒麟啤酒	中日合作
Sanmiguel	生力啤酒	中国香港产（原菲律宾品牌）
Tiger	虎牌	中新合作

3. 啤酒的饮用

适宜的温度可以使啤酒的各种成分协调平衡，产生最佳的口感。冰镇后饮用，最佳饮用温度在8~10℃左右。啤酒决不能冷冻保存。啤酒的冰点为-1.5℃，冷冻的啤酒不仅不好喝，而且会破坏啤酒的营养成分。同时，容易发生瓶子爆裂，造成伤害事故。

饮用啤酒可采用各种形状的酒杯，但杯具容量大小要适宜，不宜过小。必须保持酒杯的清洁无油污，油脂是啤酒泡沫的大敌，能消蚀啤酒的泡沫。因此盛啤酒的容器、杯具要热洗冷刷，不可使用布巾擦干玻璃杯，因为布里的漂白剂或清洁剂的残留物可能破坏啤酒味道。服务时，切勿用手指触及杯沿及杯内壁。

开启啤酒瓶时不要剧烈摇动瓶子，要用开瓶器轻启瓶盖，并用洁布擦拭瓶身及瓶口。倒啤酒时以桌斟方法进行。斟倒时，瓶口不要贴近杯沿，顺杯壁注入，泡沫过多时，应分二次斟倒。酒液占3/4 杯，泡沫占1/4 杯。

啤酒不宜细饮慢酌，否则酒在口中升温，会加重苦味。喝啤酒的方法有别于喝烈性酒，宜大口饮用，让酒液与口腔充分接触，以便品尝啤酒的独特味道。不要在喝剩的啤酒的杯内倒入新开瓶的啤酒，这样会破坏新啤酒的味道，最好的办法是喝干之后再倒。

（三）葡萄酒、果酒知识

1. 葡萄酒的生产

葡萄酒被称为“发酵酒之王”，是当今世界上最大宗的饮品之一。葡萄酒只能是破碎或未破碎的新鲜葡萄果实或葡萄汁，经完全或部分酒精发酵后获得的饮料，其酒度不能低于8.5 度。但是，根据气候、土壤条件、葡萄品种和一些葡萄酒产区特殊的质量因素或传统，在一些特定的地区，葡萄酒的最低总酒度可降低到7.0 度。

2. 葡萄酒的分类

（1）按生产方法分类：原汁葡萄酒、强化葡萄酒、加香葡萄酒。

（2）按颜色分类：红葡萄酒、桃红葡萄酒、白葡萄酒。

（3）按所含糖分分类：干型葡萄酒（含糖量在0.4 克/100 毫升以下）、半干型葡萄酒（含糖量在0.4～1.2 克/100 毫升）、半甜型葡萄酒（含糖量在1.2～5 克/100 毫升）、甜型葡萄酒（含糖量大于5 克/100 毫升）。

（4）按酒液中有无气泡分类：气泡葡萄酒、无气泡葡萄酒。

（5）按酒标上有无年份分类：佳酿葡萄酒、普通葡萄酒。

3. 著名的中国葡萄酒简介

（1）张裕红葡萄酒（甜）。色泽如红宝石，酒液鲜艳透明，具有解白纳、玫瑰香葡萄果香和浓郁的酒香，滋味醇厚，酸甜适中，余香良好，风味独特。于1915 年荣获巴拿马万国博览会金奖，在全国历届评酒会上被评为国家名酒。

（2）张裕味美思。酒液呈棕红色，清亮透明，酒香、药香谐调，甜酸适口，微苦爽口，令人常思。1915 年在巴拿马万国博览会上荣获金奖，四次被评为国家名酒。

（3）张裕金奖白兰地。色泽金黄，清亮透明，芳香柔谐，醇厚微苦，回味绵长，具有独特的风格。1915 年获巴拿马万国博览会金奖。三次被评为国家名酒。

（4）中国红葡萄酒（甜）。酒液色泽鲜艳，呈红宝石色，澄澈透明，香味和谐，入口醇厚，圆润柔细，余香清晰，具有独特的典型风格。三次被评为全国名酒。

（5）长城干白葡萄酒。河北长城葡萄酒有限公司产品。酒色微黄带绿、透明晶亮，果香悦人，新鲜爽口。在全国第四届评酒会上被评为国家名酒。

4. 葡萄酒与菜肴的搭配

葡萄酒与菜肴搭配的基本规律是：红配红、白配白，桃红香槟都可来。

（1）红酒可以与浓重的菜肴搭配，如肉禽类等。白葡萄酒可以与清淡的菜肴搭配，如鱼和海鲜类。而桃红葡萄酒和香槟酒可以和所有菜肴搭配。

（2）带糖醋调味汁的菜肴，应配以酸性较高的葡萄酒，清淡的干白就比干红要酸些，长相思是好的选择。

（3）鱼类菜肴，根据所用的调味汁来决定。奶白汁的鱼菜可选用干白，浓烈的红汁鱼则以配醇厚的干红；经过橡木桶陈酿的霞多丽干白是熏鱼的好搭配。

（4）油腻和奶糊状菜肴，中性和厚重的干白非常合适，霞多丽干白的黄油香味能给奶油糊类食物增加其独特的风味，但要避免搭配果香味较重的葡萄酒。

（5）辛辣刺激类菜肴，冰凉的啤酒和葡萄酒都合适；较甜的葡萄酒与辣味形成很好的对照。

（6）丰盛的食物，丰盛油腻的食物必须和同样味重的干红搭配；口感厚重、架构丰满、富含高单宁酸的赤霞珠葡萄酒是理想的选择。

中国有世界上最丰富的菜系，几乎所有的中国菜肴都可以搭配葡萄酒，尤其是流行最广的家庭菜肴，更适宜各类葡萄酒的消费。特选登上海地区部分家常菜肴，供搭配葡萄酒时参考。

家常菜搭配酒种表

菜肴分类	家常菜肴名称	搭配酒种
开胃冷菜 （清淡口味）	炸土豆条、萝卜丝拌海蜇、糟毛豆 姜末凉拌茄子、蒜香黄瓜、素火腿 小葱皮蛋豆腐、凉拌海带丝、白斩鸡	白葡萄酒
口味冷菜 （浓郁口味）	咸菜毛豆子、油炸臭豆腐、香牛肉 雪菜冬笋丝、黄泥螺、糖醋辣白菜 糖醋小排骨、鳗鱼香、酱鸭掌	红葡萄酒
河鲜类 （清淡口味）	泥鳅烧豆腐、清炒虾仁、清蒸河鳗 清蒸鲥鱼、盐水河虾、清蒸刀鱼 蒸螃蟹、葱油鳊鱼、醉鲜虾	白葡萄酒
河鲜类 （浓郁口味）	红烧鳝段、红烧桂鱼、炒螺蛳 酱爆黑鱼丁、油焖田鸡、豆瓣牛蛙 红鲫鱼塞肉、葱烤河鲫鱼、炒虾蟹	桃红葡萄酒 白葡萄酒
肉禽类 （清淡口味）	榨菜肉丝、冬笋炒牛肉、魔芋烧鸭 韭黄鸡丝、清蒸鸭子、韭黄炒肉丝 冬笋炒肉丝、蘑菇鸭掌、虾仁豆腐	桃红葡萄酒 白葡萄酒
肉禽类 （浓郁口味）	糖醋排骨、红烧牛肉、红烧蹄膀 红烧狮子头、红烧蹄筋、炖羊肉 油面筋塞肉、花生肉丁、干菜焖肉	红葡萄酒

续表

菜肴分类	家常菜肴名称	搭配酒种
风味菜（辛辣口味）	宫保鸡丁、水煮牛肉、椒盐牛肉、椒麻鸡片、油淋仔鸡、干烧鱼块、回锅肉、红油腰花、鱼香肉丝、	红葡萄酒
海鲜类（清淡口味）	葱姜肉蟹、炒乌鱼球、白灼班节虾、葱油圣子、生炒鲜贝、滑炒贵妃蚌、刺身三文鱼、蛤蜊炖蛋、葱姜海瓜子	白葡萄酒
海鲜类（浓郁口味）	糖醋黄鱼、茄汁大明虾、干烧鱼翅红烧鲍鱼、干烧明虾、红炖海参蚝油干贝、红烧鱼肚、红烧螺片	红葡萄酒 白葡萄酒

5. 葡萄酒的饮用艺术

（1）饮用酒杯。使用大小适当而且上部微微有些收口的杯子，这种式样的杯子叫做郁金香型，它能保持酒的香味。杯子用水晶或无色的玻璃制成，不要雕琢和装饰，以便更好地看到酒的颜色。选用高脚杯子，这样转动酒杯观察时，不会由于手的温度而影响杯中的酒。酒杯要用温水清洗，不用或少用洗涤剂，认真擦拭干净。擦干的杯子立放或挂起来，不能染上其他气味。

下图是针对不同类型的葡萄酒，建议使用不同形状的酒杯。从左到右依次为：（1）起泡酒、（2）年份香槟、（3）甜型起泡酒、（4）清爽的白葡萄酒、（5）全酒体白葡萄酒、（6）年轻的红酒、（7）全酒体红酒、（8）陈年红酒、（9）陈年好红酒、（10）甜酒。

（2）饮用温度。各种酒的最佳饮用温度是不相同的，最理想的温度是：利口酒、香槟酒及有气泡的酒在6～9℃；干型、半干型白葡萄酒在8～10℃；桃红酒和轻型红酒在10～14℃；鞣酸含量低的红葡萄酒15～16℃；鞣酸含量高的红葡萄酒16～18℃。

（3）开瓶方法。在开瓶前要去掉瓶塞上的包装和擦一下它的上部。如果没有完全取出瓶塞或者卡在了瓶口，必须更深地向下转动“瓶起子”的螺旋部分。避免晃动酒瓶，慢慢地拉出瓶塞。因为香槟和带气的酒有压力，开启时要格外小心。当固定瓶塞的铁丝箍掉后，瓶塞要保持在原来的位置上。可使用一条餐巾保护手，以防万一。

年短的和鞣酸含量多的红葡萄酒与空气接触后，更有利于酒香的散发，喝起来更惬意。喝利口酒和白葡萄酒时，提前一小时左右打开；红葡萄酒（除陈酿的酒）要提前一个半小时打开。打开的酒，有时会有一股不好的气味儿或味道，这是因为瓶塞发霉，并且把这种味道传给了酒，俗称“瓶塞味酒”。在餐馆服务时，这种酒客人是可以拒绝接受的。在家里，这种酒可以留下做菜用。

在陈年的酒中会有鞣酸和着色物形成的沉淀，为防止在斟酒时因沉淀物被搅动而使得酒水显得混浊，最好事先把酒瓶直立放置几小时，使沉淀物完全沉降于瓶底，然后在一个光源前把酒倒向广口瓶内，看到沉淀物要到达瓶颈时，立刻停止而将沉淀物留在瓶内。

葡萄酒与空气接触后会发生氧化。因此没喝完的酒，应在它还没有“变坏”的两三天内喝完。为了能保持酒的良好口感，除了要很好的密封外，还应该把酒放在低温处。瓶子被打开后，白葡萄酒可以存放两天，红葡萄酒可放三到四天。

（4）服务程序

接受客人点酒——将瓶标朝向客人，进行示瓶——进行酒温度的降低与提升——开瓶——请主人尝酒——为客人注酒。

（四）黄酒知识

黄酒是以稻米、黍米、黑米、玉米、小麦等为原料，经过蒸料，拌以麦曲、米曲或酒药，进行糖化和发酵酿制而成的各类黄酒。

1. 黄酒的分类

（1）按黄酒的含糖量分类

① 干黄酒。“干”表示酒中的含糖量少。在绍兴地区，干黄酒的代表是“元红酒”。

② 半干黄酒。“半干”表示酒中的糖分还未全部发酵成酒精，保留了一些糖分。在生产上，这种酒的加水量较低，相当于在配料时增加了饭量，故又称为“加饭酒”。酒质厚浓，风味优良，可以长久贮藏。半干黄酒是黄酒中的上品。我国大多数出口酒，均属此种类型。

③ 半甜黄酒。含糖分较高。酒香浓郁，酒度适中，味甘甜醇厚，是黄酒中的珍品。但这种酒不宜久存，贮藏时间越长，色泽越深。

④ 甜黄酒。由于加入了米白酒，酒度也较高。

⑤ 浓甜黄酒。

⑥ 加香黄酒。以黄酒为酒基，经浸泡（或复蒸）芳香动、植物或加入芳香动、植物的浸出液而制成的黄酒。

“加饭酒”是半干型黄酒；“花雕酒”表示半干酒；“封缸酒”（绍兴地区又称为“香雪酒”）表示甜型或浓甜型黄酒；“善酿酒”表示半甜酒。

（2）按酿造方法的不同分类

① 淋饭酒。是将蒸熟的米饭用冷水淋凉，然后拌入酒药粉末，搭窝，糖化，最后加

水发酵成酒。口味较淡。有的工厂用淋饭酒作为酒母，即“淋饭酒母”。

② 摊饭酒。是将蒸熟的米饭摊在竹箕上，使米饭在空气中冷却，然后再加入麦曲、酒母（淋饭酒母）、浸米浆水等，混合后直接发酵。

③ 喂饭酒。按这种方法酿酒时，米饭不是一次性加入，而是分批加入。

（3）按产地、原料、工艺综合起来划分。

① 绍兴酒。产于浙江绍兴地区，以糯米为原料，采用淋饭酒，摊饭酒工艺酿成。是中国黄酒的代表。仿绍酒。除绍兴地区外，其他地区按绍兴酒工艺酿成的糯米酒，均叫做仿绍酒。如北京元红酒，福建红曲酒，又称红曲黄酒，主要产于福建，其次产于广东、台湾等地。以糯米为主，或用糯米为原料，采用红曲为糖化酵剂而酿成的酒。如福建老酒、珍珠红酒。

② 北方黄酒。又叫华北黄酒、黍米黄酒，主要产于华北、东北及黄河流域一带。以黍米为原料而酿成。如即墨老酒、杏花黄酒、大连黄酒。

③ 清酒。又称大米清酒，从日本引进的酒类，最早在长春试产成功投入生产，以后又发展到济宁、德阳等地方投入生产。以大米为原料，采用酒酵母为糖化酵剂，按日本清酒工艺酿造而成。

（4）按酿酒用曲的种类来分。小曲黄酒，生麦曲黄酒，熟麦曲黄酒，纯种曲黄酒，红曲黄酒，黄衣红曲黄酒，乌衣红曲黄酒。

2. 黄酒的饮用与服务

黄酒传统的饮法是温饮，将盛酒器放入热水中烫热，或隔火加温。温饮的显著特点是酒香浓郁，酒味柔和。但加热时间不宜过久，否则酒精都挥发掉了，反而淡而无味。一般在冬天盛行温饮。也可以是在常温下饮用。在香港和日本，流行加冰后饮用。即在玻璃杯中加入一些冰块，注入少量的黄酒，最后加水稀释饮用，也有放一片柠檬入杯内。

饮酒时，配以不同的菜肴，则更可领略黄酒的特有风味。以绍兴酒为例，干型的元红酒宜配蔬菜类、海蜇皮等冷盘；半干型的加饭酒宜配肉类、大闸蟹；半甜型的善酿酒宜配鸡鸭类；甜型的香雪酒宜配甜菜类。

三、世界名酒知识

（一）葡萄酒

葡萄酒有红、白之分。红葡萄酒采用红葡萄为原料，连皮带汁发酵酿造，葡萄皮保留时间越长，酒色越红。红葡萄酒必须经过5～6年成熟才产生丰润的味道，最短的时间也必须3～5年，经过数十年贮藏，才会成为佳酿。它的最佳饮用温度为15～18℃（高温），有助消化，是烤肉类或铁扒类菜肴的最好佐餐酒。

白葡萄酒采用白葡萄（黄色、绿色系列）为主要原料，只需陈年2～5年即可，其最佳饮用温度为8～12℃（冰镇），果香芬芳，微酸爽口，是鱼贝类、禽类的最好佐餐酒。

（二）啤酒

主要生产国有美国、德国、英国、荷兰、比利时等，其驰名品牌有德国的贝克、丹麦的嘉士伯、荷兰的喜力、美国的百威、日本的朝日等。

（三）白兰地

狭义的白兰地以葡萄为原料经发酵、蒸馏而成，广义的白兰地，所有以水果为原料经发酵、蒸馏而成。为了避免混淆，习惯上把狭义的白兰地称为“Brandy”，广义的白兰地在“白兰地”之前冠以该水果的名称。白兰地以科涅克最为有名。科涅克 Cognac 又名干邑，是法国西南部的一个小城。由于科涅克所产的葡萄比波尔多、孛艮地区的葡萄酸，含糖量也少，所酿成的酒，平均度数只有 9.2 度。因此，酿成了世界闻名的“科涅克”白兰地。所有的 Cognac 都是白兰地，但不是所有白兰地都是 Cognac。也就是说，其他地区产品能叫白兰地，而不可能称为科涅克。

白兰地的饮用与服务有以下几种。

（1）饮用场合。一般作为餐后酒，也可在休闲时饮用。

（2）饮用标准分量。酒吧标准用量是 25 毫升（或 1 盎司）一份。

（3）饮用杯具。大肚球形杯。

（4）饮用方法。一种是净饮。将 1 盎司的白兰地倒入白兰地酒杯中，饮用时，用手心温度将白兰地稍微温一下，让其香气挥发，慢慢品饮；第二种是加冰块饮用。将少量冰块放进白兰地酒杯中，再放 1 盎司白兰地；三是加冰水或汽水饮用。

（四）威士忌

威士忌是蒸馏酒中一类重要的酒品。主要生产国家大多是英语国家，其中以苏格兰威士忌最负盛名。英国人最喜欢喝威士忌，称其为“生命之水”。其中著名品牌有白牌 12、海洛、劳根白马王等，美国的波本威士忌也很著名。

威士忌的饮用与服务有以下几种。

（1）饮用场合。消遣休闲时饮用。

（2）饮用杯具。古典杯或专用威士忌酒杯。

（3）饮用标准分量。40 毫升一份。

（4）饮用方法。一是净饮。将威士忌直接倒入威士忌酒杯或古典杯中；二是加冰块饮用。先在古典杯中放 4～5 块冰，然后将威士忌酒倒入古典杯中；三是兑饮。将威士忌倒入果汁杯中，将冷藏过的矿泉水或汽水倒入杯中。

（五）金酒

又译为琴酒、毡酒、杜松子酒。金酒无色透明，口味干洌，杜松子香味浓郁，酒体风格独特，一般酒度在 38～43 度，少数超过 45 度。干金酒是调配混合酒的必备基酒。

金酒的饮用有以下几种。

（1）兑饮。英国干金酒不作为纯饮用，可兑汤力水再加上柠檬片，即成为著名的

"金汤力"。服务时，要用水杯或直身平底杯。

（2）纯饮。荷兰金酒主要用于纯饮，可适当冰镇，作为餐前或餐后酒饮用。服务时用利口酒杯盛酒。荷兰金酒不纯饮时，仍可兑汤力水，并加入冰块和柠檬片饮用。

（3）加冰。将冰块放入杯中，加入金酒。

（六）伏特加

伏特加起源于俄罗斯，其特点是无色、无味、无嗅。入口后不酸、不甜、不苦、不涩，只有一般的刺激。它可佐餐，可餐后饮，可加水、加冰、加果汁，也可以用作鸡尾酒的基酒。"大口大口地喝伏特加，佐鱼子酱和熏鱼，以致一醉方休"是对俄罗斯民族饮用伏特加的写照。

伏特加的饮用和服务有以下几种。

（1）净饮。纯饮伏特加时，可用利口酒杯。

（2）加冰。加冰块时用古典杯，少量冰块放古典杯中和伏特加混合，加一片柠檬。

（3）兑饮。可加苏打水、果汁饮料或番茄汁。

（七）朗姆酒

朗姆酒是以甘蔗汁、甘蔗糖浆为原料，经过发酵、蒸馏而得的酒。因此朗姆酒实质上是制糖业的副产品。其产地以西印度群岛居多。

朗姆酒的饮用与服务有以下几种。

（1）纯饮：陈年浓香型朗姆酒可作为餐后酒纯饮，用利口酒杯。

（2）加冰：可加冰块，用古典杯。

（3）兑饮：白色淡香型朗姆酒适宜做调制混合酒的基酒。可兑果汁饮料、碳酸饮料并加冰块。

（八）特吉拉酒

特吉拉酒又称"龙舌兰酒"，因产于墨西哥的特吉拉小镇而得名，也只有产于该地的龙舌兰酒才可称作特吉拉酒。它是墨西哥的国酒，主要原料为龙舌兰。

（九）香甜酒

香甜酒属于配制酒类，是以各种酿造酒、蒸馏酒或食用酒精为基酒，加入一定数量的水果、香精、药材等，经浸泡、贮存、陈年后以过滤或蒸馏的方法制成的酒精饮料。

（十）清酒

清酒在日本俗称日本酒，它与我国黄酒属同一类型的低度米酒，是以大米为原料，把米粒浸渍、蒸煮后，拌以米曲进行发酵，制出原酒，然后经过滤、杀菌、贮存、勾兑等一系列工序酿制而成的低度酒精饮料。

清酒的品牌很多，命名方法各异，一般是以人名、动物、植物、名胜及酿造方法取名。质量最优秀的是月桂冠、大关、白雪、松竹梅及秀兰。

清酒的饮用方法与服务要求如下。

（1）作为佐餐酒或餐后酒。

（2）使用褐色或紫色玻璃杯，也可用浅平碗或小陶瓷杯。

（3）可常温饮用，以16℃左右为宜；如需加温饮用，加温一般至40～50℃，温度不可过高。

四、鸡尾酒知识

（一）鸡尾酒简介

鸡尾酒是由两种或两种以上的酒或由酒掺入果汁配合而成的一种饮品。具体地说鸡尾酒是由基本成分（烈酒）、添加成分（利口酒和其它辅料）、香料、添色剂及特别调味用品，按一定分量配制而成的一种混合饮品。鸡尾酒讲究色、香、味、形的兼备，故又称艺术酒。

（二）鸡尾酒分类

世界上各种鸡尾酒约有3000种，分类方法也多种多样。这是介绍最常用的几种。

1. 按饮用时间和地点分

（1）餐前鸡尾酒。以增加食欲为目的的混合酒，口味分甜和不甜两种。被称为混合酒鼻祖的马天尼（Martini）和曼哈顿（Manhattan）便属此类。

（2）俱乐部鸡尾酒。在用正餐（午、晚餐）时，或代替头盆、汤菜时提供。这种混合酒色泽鲜艳，富有营养并具有刺激性。如三叶草俱乐部鸡尾酒（Clover ClubCocktail）。

（3）餐后鸡尾酒。几乎所有餐后鸡尾酒都是甜味酒，如亚历山大鸡尾酒Alexander。

（4）晚餐鸡尾酒。晚餐时饮用的鸡尾酒，一般口味很辣，如法国的鸭臣Absinthe鸡尾酒。

（5）香槟鸡尾酒。在庆祝宴会上饮用，先将调制混合酒的各种材料放入杯中预先调好，饮用时斟入适量香槟酒即可。

2. 按混合方法分

（1）短饮类。酒精含量较高，香料味浓重，放置时间不宜过长，如马天尼、曼哈顿均属此类，通常用短杯提供。

（2）长饮类。用烈酒、果汁、汽水等混合调制，酒精含量低，是一种温和的混合酒。可放置较长时间而不变质。通常用高杯饮用，所用杯具是以酒品的名称命名，如哥连士（collins）放在哥连士杯中。

（3）热饮类。与其他混合酒最大的区别是用沸水、咖啡或热牛奶冲兑。如托地（Toddy）、热顾乐（Grog）等。

3. 按所用基酒分

根据所用基酒不同，将其分为威士忌类、金酒类、白兰地类、伏特加类、兰姆类、特基拉类及其他类。

（三）鸡尾酒基本结构

1. 基酒

主要以烈性酒为主，又称为鸡尾酒的酒底，有金酒、威士忌、白兰地、朗姆酒、伏特加和特基拉酒六大基酒；也有些鸡尾酒用开胃酒、葡萄酒、餐后甜酒等做基酒；个别特殊的鸡尾酒不含酒的成分，纯用软饮料配制而成。

2. 辅料

辅料系指搭配酒水，一般有橙汁、菠萝汁、柠檬汁、番茄汁、汤力水、苏打水、干姜水、雪碧汽水、可乐汽水等，有时也需少量的开胃酒或甜酒，分量很少，在7~8ml之间。

3. 配料和装饰物

鸡尾酒常用的配料有糖、盐、糖浆、咸橄榄、丁香、蜜糖、红石榴汁、淡奶、可可粉、鲜牛奶、忌廉、咖啡、鸡蛋、青柠檬汁、小洋葱、玉桂枝、玉桂粉、豆蔻粉、辣椒油、安哥斯特拉比特酒、胡椒粉、李派林喼汁；装饰物有樱桃（有红有绿）、橙子、柠檬、菠萝、香蕉、黄瓜、西芹菜、鲜薄荷叶、苹果、桃干等。

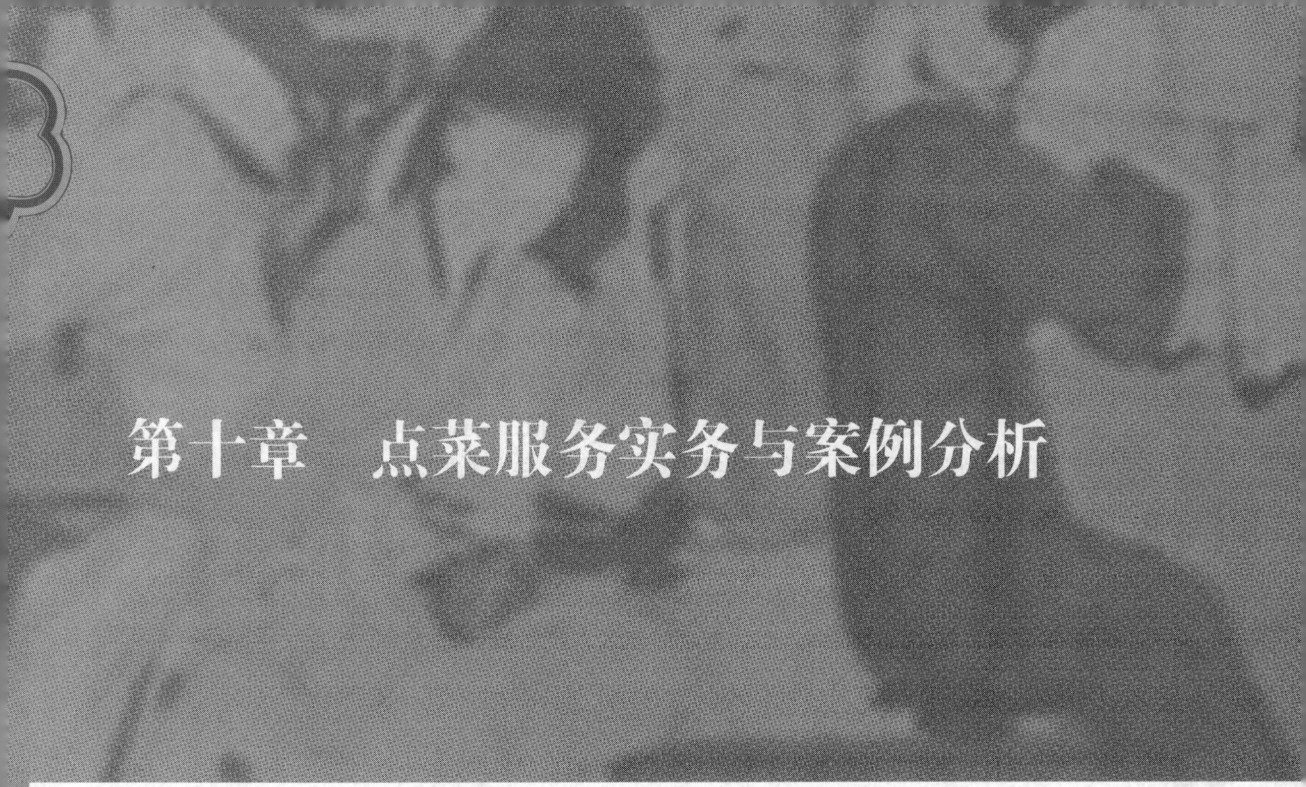

第十章　点菜服务实务与案例分析

第一节　点菜服务中客我关系处理

一、接受宴会预定

1. 客人电话预订宴会时，怎么办？

（1）电话铃响三下之内接电话，礼貌地向客人问好，并自报酒店名称与部门。

（2）详细询问客人公司名称、姓名、房号、电话号码；预订人数、用餐时间、菜式、费用和特别要求、付款方式。

（3）认真做好电话记录；重复一遍电话的主要内容，请客人予以确认。

（4）最后向客人表示感谢。

2. 客人前来餐厅预订宴会时，怎么办？

（1）注意自己的外表形象、言谈举止，热情欢迎客人，请坐敬茶。

（2）详细询问客人公司名称、姓名、房号、电话号码；预订人数、用餐时间、菜式、费用和特别要求、付款方式。

（3）对于客人的特别要求，应给予明确答复，做出安排。

（4）可带客人参观宴会场所，使客人满意。

（5）认真填好宴会预定单，请客人签字确定。

（6）宴会前一天，再次予以确认。

3. 客人要求取消预订宴会时，怎么办？

（1）须视情况，按酒店的有关规定办理退席手续。

（2）在某些宴会预订时，应要求客人交纳一定的预订金，以确保双方的利益。

4. 按客人的预订标准开好菜单，但客人却对其中的某些菜式不满意时，怎么办？

（1）询问客人不满意的原因，了解客人的菜式要求。

（2）根据客人的口味提出建议，在预订标准的范围内，当好客人的参谋。

（3）重新开出菜单，再次征求客人意见，直至客人满意。

5. 两位客人要求预订同一个宴会厅时，怎么办？

（1）根据先来后到的原则，按预订宴会的时间，先订先安排。

（2）按宴会订单的联络电话号码或房号迅速与对方取得联系，向对方讲明原因，诚恳地向客人道歉，以得到客人的谅解，并向客人介绍另一布局类似的宴会厅，征得客人同意，予以确定。

（3）客人到来时，可免费赠送一道菜或一份果盘。

6. 预订价格标准低的客人要求在宴会厅用餐时，怎么办？

（1）宴会厅不紧张的情况下，应尽量满足客人的要求。

（2）宴会厅比较紧张时，要婉转地向客人解释。

（3）在座位安排上给予照顾，尽量引领客人在餐厅比较隐蔽的角落落座。

二、礼貌迎客

7. 客人来到餐厅门口时，领位员应该怎么办？

（1）礼貌地向客人问好，询问是否有预订。

（2）若有预订，应认真、仔细听取客人的公司名称、房号和姓名。查看领位本，找出相应资料，确认客人的人数是否有增减。若有变动，应尽快做出安排，礼貌地把客人带到已安排好的位置。

（3）若无预订，则询问客人的人数，根据客人的人数，为客人安排相应的台位，然后在领位本上做记录。

8. 领位员带客入座时，怎么办？

（1）面带微笑，走在客人前侧约2步远的位置引领。

（2）用手示意方向，礼貌地说："请这边来"；且眼睛要看着客人，并不时回头关照客人，根据客人的要求做出反应。

（3）带客人到达桌边时，礼貌地征求客人的意见："这张桌子您满意吗？"并为客人拉椅让座。

9. 遇到衣冠不整、礼貌欠佳的客人来餐厅用餐时，怎么办？

（1）婉转地提醒客人，同时注意语言艺术："我们酒店是接待外宾的窗口，请您和我们一起维护餐厅的良好形象。"

（2）为客人指引洗手间的位置，请客人整好衣冠。

（3）告诉客人餐厅将为他保留用餐座位。

（4）对客人的合作表示谢意。

10. 遇到伤残人进餐厅吃饭时，怎么办？

（1）及时带客人到离门口较近、便于入座和服务的位子。

（2）提供必要的帮助，如帮助推车、拿物品等。

（3）决不能议论客人或投以奇异的眼光。

（4）不论客人就座或离席，都要小心协助客人挪动椅子。

11. 遇到形象异常，如肤色、外貌特别的客人来餐厅时，怎么办？

（1）像接待其他客人一样，礼貌地向客人问好并带其入座。

（2）不能轻视或笑话客人，更不能评头论足，或盯着客人特别的部位。

12. 客人喜欢坐靠窗的餐位，而那个桌子正好已被预订时，怎么办？

（1）向客人致歉，礼貌地告诉客人此台已被预订。

（2）给客人安排其他比较明亮的台位。

（3）提醒客人，靠窗的餐位一般比较“畅销”，请客人下次提前预订。

13. 遇到带小孩的客人来餐厅用餐时，怎么办？

（1）把客人带到远离通道的地方。

（2）马上为小孩取一张儿童凳。

（3）餐台摆放易破损的餐具、杯具和花瓶时，注意不要将其靠近桌沿。

（4）送饮料时，须配备吸管；为客人分汤时，汤碗应放在小孩家长的右手边，避免小孩直接接触。

（5）餐厅适当准备一些小玩具，以稳定小孩的情绪。

14. 客人来就餐但餐厅已经客满时，怎么办？

（1）礼貌地告诉客人餐厅已客满，并征询客人是否先到酒廊或候餐处等候。

（2）领位员要做好候餐客人的登记，请客人先看菜单，并提供茶水服务。

（3）在了解餐厅用餐情况后，要告诉客人大约等候的时间，并时常给客人以问候。

（4）一旦有空位，应按先来后到的原则带客人入座。

（5）如果客人不愿等候，建议客人在本酒店内的其他餐厅用餐。

15. 宴会开始前，餐厅员工应该怎么办？

（1）检查个人的仪容、仪表，注意制服的整洁，重要宴会要戴上白手套。

（2）面朝客人来的方向，站在餐厅门口迎客，站立姿势规范。

（3）当客人到来时，应根据不同的身份、年龄，给予客人准确的称呼，用好敬语。

16. 参加宴会的客人还未到齐时，怎么办？

（1）问清客人详细情况后，可安排先到的客人在沙发上休息，并为客人斟茶，摆上烟灰缸。

（2）协助客人在衣帽间存放衣服，将取衣牌交给客人。

（3）打开电视机或播放录像，以供客人消遣。

三、餐厅点菜服务

17. 点菜之前，职业点菜师应该怎么办？

（1）了解当天供应的菜式以及制作方法、价格等信息，注意售完的食品（即一时断货的食品）。

（2）了解当天的特别菜肴，以便向客人介绍推销。

（3）与领位员交接客人情况。

18. 客人需要点菜时，怎么办？

（1）客人需要点菜时，职业点菜师应站立于客人左侧0.5米处。

（2）礼貌地询问："请问小姐/先生，现在点菜好吗?"

（3）手持点菜记录单和笔（不能只靠耳听或写在手心上）准确记录菜点。

（4）清晰地向客人复述点菜的内容，予以确认。

（5）从客人手中收回菜单并致谢。

19. 为客人点酒水、饮品时，怎么办？

（1）为客人点酒水、饮品时，站在客人的右边或适当的位置上，询问客人需要哪些饮品或酒水。

（2）当客人犹豫或询问我们有哪些饮品、酒水时，应向客人推荐餐厅所供应的饮品、酒水的品种。

（3）在介绍饮品、酒水的品种时，中间应有所停顿，让客人对我们介绍的品种有考虑和选择的机会。

（4）对客人所点的饮品、酒水的种类、数量，要重复一遍，以便确认。

（5）礼貌地请客人稍候并尽快地为客人提供饮品、酒水。

20. 客人要求职业点菜师介绍菜式时，怎么办？

（1）应主动、热情、耐心地向客人推荐餐厅的特别出品，并介绍该菜式的特色、营养成分及加工制作方法。

（2）为客人提供关于菜式搭配的建议。

（3）询问客人酒水的搭配。

（4）讲话时身体前倾，声音大小适中，不打扰其他客人。

（5）适时向客人说明价格。

21. 客人点的菜已卖完或已过了季节时，怎么办？

（1）应向厨师长了解该菜能否马上制作；如果厨房暂时无原料，职业点菜师应礼貌地向客人道歉，说明情况，请客人下次早点预订。

（2）主动向客人介绍其它同味或类似制作方式的菜肴。

（3）在餐厅营业时间内，某种食物卖完，厨房要及时通知传菜领班，传菜领班应马上写在卖完板上，并告知餐厅经理和职业点菜师。

（4）营业时间内，各员工应经常注意卖完板上的菜肴信息。

22. 客人由于对菜式品种不熟悉，点了同味或类似制作方法的其他菜式时，怎么办？

（1）及时诚恳地告诉客人，他点的菜式与我们理解的不同。

（2）征求客人意见是否更换菜式。

23. 客人点菜单上没有的菜肴时，怎么办？

（1）向厨师长了解该菜能否马上制作。

（2）如果厨房暂时无原料，或制作时间较长，要向客人解释清楚，请客人下次预订，并请客人谅解。

24. 职业点菜师听不懂客人问的菜式时，怎么办？

（1）若听不懂时，应诚恳地向客人说："对不起"，并请客人稍等一下。

（2）然后请教同事或厨师，及时地向客人做解答。

（3）不可直接回答客人："我不知道。"

25. 在客人点菜过程中，职业点菜师应怎么办？

（1）细心聆听客人所点的菜式，准确地记录，特别是客人的特殊要求，并给客人做好参谋。

（2）客人点完菜后，要重复一遍客人所点的菜式。

（3）菜的分量要与客人确认，最后谢谢客人。

26. 客人点菜犹豫不定时，怎么办？

（1）职业点菜师应是一名出色的推销员。当客人对他所点的食物犹豫不定的时候，应运用推销技巧，激发客人食欲。

（2）重点向客人介绍菜式的风味特色，但不可老是追问客人"是否来一盘？"

27. 用餐的客人急于赶时间，怎么办？

（1）遇到有急事的客人，首先在态度上关注顾客。

（2）将客人安排在靠近餐厅门口的地方，以方便客人离开。

（3）急客人之所急，介绍推荐一些烹制时间短、制作简单的菜式；并在订单上注明情况，要求厨房、传菜配合，请厨师先做此单。

（4）各项服务都应快捷，尽量满足客人要求，及时为客人添加饮料，撤换餐盘。

（5）预先备好账单，尽快缩短客人结账时间。

28. 接待回乡旅游观光的用餐客人时，怎么办？

（1）回乡旅游观光的客人，一般都喜欢品尝家乡的名菜或特色小吃。

（2）职业点菜师应了解客人的饮食心理，向客人介绍名菜的制作、来历及掌故，使客人更感兴趣。

29. 遇到老年人或小孩客人点菜时，怎么办？

（1）因老年人和小孩的消化能力比较弱，应介绍一些清淡、易于消化、容易食用的菜式；不要介绍那些刺激性强、味道重、带刺多的食物。

（2）不要向客人推销烈性酒佐餐。

30. 遇到情侣客人点菜时，怎么办？

（1）应介绍比较浪漫的菜式，以增加用餐气氛，交代厨师在菜肴的装饰上多花些功夫。

（2）介绍利于女士美容的食品，不要推荐容易发胖的油腻食物。

31. 接待信奉宗教的客人时，怎么办？

（1）了解客人信奉的是哪种宗教，都有什么忌讳（佛教徒食素、伊斯兰教徒不食猪肉、印度教徒不食牛肉）。

（2）在点菜单上要特别注明，交代厨师用料时不可冒犯客人的忌讳，并注意烹饪用具与厨具的清洁。

（3）上菜前还要认真检查一下，以免搞错。

四、特殊服务

32. 在宴会开始前，才得知个别客人是宗教信徒时，怎么办？

（1）立即征求宴会主办单位负责人的意见，是否另外准备一些特别的菜式，避免冒犯客人的禁忌。

（2）征得同意后，尽快为客人做好安排。

33. 客人预订了宴会，但过了用餐时间还未到，怎么办？

（1）马上与宴会预定部门联系，查明客人是否取消宴会或推迟宴会。

（2）若是宴会延迟，立即通知厨房。

（3）若是宴会取消，按合同向主办方索赔。

34. 宴会临时加人，怎么办？

（1）应视增加人数的多少，摆上相应的餐具和座椅。

（2）若原厅房无法容纳，应立即转到合适的空宴会厅。

（3）若无空厅房，建议将部分客人安排到餐厅比较清静的角落，由专人服务。

（4）征得客人同意后，马上给予调整。

（5）根据客人增加的人数，调整菜单的金额，并做好客人的参谋。

35. 大型宴会客人的人数不足预订人数，怎么办？

（1）在大型宴会预订时，就应让客人确认保证人数和预算人数（保证人数和预算人数的差额，应根据宴会的总人数而定）。

（2）若来客人数少于保证人数，在结账时，应按保证人数的标准计算；若来客人数多于保证人数，则按实际人数计算。

36. 因宴会人数减少，客人临时提出减菜时，怎么办？

（1）如果宴会标准不高，减少的人数不多，应尽量说服客人不要减菜。

（2）如果宴会标准较高，减少的人数又较多，当客人提出减菜的要求时，职业点菜师应立即与宴会预定部联系。

（3）由宴会预定代表与厨房联系，提出减菜的方案。

（4）把新的菜牌提供给客人，请客人确认。

37. 遇到有西方客人参加的中式宴会时，由于他们使用筷子不熟练，怎么办？

（1）有西方客人参加中式宴会时，应事先准备好西餐餐具。

（2）根据客人的情况，询问客人是否需要使用餐刀、叉，并及时给客人提供方便。

38. 客人因等菜时间太长，要求取消食物时，怎么办？

（1）先检查点菜单，看看是否漏写，如漏写，先马上口头通知厨房，然后补单。

（2）如果不是点菜单的问题，到厨房了解是否正在烹调此菜。若正在烹调，回复客人稍候，并告诉客人出菜的准确时间；若未烹调，通知厨房停止烹调，回复客人，并通知餐厅经理取消该菜。

（3）向客人介绍菜式时，应说明烹调时间较长的菜式，以避免客人等待时间过长而投诉。

（4）通过上毛巾、添茶水等服务来缓解客人的情绪。

39. 客人提出食物变质，要求取消此菜时，怎么办？

（1）应耐心聆听客人的意见，并向客人致歉。

（2）把食物立即撤回厨房，由厨师长或餐厅经理检验食物是否真的变质。

（3）如食物确已变质，立即给客人免费赠送类似的菜肴。

（4）如食物并未变质，应由餐厅经理出面向客人解释该食品的原料、配料、制作过程和口味特征等。

40. 未听清客人点的菜，上错了菜，客人不要时，怎么办？

（1）应向客人表示歉意，用打折的方法向客人推销这道菜。

（2）如客人坚持不要，不可勉强客人；通知厨师优先做出客人想要的那道菜。

（3）客人点完菜，职业点菜师应向客人复述一遍，以避免此类情况的发生。

41. 客人在用餐过程中，要求改菜时，怎么办？

（1）要尽量满足对客人的要求。

（2）通知传菜部了解原菜式是否烹调，若已烹调，应委婉地回绝客人。

（3）如未烹调，应马上按客人的要求重新填写点菜单交于厨房，并通知餐厅经理取消原菜式。

42. 客人认为他所点的菜不是这样的时候，怎么办？

（1）细心听取客人的看法，明确客人所要的是什么样的菜。

（2）如是因职业点菜师在客人点菜时理解错误或未听清而造成的，应马上为客人重新做一道他满意的菜，并向客人道歉。

（3）如因客人没讲清楚或对菜理解错误而造成的，职业点菜师应该耐心地向客人解释该菜的制作方法及菜名的来由，取得客人的理解。

（4）由餐厅经理出面，以给客人一定折扣的形式，弥补客人的不快。

43. 客人投诉烹饪的食物未熟、过熟或味道不好时，怎么办？

（1）如食物未煮熟，应马上收回重新煮熟。

（2）因食物烹饪过熟或煮得味道不好，应请厨师再煮另一份同样的食物，不再收费。

（3）如果再煮的食物客人仍不满意，就建议客人另选其它食物，并向客人表示歉意。

44. 客人投诉菜肴中有异物，有虫子时，怎么办？

（1）经了解核实后马上向客人道歉，即刻将食物撤下。

（2）送回厨房并通知餐厅经理来处理此事，以征得客人谅解。

（3）取消该菜，赠送一份同样的食物。退换时应先上调换后的新菜，然后再撤下有异物的菜肴。

45. 客人把食物吃完后才投诉，怎么办？

（1）耐心听取客人的意见，然后向餐厅经理汇报。

（2）经了解客人投诉的情况属实，应先向客人道歉，然后免费给客人上一份果盘或一杯饮品来补偿过失。

（3）如客人是以此手段有意赖账，则汇报大堂副理，由大堂副理出面处理。

46. 客人点了菜，又因有急事或点菜过多不要了，怎么办？

（1）立即检查该菜单是否已送到厨房，如该菜尚未开始做，马上取消。

（2）如菜已做好，迅速用食品盒打包给客人；或者征求客人的意见是否将食品保留，待办完事后再吃，但要请客人先把账结掉。

47. 因点菜等的时间太长，客人不耐烦、不要此菜时，怎么办？

（1）端正态度，从关心体贴客人的角度出发，先打招呼请客人谅解，应向客人解释菜式的特点。

（2）与厨房联系及时催菜，尽快出菜。

（3）可以通过上毛巾、添茶水等服务来缓解客人的情绪。

（4）上菜后，如客人仍不想要，而该菜又未动过，应礼貌地向客人说明收回该菜的损失补偿费，并立即退回厨房作处理。

48. 客人点的菜遗漏了，怎么办？

（1）应马上与厨房取得联系，要求尽快制作。

（2）如果客人等不及，则应退款，并向客人道歉恳请原谅。

49. 客人发现菜同而量不同时，怎么办？

（1）同一道菜决不允许分量有多有少。

（2）要了解清楚，分析原因。如果是烹调方面的原因，应做出适当的解释，比如主料一样，辅料有多有少；又如，菜肴的卤汁有稀有稠，也会给人以或多或少的感觉；再如装盘不同，也会造成客人视觉上的错觉。

（3）如确系数量不足，则应立即补足。

50. 入厨房的点菜单字迹不清楚时，怎么办？

（1）点菜单上的字迹不清楚时，不能随意乱猜，以免出差错。

（2）厨师将点菜单交传菜领班，找到点菜单的发出人，查清楚后重新写好，由传菜部交还厨房。

51. 客人在用餐过程中，遇到邻桌的朋友，想挪坐在一起交谈时，怎么办？

（1）应尽量方便客人，及时询问客人是否把座位移到一起来。

（2）客人同意后，要及时转告传菜部客人转移的情况以免传错菜。

（3）重新给客人摆台。

52. 客人喝醉酒时，怎么办？

（1）当客人有喝醉酒的迹象时，特别要更加注意喝闷酒的单身客人。采取适当方法限制客人喝酒量。礼貌地拒绝给客人再添加酒水。

（2）给客人递上热毛巾，并介绍些不含酒精的饮料，如咖啡、热茶、矿泉水等。

（3）将客人安排在通风处休息，并将其随身携带的物品保管好，设法与其家人或亲友取得联系。

（4）客人如有呕吐，应及时清理污物，并提醒醉客的朋友给予关照。

（5）如有客人在餐厅酗酒闹事，应报告大堂副理和保安部，以便及时处理。

53. 客人在用餐时，突然感到身体不舒服，怎么办？

（1）照顾好客人并让其在沙发上休息。如客人已休克，不要轻易搬动客人。

（2）及时打电话通知医疗室的医生来诊断。

（3）待医生赶到，协助医生送客人离开餐厅到外就诊，以免影响其他客人。

（4）对客人所用过的菜给予保留，以便现场检验。

54. 客人把吃剩的食物如骨头、鱼刺等吐在台布上时，怎么办？

（1）客人把吃剩的食物吐在台布上，会影响餐厅的档次及形象，应及时给予清理。

（2）提醒客人应该吐在骨碟里，注意语言技巧，以免伤害客人的自尊心。

55. 服务中不小心把食物或饮品溅在客人身上时，怎么办？

（1）在上菜和上饮品的时候，要礼貌地提醒客人，以免不小心把菜汁和饮品溅在客人的身上。

（2）如不小心溅在客人身上，职业点菜师要诚恳地向客人道歉，并立即设法替客人清理，免费为客人洗干净衣服。

56. 在用餐过程中，客人不小心碰翻水杯或酒杯时，怎么办？

（1）马上给予清理桌面，安慰客人。

（2）用餐巾吸干台面的水渍或酒渍，然后将清洁的餐巾平铺在吸干的位置上。

（3）重新为客人换个杯子并斟满饮品。

57. 客人不小心损坏了餐具时，怎么办？

（1）客人损坏餐厅用具一般都是无意的，职业点菜师应礼貌、客气地安慰客人，而不能责备客人。

（2）马上上前清理碎片，询问客人有无碰伤，如有碰伤应马上采取措施。

（3）在客人用膳完毕，婉言说明餐具赔偿价格，酌情向客人索赔。

（4）客人不肯赔偿，或对于个别有意损坏餐具的，应报大堂副理处理。

58. 开餐中，有电话找在餐厅用餐的客人时，怎么办？

（1）应问清要找的客人的详细情况，如公司或房号、姓名，大约的年龄及特别的长相。

（2）请打电话的客人稍等。

（3）将被找客人的名字写在挂有铃的寻人牌上，根据所提供的资料寻找客人。

59. 客人擅自拿取餐厅用具，经指出又不承认时，怎么办？

（1）餐厅的某些用具很新颖别致，出于好奇，有些客人会擅自拿取。当发现这种情况时，职业点菜师应马上向领班或经理汇报，由领班有礼貌地向客人耐心解释，在保护客人自尊心的前提下设法让客人自觉交还。

（2）若客人非常喜欢餐具，不愿交还，可按规定的价格出售给客人。

（3）若经说明后，客人坚持不承认，应报告大堂副理处理。

60. 客人想购买餐厅用具时，怎么办？

（1）有些外宾，非常喜欢中国别致的瓷器或金银器，来到餐厅用餐遇到一件自己喜欢的用具，很想留作纪念品。此时，应说明餐厅的餐具仅供用餐客人使用，可介绍他们到附近商店去买。

（2）若客人非常喜欢一定要买，则按规定的价格出售给客人。

61. 开餐时，小孩在餐厅乱跑，怎么办？

（1）厨房出来的菜或汤温度较高，易烫伤人，为了安全，遇到小孩到处乱跑，应马上予以制止。

（2）带小孩回到大人的身边，提醒大人要照顾好小孩。

（3）如有可能，给小孩准备一点小玩具，稳定其情绪。

62. 客人在用餐喝酒时猜拳或打牌，怎么办？

（1）客人在餐厅打牌或猜拳，会破坏餐厅高雅宁静的气氛，应礼貌地上前给予劝止。

（2）取得客人的理解和合作，以免影响其他客人。

（3）如客人不听劝阻，必须向大堂副理汇报，并由大堂副理出面处理。

63. 客人把洗手茶当作茶水喝了时，怎么办？

（1）服务员在上洗手茶时应向客人说明，以免误会。

（2）客人在不知情况下喝了，服务员不要上前告诉客人，以免使客人难堪。

（3）撤下洗手盅，并为客人先上一杯茶，而后再给客人上一份洗手茶。

64. 餐厅即将收档，但还有客人在用餐时，怎么办？

（1）这时要更加注意对客人的优质服务，在整理餐具时要轻拿轻放，不可发出响声。

（2）到了临收档时，应询问客人是否还需要点菜。

（3）不可用关灯、吸尘、收拾餐具等形式来催促客人，应留下专人为客人服务。

65. **客人来餐厅用餐时，已超过了用餐时间，怎么办？**

（1）礼貌地向客人表示歉意，说明已超过了用餐的时间，厨师已经下班，并介绍客人到其他仍在营业的餐厅用餐。

（2）如厨师还在上班，应热情、主动地接待客人。马上请客人点菜，点菜时应向客人介绍制作简易、快速的菜式。

（3）服务要注意轻拿轻放，不能用关灯、吸尘、收拾餐具等形式来催促客人，应留下专人为客人服务。

66. **用餐时，米饭供应不上，怎么办？**

（1）应向客人道歉，并请客人稍等一下。

（2）征求客人意见是否以面食或馒头等代替。

（3）通知厨房迅速蒸出米饭，以满足客人需要。

67. **客人自带食品要求加工时，怎么办？**

（1）客人自带食品到餐厅要求加工，一般应婉言谢绝。

（2）客人一再坚持，应汇报餐厅经理酌情处理。

（3）如同意加工，必须适当收取加工费。

68. **客人自带酒水来餐厅用餐时，怎么办？**

（1）向客人说明须按规定收取开瓶服务费。

（2）征得客人同意后，给客人摆好相应的酒杯。

（3）为客人提供配套服务，如威士忌一类的酒应送上冰块，加饭酒应给予加热。

69. **客人用餐后，剩余的食物需要打包时，怎么办？**

（1）客人用餐后，服务员应礼貌地询问客人剩余的食物是否需要打包。

（2）客人要求打包，应尽快为客人服务，把剩余的菜肴分类用盒子装好，放在打包袋里让客人带走。

70. **客人把吃剩的食品、饮料留下并要求服务员代为保管，怎么办？**

（1）应礼貌地向客人说明食品饮料容易变质，最好能尽快消费掉。

（2）建议客人并协助打包，让客人带走。

71. **客人要求代为保管喝剩的酒水时，怎么办？**

（1）应热情地给予提供方便，并询问客人的公司或房号、姓名等。

（2）写张牌子挂在酒瓶上，放回存酒处妥善保管。

（3）了解客人下次光临的时间，并做好登记。

72. **客人用餐期间，又来了几个客人要求加位时，怎么办？**

（1）应热情招呼客人入座，并提供餐具。

（2）如餐位不够，应建议客人换一张大台。

（3）提醒客人是否重新点菜或加菜。

73. **客人对账单收费怀疑不愿付款时，怎么办？**

（1）客人用膳完毕，认为账单收费多不愿意付款时，应耐心给客人对账，将客人要的所有品种及价钱向客人讲清楚，在客人面前逐一对账，核算一次。

（2）礼貌地向客人解释，不可流露出不礼貌的表情，结账后要道谢。

74. 包餐的团队客人要求加菜、加饮料时，怎么办？

（1）团队餐的菜式、饮料都是事先预订的，如客人自己要加菜、加饮料，应立即与陪同或领队联系，说明情况。

（2）由陪同与客人进行协调。

（3）加菜、加饮料的费用一般是由团队客人自付。

75. 团队客人用餐，个别客人提出要吃素时，怎么办？

（1）与厨房联系，说明客人的情况，按标准安排素菜、素面等食品。

（2）如素食要求超过标准，应与陪同或领队联系，说明情况，超过标准的部分由客人自付。

76. 团队客人用餐的人数与所预订的人数不符时，怎么办？

（1）客人人数超过预订人数，按实际人数计算。

（2）客人人数少于预订人数，应与陪同或领队联系，了解缘由并按预订人数计算。

77. 团队用餐临时取消时，怎么办？

（1）餐厅经理应与饭店预定部取得联系，由预定部门和旅行社协商，考虑是否收取损失费。

（2）如确因飞机、车、船误点等不可抗拒的因素而取消订餐，则应立即通知厨房予以取消。

（3）如人为的差错，必须按规定收取适当的损失补偿费。

78. 团队订餐重复预订时，怎么办？

（1）首先应自查是否属于酒店内部工作失误。

（2）如属于旅行社误订，应与饭店预定部联系，说明情况，酌情向对方索赔。

79. 客人向服务员敬酒时，怎么办？

（1）向客人表示感谢，并婉言谢绝。

（2）或通过撤餐具、加茶水等主动为客服务，避开客人的注意力，不致使其难堪。

（3）或借故为其他客人服务。

80. 为客人提供解酒良药的方法

（1）香蕉解酒：对于饮酒过量而中毒轻的客人，服务员可以立即让其吃香蕉 3 个。香蕉可以清热凉血、润肺解酒。

（2）维生素 C 片解酒：对于饮酒过量欲恶心呕吐的客人，服务员可立即让其口服维生素 C 片七八片。维生素 C 有助于清除血中酒精之作用。饮酒者服用 VC 片越多，酒精消失越快。饮酒前一次口服维生素 C 片 6 ~ 10 片，还可预防酒精中毒。

（3）雪梨解酒：雪梨味甘性凉，有生津止渴、润肺消燥之功。一次可吃小雪梨3 ~ 5 个，或大雪梨 2 ~ 3 个；中毒严重的客人可用梨汁灌服。

（4）马蹄解酒：马蹄具有清热生津、止渴解酒毒的作用。酒精中毒轻者，可生吃马蹄50～100克；如果中毒严重，将马蹄洗净去皮，捣烂挤汁200毫升，加少量冰糖溶化1次灌服，解酒立竿见影。

（5）西瓜解酒：让醉酒的客人1次口服西瓜汁300克，解酒毒效果甚好。

（6）萝卜解酒：让醉酒的客人生吃洗净去皮的萝卜1～2个。对于中毒严重不省人事者，可榨挤萝卜汁200毫升灌服；也可在萝卜汁中，加入适量红糖，让酒醉者饮服。

（7）莲藕解酒：莲藕的性味甘、平、涩，有解渴解酒的功效。对于酒精中毒中度者，可将莲藕洗净削皮切成薄片100～200克，放入滚沸的开水中烫一会儿，将藕片捞出放入少量白糖搅拌，待凉后一次食完。如果中毒重度昏迷不醒，可用100～200毫升的凉藕汁灌服。

（8）茭笋解酒：茭笋性味甘、凉，用它解酒精中毒疗效显著。醉酒昏迷不醒，可用茭笋挤汁加少量姜汁灌服。

（9）绿豆解酒：绿豆适量，用水洗净捣碎，用沸腾的开水冲兑，然后放入冰箱冷却后饮用，解酒效果显著。

（10）食醋解酒：食醋能解酒，主要是由于酒中的乙醇与食醋中的有机酸，随即消化吸收，在人体的胃肠内相遇而起醋化反应，降低乙醇浓度，从而减轻了酒精的毒性。① 用食醋烧1碗酸汤，服下。② 食醋1小杯20～25毫升，徐徐服下。③ 食醋与白糖浸蘸过的萝卜丝1大碗，吃服。④ 食醋浸渍过的松花蛋2个，吃服。⑤ 食醋50克，红糖25克，生姜3片，煎水服。

（11）豆腐解酒：客人饮酒时宜多以豆腐类菜肴作下酒菜。因为豆腐中的半胱氨酸是一种主要的氨基酸，它能解乙醇毒，食后能使之迅速排出。

（12）酸枣解酒：把酸枣和葛花根各10～15克，一同煎服，具有醒酒、清凉、利尿作用。

（13）豆类解酒：绿豆、红小豆和黑豆3种豆各50克，加甘草15克煮烂。豆、汤一起服下，能提神解酒，减轻酒精中毒。

（14）蛋清解酒：将生蛋清以及鲜牛奶、霜柿饼煎汤服，可消渴、清热、解醉。

（15）葛花解酒：葛花10克，水煎服，解酒效果甚佳。

（16）糖茶解酒：糖茶水可冲淡血液中酒精浓度，并加速排泄。

（17）芹菜解酒：芹菜挤汁服下，可去醉后头昏、脑胀和颜面潮红。

（18）甘蔗解酒：甘蔗1根，去皮，榨汁服。

（19）食盐解酒：饮酒过量者，可在白开水里加少许食盐。喝下去，立刻就能醒酒。

（20）柑橘解酒：将柑橘皮焙干、研末，加食盐1.5克，煮汤服。

（21）鲜橙解酒：鲜橙或鲜橘3～5个，榨汁饮服或食服。

（22）橄榄解酒：橄榄10枚，取肉煎服。

（23）甘薯解酒：将生甘薯搅碎，加白糖适量搅拌，让醉酒者服下。

第二节　点菜服务中常见案例及分析

【案例1】主题：高度的工作责任心

广州某餐厅，领位员把3位客人领到一张餐桌前，不到一分钟，服务员小李已经出现在他们的面前。一位做东的客人想尝尝澳洲龙虾，小李从口音判断，他们来自北方。于是她便推荐北方客人不太熟悉的广州龙虾，“其实龙虾的品种很多，广州地区也产龙虾，与澳洲品种相比，肉更结实，更有弹性，更有光泽，口感更好。”诚恳周到的介绍使客人欣然接受，然后又进一步请小李推荐当地其它名菜，小李趁势把餐厅的名菜肴推荐给客人，同时详尽介绍了菜的来历、烹制方法、配料、口味、色泽和形状，客人很感兴趣。用餐之际，客人们连声称好。那位做东的客人又想喝点名酒，小李又介绍了轩尼诗，售价880元一瓶，发了又发的口彩甚中客人的心意。这一餐3位客人虽花了不少钱，却感到十分痛快，一再夸餐厅。

评析：本例中餐厅服务员小李出于对工作的高度责任心和丰富的岗位促销经验，取得了颇为可观的成绩。小李的服务意识和促销意识都较强，在客人坐下才一分钟便到位，且在整个服务过程中又不时提供各种建议、推销价格较高的菜肴。小李很能察言观色，看准客人的心理需求。北方人不了解当地名菜，小李便因势利导。不仅体现了当地人的主人风度，又处处显示站在客人立场上为客人出谋划策的技能技巧，对酒店来说则又是一次成功的促销。

餐厅推销是一门较复杂的艺术。酒店希望客人多消费，但酒店必须向客人提供等值甚或超值的产品，其中有物质产品（例如菜肴），又有无形产品（例如服务），两者缺一便可能被客人视为欺诈行为。小李高超的推销艺术为酒店带来潜在的回头客和宣传效应。

取得客人信任是成功推销的基础。小李以其亲切热诚和实事求是的态度缩短了与初识客人之间的感情距离。尤其是在客人拿主意时，先提出少量尝试的建议，这样才有效地消除了客人的疑虑。

【案例2】主题：服务态度很重要

几个客人周末聚餐，来到一家大饭店。刚一进门发现宾客满座，便询问服务员有否座位，服务小姐二话不说，调头就走。客人只好跟在后面，走到三楼终于坐了下来。服务小姐催着点菜，并放大嗓门：“我们这里最低消费标准是800元！”客人感到非常吃惊，其中一位聪明的客人俏皮地问道：“西红柿炒鸡蛋多少钱一份？”“八块”，“好，那就来一百盆吧！”服务小姐觉得情形不对，赶紧走开。这时经理走过来笑着说：“各位随意，没有限制。”

评析：本案例中服务员小姐的服务态度很差。

1. 不仅当顾客走进饭店时得不到热情的接待，而且在顾客提出服务要求时，服务员小姐也只是机械地将他们带到雅座。顾客原本良好的心情马上会受到影响，给他们造成了相当差的印象。

2. 服务员小姐还无礼地向顾客提出最低消费的问题。虽然现在许多饭店在实行这一制度，但这是餐饮消费中比较敏感的问题。应当在适当的时机，向顾客说明情况，使他们明明白白消费。话语应委婉和客气，使他们开开心心享受。时机和分寸掌握不好，都会引起顾客的反感。

【案例3】主题：良好的职业道德

某餐厅晚餐，由于客人太多，服务员小张不断地说“对不起，请让一下”，还得侧身将一份菜送到餐桌转盘上。当她巡台时发现了一位客人搭在椅上的衣服沾上了菜汁，而那儿正是自己上菜的地方。此时客人仍然毫无察觉。经过一瞬间的思想斗争，最终小张决定主动告知客人：“对不起，打扰一下！很抱歉刚才我不小心将您的衣服洒上了菜汁，我立即帮您清洗。”客人很诧异地望着她，随后拿起衣服观看，缓缓地对她说：“小姐，你很诚实，我这个人是马大哈，你不说，我也不会知道的。”小张又认真地说：“发生这件事影响了您的就餐情绪，真是对不起。我们是星级酒店，服务员更应讲究职业道德，而我认为诚实是职业道德的第一表现。”这位客人随意地说回家用“奥妙”一泡就没事了，还让她别把这事放在心上。后又由领班出面向客人道歉，并为此赠送了水果。当客人离开时对她说：“你千万别放在心上，每个人都难免犯错误，敢于认错并改正就好!”

评析：在紧张忙碌的接待服务中，服务员难免出现失误，这并不可怕。只要服务员敢于发现缺点，承认错误，并不断改进工作，消灭差错，培养追求完美的职业道德，就能不断提高服务质量，达到客人完全满意。本例中的服务员小张在客人没有发现她出差错的情况下，为维护客人利益，主动向客人承认错误，并采取补救措施的做法是值得肯定的。这样做，使客人感到服务员虚心诚实的品质，所以给予谅解，避免了客人投诉。

【案例4】主题：吃苦耐劳、任劳任怨

小张在实习期就被评为酒店的最佳员工，这在该大酒店历年的实习生中还是第一次，我们举两件小事稍做分析。

其一，这一天的客人不多，所以几个老服务员都在聊天，只有小张忙碌着。客人问：“为什么就你一个人忙?”小张回答：“我是刚来的实习生。”她当时心平气和，没有计较和委屈。

其二，一位客人来得较晚，他点的第一道菜厨房已经没有了。小张就委婉提醒客人：“这道菜已经没有了。”客人坚持道：“我就是为这道菜才来的。”小张立刻说：“那我再跟厨房联系一下。”了解后得知厨房确实没有这种原料了。小张面带笑容、满含歉意地对客人说：“我非常希望您能吃上这道菜，但厨房真的没有了，您是否有兴趣尝试类似味道的菜?”客人否定后，小张又说：“实在对不起。如果您下次再来，一定保证满足您的要求，让您吃上这道菜。”客人听后，满意地笑了，愉快地点了其他的菜。

评析：小张的工作情况从这两则小事中可以略见一斑。首先，干好工作要具备吃苦耐劳、任劳任怨的工作态度。刚到实习岗位时，你的排班有可能比较辛苦，分配的工作也可能累一点。应该有正确的心态对待这些情况。不要动不动就觉得“不公平”、“不合理”。你也只有多干一点才能更快地适应工作，掌握技能。要用你良好的工作态度去赢得同事、领班、经理的认可。其次，注意学习领班、老服务员得体的服务技巧，做一个有心人，不动脑筋，一味傻干、蛮干是不行的，对待客人，不但要礼貌、热情、尽心尽意，而且要注意方式方法，尤其是语言表达技巧的运用。在不能满足客人需求的时候，态度和方法是使客人满意的关键。可见，良好的工作态度与服务技能是小张初步成功的两个因素。

【案例5】主题：一视同仁、平等待客

某位客人不知不觉走进一家装饰华丽、庄重气派的大饭店，柔软的地毯，淡淡的花香让人不禁陶醉其中。当他缓过神来时，忽然意识到这里消费一定很高，一看菜单确实如此。客人很是着急，自己囊中羞涩。幸亏看到了肉丝面，价钱也便宜。可心里又想：这么大的饭店，会做这小本生意吗？服务员肯定的回答打消了他的顾虑。不一会儿，一碗热气腾腾的肉丝面端上来了，客人便大口地吃起来。无意中发现有一根头发，服务员连忙赔礼并换了一份。客人饱餐一顿后，正要离开时，却看见经理站到了他面前，经理连声道歉，并送上赠券，态度相当谦恭有礼，客人很是感动。

评析："来的都是客"，这种服务理念要落实在服务的每个细节上。在大饭店，即使只吃一碗肉丝面，顾客也是名副其实的"上帝"，丝毫没有店大欺客，真正体现了服务的精髓。大饭店做了一桩微不足道的小买卖，生意不分大小，对客人没有丝毫怠慢，坚持一视同仁，平等待客。而且对小生意上出现的事故，同样高度重视，圆满处理，使坏事变好事，饭店的形象不仅没受损，反而显得更为亮丽。

【案例6】主题：严格执行点菜的程序

沿海城市的一家餐馆里，有3位客人皱着眉头，手中拿着账单，好像有什么事。这一切都未逃过楼面主管小郑的眼睛，她满脸笑容地走到客人身边，亲切地问道："先生，需要帮忙吗？"客人畅吐了不快的根由：本估算这顿晚餐约200元上下，可账单上却写着522元，不知是什么原因？小郑听完，先安慰客人，接着到账台上去查核，原来问题出在那大盆醋熘黄鱼上。菜单上写明每50克22元，而客人误以为一盆菜22元。那条黄鱼实际重750克，计价330元。小郑向客人表示歉意，然后请示经理后决定给以8折优惠，接着又把吃剩的菜打包。原先满腹怨言的客人露出感激的微笑。

评析：此例中，楼面主管小郑看到客人"蹙眉纳闷"后，便马上猜测到客人定对此餐有不满，因而主动询问客人，而不是等客人上门投诉。这表明小郑主动服务意识很强，她主动寻找服务对象，消除了一个可能导致"宰客"恶名的苗头。

尽管账单上已写明该菜价格以重量计，但接受点菜的服务员少做了两件工作。首先，客人点醋熘黄鱼时，应讲清该菜价格按重量而定，这样可以避免客人的误解；其次，凡按量计价的菜肴，主动询问客人对数量的具体要求后，用网兜把鱼取出让客人过目后才下锅。而这3位客人点菜之后，服务员忽视了这两个环节，客人自然不满。当然，客人一方也有责任，菜单上已经标明每50克22元，客人却没有看清楚。但小郑坚持把"对"留给客人，没有针锋相对地指责对方，而是主动承担餐馆工作没做到家的责任，向客人赔不是，还向经理汇报，最后给以8折优惠，这一步棋都为解决问题创造了条件。

【案例7】主题：要严格坚决遵守操作程序

安徽某四星级饭店，实习生小兰迎来了几位客人。客人要喝茅台酒，领班叫小兰去吧台取一瓶茅台。小兰对吧台的服务员说某号台要一瓶茅台，是领班开的单，吧台服务员就取了一瓶茅台给服务员小兰，给客人送去后，她又忙着为其他客人服务去了。

第二天，吧台服务员问她昨天是否取了一瓶茅台，小兰说是领班开的单。一查账，领班没有开酒单，小兰顿时傻了眼：让客人白喝一瓶茅台！经领导研究，小兰取酒不开单，应负主要责任；而吧台服务员无单出酒也负有责任。酒款由小兰与吧台服务员六、四分担，共同赔偿酒款。这个教训让小兰牢牢地记住了，以后再也没有发生类似事故。

评析：价值几百元的茅台酒跑了单，事故是严重的。跑账的原因是实习生小兰未按规定的服务程序操作，没有先开单后取酒，而是急于取酒给客人；吧台服务员不严格遵守凭单出酒水的手续制度，只凭口头承诺轻易出酒，造成茅台酒跑单。所以最后跑账损失由他们二人分别各承担一部分，是合理的。

无论工作有多忙，操作程序决不能违反，规章制度坚决要遵守，手续一定不能省略。规程都是在总结前人教训或借鉴其他酒店优秀经验的基础上提出来的，具有科学性和实用性。餐厅每天接待那么多客人，账款成千上万，光凭脑子是记不过来的。只有认真地开好每张单子才是最可靠、最科学的办法。

【案例8】主题：对客人一视同仁

一天，某公司梁总裁请一位英国客户到某高级餐馆吃饭。“先生，请问您喝什么酒水?”服务员小严用英语首先问坐在主宾位的英国人。“我要德国黑啤酒”，外宾答道。然后用汉语问坐在主位的衣装简朴的梁总裁，梁总裁看了她一眼，没有理会。小严连忙用英语问坐在梁某旁边的外宾，外宾却示意请梁某点菜。“先生，请您点菜”。这时梁总裁说话了：“你好像不懂规矩。请把你们老板叫来。”梁总裁并不接菜单，小严忙向梁总裁道歉，但仍无济于事。最终还是把餐馆老总请来了。梁总裁对老总说：“第一，服务员没有征求主人的意见就让其他人点酒点菜；第二，她看不起中国人；第三，她影响了我请客的情绪。因此我决定换个地方请客。”说着，他掏出一张名片递给餐馆老总，并起身准备离去，其他人也连忙应声离座。老总一看名片才知道，梁总裁是一家合资公司的总经理，该公司经常在这家餐馆宴请外商。

餐馆老总微笑着连连致歉。英国客户也用流利的中文向餐馆老总说话。在老总和服务员的再三道歉下，梁总裁等人终于坐下来，老总亲自拿来好酒尽“地主之宜”，气氛终于缓和了下来。

评析：以上例子说明，点酒服务应按规格和程序进行。服务员要先问主位上的主人是否可以开始点菜、点酒水，需要什么酒水；不要在未征得主人同意前就私自请他人点酒品。

餐馆的服务员在为客人点菜时，对客人一定要一视同仁。在这件事中，服务员没有重视坐在主位上衣装简朴的梁总裁，却先问客座上西装革履的英国人，这大大刺伤了梁总裁的自尊心，难怪他认为服务员“看不起中国人”。点菜和点酒服务应该根据不同的服务对象采取不同的服务方式。尽管一些高档餐馆接触的外宾很多，但服务员一定要学会怎样更好地为中国人服务。

【案例9】主题：建立客史档案

王先生曾下榻过安徽合肥某大酒店，后因工作调整到另一城市。一年过去了，王先生返回该市时，对他的朋友说："到某大酒店用餐，去看看我的老朋友。"一进餐厅，迎宾员一眼就认出了王先生，热情地引导他们入座。接着，服务员小毛上前请王先生点菜，而王先生却说："您为我安排吧。"于是，小毛为客人点了过去他爱吃的菜肴。点完后，小毛又说："请允许我再点两样您爱吃的：水烙馍两吃和全羊汤。"王先生听了惊喜万分。用餐完毕，王先生一再对酒店的优质服务表示感谢。他说："一晃一年过去了，服务员换了很多，想不到我爱吃的菜肴、点心，你们服务员还记得清清楚楚，真是令人钦佩。"

评析：由于两年来王先生的饮食爱好一直被该餐厅服务员记在心里，因此，引发了王先生对态度对象（餐馆服务员和该餐厅）产生喜欢的情感体验，从而强化了他到该餐厅再次消费的购买行为。记住常客的爱好是点菜服务的一项基本内容。另外人员的频繁变更，而该餐厅仍能记住顾客的有关信息，这说明该餐厅在顾客关系管理方面是十分成功的。当然，通过电脑来记录、保存客史档案更有利于提供有针对性的服务。

【案例 10】主题：争取回头客

相王大酒店的服务员刘小姐在接待市档案局的一桌宴请时，发现其中有一位来自淮北的客人对菜单上的"蒙古烤羊腿"微皱眉头。于是，她在上这道菜时，小刘特地向客人介绍了这道菜的不同口味，并主动为那位客人派了一份，然后甜甜地说道："先生来自淮北，淮北是羊肉之乡，我们这道烤羊腿的风味保留了皖北菜的风格，又另加了来自内蒙的其他调料，先生可以试一试。"当客人品尝了外焦内酥的"蒙古烤羊腿"后，确感口味不同一般，露出满意的笑容，小刘又及时给他添派了一份，使那位客人顿感亲切、连声夸赞。

评析：促销意识是职业点菜师必备的意识之一。现场推销是餐饮企业增加营业收入的重要手段，餐饮服务员不仅是服务的提供者，而且是餐饮产品的推销者。推销不仅在于现场，而且还要考虑未来的销售，促进未来消费（回头消费）更是餐饮推销的根本任务。本案例说明服务员只有主动向消费者介绍并推销他们第一次品尝的菜品，才能加深消费者对产品的认识，从而强化消费者态度，激发其再次消费的欲望。

【案例 11】主题：善解人意的推销

海南洪福大酒楼，某日下午一时，服务员接待了三位北方口音的先生用餐。入座后他们并不点菜，却一味地叹气。当服务员上前询问他们点什么菜时，只听见一位客人抱怨说："气都气饱了，还吃得下去?"服务员观察他们的装束和随身携带的产品说明书，分析他们可能是公司搞推销的，便理解地说："你们是不是推销产品不顺利啊?"客人答："是啊，好不容易打进某商贸公司了，可一次次要货款却老吃闭门羹，真是气死人了。"服务员马上体贴地说："你们这行真不容易！这样吧，我给你们上几个清爽的家常菜，再来份苦瓜蛋汤，又清热又爽口。"客人们接受了建议，吃好饭，服务员请他们休息一会儿再出去跑。客人对服务员善解人意的服务十分满意。走时表示下次一定会再来。

评析：点菜服务是一门艺术，需要服务人员用眼观察、用心思索客人的需求。案例中服务员细心观察顾客，对顾客的身份做出了准确的判断，为推销开了一个好头。接着，有针对性地向顾客推荐了令其满意的菜品，与该服务员对菜肴的熟悉不无关系。点菜中，服务员用心设计自己的服务语言，恰到好处地运用语言艺术，具有说服力，成为推销成功的重要因素。

【案例12】主题：个性化服务

6月初，3位来自内蒙古的客人入住某店，休息一会便到中餐厅吃晚饭。领头的客人在50岁上下，他坐下后接过菜单，一看菜肴品种还真不少。3位客人一下点了10来个菜，但客人似还嫌不够，于是询问服务员可否做一个清蒸甲鱼。服务员坦率地说："甲鱼已经售完了，但如果3位客人想吃，我们一定设法满足。不过请你们先吃别的菜，我们立刻派人到市场专程采购。""好，反正今晚没事，就慢慢吃吧，不过麻烦你们了，不好意思。"客人对服务员的殷勤周到很是感激。果然，3位客人在酒过三巡之后，看到挂着甜蜜微笑的服务员端上一大盆清蒸甲鱼，一尝确实名不虚传。3位客人连叫好，对着侍立一旁的服务员不断道谢。

评析：本例中的内蒙古客人想品尝已经卖完了的清蒸内河甲鱼，很多餐厅都会婉言拒绝，因为这样做一怕违反规范，二怕增添麻烦。该餐厅坚持客人需求第一，突破规范框框，到市场采办后再专门烹制，这是个性服务在餐馆方面的体现。搞个性服务必然会超常规，也必然会增加工作难度，但反过来也必然会给餐厅带来不可估量的经济效益和社会效益。在市场竞争中，光靠常规服务这一手是绝对不够的。

【案例13】主题：尊重客人自尊心

某高级酒店的西餐厅向一位客人提供西餐，浓汤上来后客人一尝，皱起眉头，把服务员叫来，并自称是吃西餐的行家，抱怨说汤不热味儿不正，要求重做。服务员向客人道了歉，把汤端回厨房，过了一会儿，服务员又端来一碗汤，厨师长悄悄跟在边上，当客人向服务员表示满意时，突然厨师长跳了出来，亮出事实真相："老实告诉你，这就是你刚才尝的那盆汤，只不过稍稍热了一下，根本没有重做。现在你怎么说？可见你根本不懂西餐，你是十足的外行……"厨师长如此"揭露"，客人恼羞成怒，投诉直告总经理。

评析：这一例中厨师长的做法是十分错误的。本来已巧妙解决了的"不满意"，由于厨师长的"仗义执言"而砸了锅。这是缺乏"客人意识"的表现。的的确确是顾客的错误，由于厨师长缺乏应变技巧，非要扳回自己的面子，从而激化矛盾，造成顾客投诉。这位厨师长完全违背了"客人永远是对的"服务准则，不礼貌地与客人争论谁对谁错，而不懂得"把对让给客人"的服务艺术，使客人丢了面子，从而激怒了宾客。

【案例14】主题：关爱儿童客人

某餐厅正开午餐，一位老先生带着全家老小来到餐厅用餐。小周热情接待，主动上前协助老人入座，又帮两位小朋友搬来两把儿童椅，客人表示很满意。上菜时，由于人坐得很密，而两个孩子之间空位较大，小周就选择这个位置上菜。当时女主人就有些不高兴，说了句："你不能从别处上菜呀！"小周忙说："对不起。"过了一会儿，传菜员看小周正忙，无意中又选择了在孩子之间上菜。这时女主人可就生气了："不是跟你们说了，怎么还在孩子那边上菜？烫着孩子你们负责呀！"小周马上道歉，并改为在其他空位上菜，还送给小朋友小雨伞果签，小朋友很高兴，大人们也就不计较了。

评析：儿童是家庭的重心，孩子是父母的宝贝。上了年纪的人只要看到儿孙喜悦的笑容，就感到无比幸福，对小辈人更是加倍疼爱，照顾得更是无微不至。服务员在服务中要注意这一现象。

本案例中服务员开始对老人、对孩子的特殊照顾是正确的。但后来选择在孩子中间上菜，是错误的，是危险的操作。儿童好动，看到喜爱的食品饮料往往会大喊大叫，手舞足蹈，而不高兴时又要乱动乱跑，这些都会随时发生。在儿童中间上菜，随时会碰翻菜肴汤水，导致烫伤孩子，后果不堪设想。因此，在服务中上菜要避开儿童，要对"小皇帝"多加关照，让小朋友舒适、快乐地进餐，尤其保障儿童进餐中的安全，必然会提高客人的满意程度。

【案例 15】主题：观察入微，善解人意

周小姐是一家星级酒店的资深服务员。周末，一个三口之家来到餐厅。男主人点了四菜一汤，价格三百多元，可是女主人一听非常惊讶。这时，周小姐马上微笑地介绍说："再加一个君子菜炒肉丝好吗？才 10 元钱，君子菜就是苦瓜，很新鲜，不但营养丰富、开胃爽口，而且清心明目。"女士微笑着点头同意。

在班会总结中，周小姐解释道：一般男士带家人来饭店用餐，大多愿点好菜，而女士希望点高、中、低档多种菜，这和大多数女士在家里主管经济开销有很大关系。所以当女士听到四菜一汤价格三百多元时，不免一怔。我明白她是觉得有点贵了，可又不愿当面说，所以就向她推荐了一个才 10 元钱的苦瓜炒肉丝，这样五菜一汤三百多元她就能接受了。至于我推荐这道菜的原因，也是有依据的。这一家人一落座，我就听女士有轻微的四川口音，而四川人对麻、辣、苦的菜是都能喜欢的，所以我给她推荐了苦瓜炒肉丝。

评析：如果餐厅只以提高销售额、推荐高价菜品为营销目标，那就大错特错了。营销的目标是向顾客提供满意的产品和服务，评价一项服务好坏的标准，不仅看其是否遵循服务标准和规范，更看顾客是否满意。所以，餐厅服务员要善解人意，体谅并关心顾客。

推销高价菜品虽然一时提高了销售额，但却影响二次销售。顾客可能会因为一次的"割肉"而放弃下次的光顾，这时餐厅损失的是一位可能有更多后继消费的顾客。因此，推销切勿"杀鸡取卵"，应目标长远，以顾客满意为最高标准。

案例中服务员周小姐就注意到顾客的细微的表情变化，准确判断了顾客的想法，推荐了价位和口味均合适的菜肴，赢得了顾客的满意。这一成功推销，不但要求服务人员仔细观察顾客在点菜时的神情，具有善解人意体谅顾客的意识，而且还需对菜单有非常职业的了解，恰到好处地进行推销。

【案例16】主题：投其所好，避其所忌

初冬的一场大雪，使冰城哈尔滨银装素裹。可某大酒店里却张灯结彩，举行盛大迎新宴会，各国大商人将汇聚一堂。迎新会后，客人被请到了大宴会厅，每张桌上都放着一盆大绣球似的黄菊花，甚是可爱。可领位小姐发觉，有数名客人仍站着，不愿坐下，于是她走上前了解原因。经过翻译协助后得知，原来他们是法国人，黄菊花是葬礼上所用的花，因此不肯入座。于是领位小姐赶紧把菊花换成了红玫瑰，客人顿时喜笑颜开，领位小姐再三表达真切的歉意。

评析：宴会，特别是高档宴会的摆花不仅是艺术，也是外交礼仪，要周全考虑。

世界上不同民族对鲜花的好恶不尽一致，以黄菊花为例，法国人认为此花会带来晦气，而日本人却正好相反，黄菊花是日本皇室专用的一种贡花，代表高贵、尊严，所以在宴请日本客人时，如果在花盆中插上几枝黄菊花，效果一定特佳。中日两国对待荷花的态度大相径庭，中国人普遍喜欢荷花的纯洁和高雅，而日本人却对它毫无好感。所以在餐厅摆设鲜花时，一定要了解各个国家、各个民族对待不同色彩、不同花种的不同情感，以免弄巧成拙，产生负面效应。

大型宴会除了餐桌上摆花外，还制作大型花台，放于宴会的最注目处。制作花台千万不可以为只要色彩斑斓、造型美观就一定会赢得客人的愉悦。构思花台时，应使其主题与宴会的目的、餐桌的形状、宴会厅的面积、周围环境的布置相协调；花台的造型则要注重整体性、和谐性，主花、辅花及至绿叶均须给人赏心悦目的感觉。辅花和绿叶不可喧宾夺主，只能作为陪衬。鲜花的色彩选择也须随着客人的文化层次、社会地位、年龄和宴会主题等方面的不同而不同。

【案例17】主题：认真细致地服务

一天中午，六位客人来到某星级饭店宴会厅的高级雅间。服务员小王热情地接待并告之最低消费标准1500元，客人同意按最低消费标准点菜。点完菜，小王概算一下总额大约是1000元左右，于是小王又推荐了一只龙虾。客人就餐完毕，小王去取账单，收银员一算共计1750余元。小王大吃一惊，怎么多了250元？原来她忘记计算应收的15%的服务费。小王忙向客人解释并连声道歉。幸好客人没计较，她十分感激客人的宽宏大量，否则这250多元非得自己赔不可，以后自己可得细心地算好每一笔账。

评析：一、目前有些餐厅的雅座对客人有个最低消费标准，这是对客人就餐消费的引导，也是提高餐厅营业收入的措施。虽然有最低消费标准，但还要灵活掌握。如客人所点的菜品总价接近最低消费标准，就不能死板地要求客人必须点到一分不差。那样会使客人反感，缺乏人情味。

二、此案例中，服务员粗心大意地算错了账，误导客人多花了250多元，后果是很严重的。客人会认为服务员用欺诈的手段多卖钱，是“斩”客行为，很可能拒付。向客人赔礼道歉还不算，弄不好就得服务员掏腰包补上差额。更会使客人失去对酒店的信任，使酒店声誉大打折扣，最终会失去客源。一时粗心，后患无穷。幸而服务员遇上了通情达理的客人，否则后果可惨了。通过此例告诉我们工作粗心大意危害极大，服务工作马虎不得，要处处细心。

【案例18】主题：工作要谨慎细心

某饭店的二楼餐厅来了五位客人，他们是常客，因此，服务员对他们很熟悉。这次，服务员小叶主动推荐说："我们新推的烤乳猪味道很好，现烤的。但需要等候一小时左右时间"。客人问其价格，"198元一只。"小叶答道。可话一出口就惹了大祸，原价本是238元，而现在还未到调价之日，可是客人却听得很清楚。小叶马上向客人解释，话音未落，一位客人说："我们不管，谁让你说错的，价是你报的，反正多余的钱我们可不付。"客人就餐后仍按198元付款，而客人拒付的40元钱只得由小叶自掏腰包。

评析：此案例中服务员小叶因一时疏忽，口误报出尚未执行的下调烤乳猪价格，让客人钻了空子，自己还得赔偿差价，似乎很冤枉。但是仔细分析，责任就在服务员身上。客人对菜的价格是很敏感的，价格直接牵涉到客人利益问题，因此常斤斤计较的。现时的消费者越来越精明，懂得处处维护自己的利益，这是很正常的。实收价低于报价，客人皆大欢喜；如报价低而实收高，客人非翻脸不可，这也是很自然的事。服务员小叶因为一时疏忽，报错了菜价，客人当然乐得就低不就高。

【案例19】主题：细节决定成败

某桌客人点露笋，已卖完，服务员告知了客人。此时领班通知早班服务员可以下班了，该服务员没有划单就下了早班。客人结账时要求查单，发现露笋没减去，于是大发雷霆，一定要找餐厅经理，领班闻声赶来向客人道歉："对不起，服务员粗心忘了划单，您看把这个菜钱减掉好吗?"客人依然不满："上次来你们这儿就给我多算钱，这次又是这样，去找你们经理来!"最后由经理出面打了八折，客人才离开。由于账单已输入微机，无法改动，只能由服务员自己把露笋的菜钱和打八折的差额补上。

评析：服务工作一定要认真仔细，尤其在交接班的时候，最易出差错，所以一定要交接清楚，如有菜卖完，要及时告之客人，且一定要记着划单或开取消单；如果自己值台、结账，则应在结账前认真核对账单，确认无误方可结账，就可避免差错。

菜卖完不划单，就要多收客人钱，客人自然会产生"被斩"的感觉，最易引起客人愤怒。不论钱多少，多收就直接损害了消费者的利益，性质是严重的，难怪客人发那么大的火。忘记划掉一个卖完菜，气走了客人，失去了客人对酒店的信任，损害了酒店声誉，客人因此就不会再来，那么这损失将是无法弥补的。

【案例20】主题：细心捕捉服务机会

在广东某西餐厅晚餐时间，宾朋满座。餐厅有几位琴师弹钢琴，拉小提琴，奏出美妙的乐曲，使宾客沉浸在温馨的艺术气氛中。服务员小朱正在巡台，偶尔听到一桌客人交谈。这张餐桌坐着一位先生和一位小姐，这位小姐对先生说："我现在特别想听《爱相随》，用钢琴加小提琴协奏，效果棒极了。"小朱听到后随即走到琴师面前，说明情况请他们演奏一曲《爱相随》。即刻钢琴与小提琴协奏响起，一曲优美的《爱相随》飘荡在大厅里。小朱看见那两位客人惊奇地抬起头，那位小姐满脸惊喜地倾听这动人的曲子。小朱微笑地走到两位客人身旁，低下身来悄声向客人说：

"这首《爱相随》送给小姐您，祝二位今晚好兴致！"两位客人连声道谢。高兴之余又点了许多食品饮料，又消费了几百元，为客人点曲子本不是小朱分内的事，但当他得知了客人美好的愿望，就想法去做，终究给客人带来惊喜与温馨，收到了最佳服务的效果。

评析：一、此案例是典型的超前、超值服务的一例，餐厅乐师虽不提供点曲服务，但为餐厅增加了高雅的艺术气氛。当服务员小朱听到客人心中的愿望后，打破常规，破例将此信息转述给乐师，乐师也乐意献上客人喜欢的乐曲，使客人得到心理的满足和超值的艺术享受。开心在饭店消费。小朱这分外工作做得非常出色，一曲《爱相随》传达了服务员对客人的真情。

二、捕捉服务时机，才能发现客人要求，在客人最需要的时候，提供恰到好处的服务，客人才最满意。员工在做好分内工作的同时，仔细观察倾听，反应机敏，及时捕捉服务时机，巧妙地满足了客人的精神享受，客人原只是个美妙的愿望却意外得以实现，这份惊喜是非常意外的，随之就化为对服务员的感激，而更加愉快地消费，这就是服务的魅力。

【案例21】主题：机智服务

正午时分，安徽黄山某餐厅座无虚席。服务员小孙连看三张台，但服务井然有序。服务到第三张台时，小孙为客人上了一份没有点过的菜。客人感到诧异，忙说这不是他们的菜。小孙心想：难道是自己听错了，然后镇静地对客人说："先生，您先别着急，今天是酒店开业一周年的纪念日，凡是消费满100元的，赠送开胃小菜一份，敬请品尝！"客人表示感谢。小孙说得没错，那天确实是纪念日，只是酒店赠送的并不是那道菜，但菜价相同，于是小孙将计就计，达到了客人的满意。

评析：餐厅业务忙时很容易出现"忙中有错"，特别是在点菜服务的环节上，容易出现混淆和遗漏。而一旦出现差错后，员工应保持清醒的头脑，在不损害酒店与客人利益的前提下，机智变通，妥善处理。适当地"把错让给自己"，即"善意的欺骗"，偶尔为之也会奏效。

案例中小孙忙中"出错"，引起客人不满，但他把"对"让给客人，使客人转怒为喜，这种机智应变的服务技巧是很高超的。因此，在复杂的餐厅服务中，要避免在为客点菜时的"记忆错误"。同时，要不断学习业务知识，提高接待技巧，才能临危不乱，化险为夷。

【案例22】主题：应该诚实推销

上海某一高档餐厅，来了一群客人，服务员小徐热情地为客人倒茶递水。主人拿起放在桌上的菜单，仔细翻阅，点了几个冷菜后，对小徐说："有好吃的海鲜吗？"小徐答道："我们餐厅的海鲜是应有尽有，全列在菜单上了，有各种不同的口味，您可以任意挑选。"客人无语，随便点了几式。点完后，小徐问："请问先生需要酒水吗？"客人问有什么品种，小徐灵机一动说："我们餐厅新进了一种法国洋酒，是世界名酒，您可要尝一下哦！"客人觉得不能在朋友面前丢面子，便要了2瓶。餐毕结账时，发现洋酒价格高得令人咂舌，账台小姐解释道："这酒进价就不便宜。"客人说："可服务员没告诉我价格呀。"付完账后十分不满地怏怏离去。

评析：推荐菜点时要反对两种倾向：第一，点菜时工作不到位，没有推销意识。当客人主动询问有哪些好的海鲜菜肴时，小徐不应该消极推辞，放弃推销产品的职责和机会。她完全可以趁势详细介绍本餐厅的各种海鲜，重点推荐特色品种，甚至因势利导地推销名贵海鲜，客人也会乐意接受。这样既满足了客人的要求，又增加了餐厅的收入，何乐而不为呢？到手的机会拱手相让，还惹来了客人的不悦。第二，点酒水时不分场合，过度推销。餐饮推销必须掌握分寸，超过一定限度就会适得其反。法国洋酒，这是为某些高消费客人的特殊需求而备的，不在一般推销之列。如有客人提出要喝，说“有”即可，或者婉转向客人暗示洋酒价格。像小徐那样过分推销，使客人处于尴尬境地，虽能勉强达到推销目的，但到头来反而会使客人误解酒店有故意斩客之嫌，很可能就此失去了这些回头客，这是很不值得的。

【案例23】主题：要灵活执行规范

一天午餐时间，引领小姐小茜正在迎宾。来了一位小姐，小茜用服务用语规范地问道：“小姐，您好！欢迎光临！请问您几位？”那位小姐一听就不高兴了，也不理她。小茜又问了一遍：“请问您几位？”那位小姐立即生气地冲小茜喊起来：“你什么态度？你管我几位？你要查户口呀？”小茜忙向客人解释：“我问您几位，好给您找个合适的座位呀！”那位小姐更生气了，喊道：“你管我几位？我愿坐哪儿就坐哪儿！”这时主管忙赶过来，让小茜离开，她诚恳地向客人道歉：“对不起小姐！您别生气，这是服务员态度不好，请您原谅。您里边请，请您自己选您喜欢的坐位，请！”主管诚恳道歉使小姐气消了些，找了一张临窗的小桌坐下了，小茜在门口心里嘀咕：“我态度挺和蔼的，主管怎么说我态度不好呢？”小茜感到迷惑了。

评析：一、引领员在迎客时，应用问候语，欢迎语来迎宾，然后用征询语询问客人，是否预订，了解客人就餐需要和喜欢的餐位，这是迎宾的规矩。

二、当独身客人来到餐厅时，服务用语就要谨慎了。独身客人就餐有种孤独感，“就您一位吗？”的服务问话强化了客人这种感觉，使客人反感。正确的做法是：应引领至单独的小张桌后问：“您看这张餐桌可以吗？”客人如还等其他客人会主动告知服务员，服务员即可根据情况调整餐位。如是一位客人，他会喜欢单独的小餐桌而又很自然就座，可使单身客人避免产生孤独感的不良作用。

三、本案例中的引领小姐，在使用规范问语后，对客人不理她，反应不敏感。客人不回答问题，直接表明不喜欢问的内容，服务员应立即想到客人可能一人来就餐，又不想说明，不想让服务员再强调这一点。但由于小茜对单身来就餐的客人心理不了解，所以触犯客人忌讳，引起客人不满，这是一错。当那位小姐对小茜发火后，引领小茜依然死板按规范解释，这是一种强加于人的服务。看到客人不愿让盘问，就不应死板地按规范非问出结果不可，而应机敏地停止询问，让客人自己选她喜欢的座位。所以小茜的解释是多余的。作为服务人员要充分理解客人，但服务员却无权要求客人理解服务员。小茜不顾客人的烦躁，非要解释清自己问话的目的，非要让客人理解自己的思想的做法是错误的，这是二错。

【案例24】主题：提供恰如其分的服务

一天，大连某餐馆来了两位衣着讲究的客人，入座后，服务员小丁忙为他们送上茶水和面巾，并热情地询问是否开始点菜。客人示意先要两杯XO酒，过一会儿再点菜。小丁把酒送来后接着又询问。客人不耐烦地说："请你不要打扰我们，需要时我会叫你的。"小丁见状便为其他食客服务。正忙着，一位服务员突然告诉小丁客人正找她。小丁忙走过去。"你怎么这么晚才来？"客人不高兴地说，小丁忙道声对不起。根据客人点XO酒的情况和他们的衣着举止，小丁判断客人一定很有钱，便在他们看菜单的时候说："我们这里海鲜很有名，有鲍鱼、龙虾、羔蟹……""好了，你说的这些菜我们这几天每天都吃，今天想要一些清淡的菜。不知你们这里有什么素菜？""我们这里有凉拌海蜇、沾酱海参……"小丁继续推荐道。"我们不要海鲜。我们想要花生米、清炒土豆丝之类的菜。"客人摆着手说道。小丁心里很纳闷，于是，她又为客人推荐了海鲜菜肴，但客人仍不同意。没办法，她只好按客人的意愿点了几样简单的菜。在为客人添酒时，她仍微笑着向客人推荐洋酒和海鲜，但都被客人拒绝了。餐毕，客人对小丁说："你的微笑服务很好，但总想让我们吃海鲜，干脆就叫你'羔蟹小姐'吧。"

评析：以上这个例子说明，主动热情服务和恰如其分服务是相辅相成的。在客人有需要时，则要主动热情；在客人没需求时，尽量不要打扰他们；过分的"热情"会造成客人的反感，这在服务学上称为"干扰服务"。

小丁根据客人饮高档酒和衣着讲究等特征判断他们是高消费者，并向他们推荐高档洋酒和海鲜菜，这并没有错。但在得知他们需要简单的素菜时，仍不断为他们推荐洋酒和海鲜，就显得有些多余了。优秀服务员应很有眼力，在客人需要服务时，他们能提供恰到好处的服务；但在客人不需要服务时，他们能够静观其变，不去打扰对方，这就是所说的"无干扰服务"。

【案例25】主题：从客人的实际情况出发推销

深秋的一个晚上，十来位客人在圆桌就座。服务员小林及时斟茶和摆放毛巾，一边注意观察食客。客人显得情绪很好，从他们的谈话中得知他们刚签完一项贸易合同。于是他颇为用心地向客人推荐海鲜："餐馆的海鲜全都是空运来的鲜活新产品，而且刚刚降了价，正赶上好机会。"客人听了非常高兴："东西好，价钱又便宜，当然要尝一尝啰。"于是，客人乘兴点了龙虾、螃蟹、石斑鱼等一连串海鲜。见此情景，小林又趁热打铁推销酒水："吃海鲜要有好酒。我们这儿有茅台、五粮液和各种适合女士饮用的低度酒。再说，天气凉，喝些酒可以暖暖胃。如果要喝饮料，这儿品种也很多。"客人见盛情难却，又点了一瓶茅台、一瓶低度酒以及其它一些饮料。结账时，小林询问客人吃得怎么样，餐馆烹饪的海鲜味道好不好，并主动征求其他方面的意见。客人高兴地回答："菜的口味很好，你的服务更好。今天我们签下了一笔合同，很高兴；又尝了这么满意的一顿晚餐，多花点钱也痛快。下次我们还来你们餐馆。"听了客人这番称赞，小林心里乐滋滋的。

评析：服务员小林对客人的这一顿晚餐的推销是成功的。从结果来看，小林的推销明显地提高了客人的餐饮消费水平，然而，小林的成功还有更深层的含义。

首先，成功的餐饮推销应该从客人的实际情况出发，顺其自然。小林观察这些客人来自一家颇有经济实力的公司，推测他们有高消费的能力，接着他又获悉这批客人刚刚签完一项合同，情绪和心理适宜于接受高消费。正是从客人的这种实际状况出发，小林才决定向客人推销高档的海鲜，进而又顺理成章地推销名贵酒品，使客人盛情难却，愉快地接受了。

其次，成功的餐饮推销还能给客人以实惠。这里所说的实惠，是以高价位、高消费的物有所值为基础的。而小林又进了一步，利用应时降价的机会推销海鲜，使客人获得折扣的优惠。这样，客人尽管是高消费，但却仍然得到了优惠。

成功的餐饮推销又应该使客人感到满意。使客人满意是从客人实际出发，给客人以实惠型推销的必然结果。由于小林推销得当，服务到位，菜肴和酒品好，物有所值，所以客人吃得满意，并成了餐馆的回头客。

【案例26】主题：讲究语言艺术

某日，餐厅里来了几位衣着时髦的客人，主人点了四川毛血旺，并要将味调得浓些，样子摆得漂亮些，同时转身对同伴说："这道菜很好吃，今天你们一定要尝尝。"菜点完后，服务员去了厨房。再次上来时，便礼貌地对客人说："先生，对不起，今天没有这道菜，给您换一道菜可以吗？"客人勃然大怒："你为什么不事先告诉我？让我们无故等了这么久。"客人觉得在朋友面前丢了面子，于是，拂袖而去。

评析：案例中的服务员犯了两个错误，一是在班前未了解厨房备货、菜式情况，致使客人点这道菜时未及时指出无货；二是语言不当，没有委婉地做出解释。如果知道无货，可换个方式向客人说明，如"先生，这道菜是这里的特色菜，今天点这道菜的人特别多，已经卖完，您能不能换道其他菜？某某菜也是我们这里的特色菜，您不妨尝尝。"这时，客人会想酒店生意真不错，看来英雄所见略同，自己很有品位，能够吃到这里的特色菜，这样在朋友面前也有面子，很自然地接受服务员推荐的其他菜。或者说"先生，对不起，您点的菜因原料没有及时进货，原有的有点不新鲜，不能给您做出可口菜肴供您品尝，十分抱歉。"这显然是顾及客人利益之举，客人会对酒店产生极大的信任感，很自然地放弃这道菜而点其他菜。

【案例27】主题：运用语言的谐音艺术

初次来大陆投资的王先生来到某大酒店用餐。王先生兴致很高，十分活跃。就在这时，服务小姐一不小心将王先生的筷子碰落到地下。王先生不高兴地说："怎么搞的？"小姐出了事故又受到责备，连忙道歉。可是王先生生气地说："筷子落地是名落孙山呀，不吉利！"服务员见客人生气就慌了，一上汤"啪"一声，又把客人的小瓷勺碰到地下，摔个粉碎。这下客人恼怒了："你怎么搞的？又把我的勺子摔碎了，真晦气！"服务员不知所措。这时，餐厅经理及时赶来："先生，实在抱歉。"赶快让服务员给客人换上新餐具，将摔碎的餐具收走。接着对客人说："先生，您不要生气，这是喜兆呀！""什么？这怎么是喜兆？"客人满脸疑惑地问。经理说："筷落筷落就是快快乐乐，您的生意一定会顺顺利利，快快乐乐。"王先生说："噢，是这个意思呀，那这勺子打碎了，你又如何解释？""勺子碎了，这叫岁岁平安呀！您的投资会平平安安，您想，这不是喜兆吗？"王先生的脸上有了喜色，问其他客人："真的有这种说法吗？"大家说："不错，民间是有这种说法，您该高兴才是！"王先生的脸上露出了笑容："好！好！这么说今天是个好日子，借经理的吉言，咱们干杯！”王先生举起杯来，其他客人纷纷举杯祝王先生生意兴隆。就这样，宴会又恢复了欢快的气氛。

评析：本例中的服务员接连出事故，给客人造成心理上的不满，出了事故后不知所措，缺乏应变能力，导致客人心情不愉快。这是应该很好吸取教训的。原因就在于服务员的服务技能生疏，操作不熟练不稳重。每位服务员必须强化技能培训，避免失误。

餐厅经理的处理耐人寻味，经理熟悉港台客商讲究吉利的心理，随机应变，运用语言谐音艺术，迎合客人心理，使客人转怒为喜终于化干戈为玉帛。

【案例28】主题：提高服务的语言艺术

广东某大酒店装潢华丽的餐厅里，两位客人刚从机场赶来，每人身边都有一个行李箱。服务小姐便递上菜单。其中一位客人浏览菜单后，向服务小姐点有冒气泡的法国矿泉水。小朱刚毕业进餐厅才几天，她说没有这种矿泉水，但他们新进的一批无气泡法国矿泉水质量挺好的。客人态度很坚决，指明要这种矿泉水，而且以前还来这里喝过。小朱怯怯着：“可是我们真的没有，没有气泡的矿泉水也是法国名牌产品，的确口感很好，这是我们酒店餐饮部指定推销的。”另一位客人一听就跳了起来。“指定推销？我们要冒气泡的矿泉水，你们为什么不来向我们推销？我们不想喝的饮料你却竭力推销，这不是故意作弄客人？”小朱显得无可奈何：“不是的，我们有法国矿泉水，质量是上乘的，这是餐饮部指定推销的品种，我们当服务员的没有别的选择”小朱的声调已几近哀求了。两位客人听了此话提起外套，拎着行李箱便往门外走去。小朱见状战战兢兢，不知所措。

评析：本例中的小朱显然缺乏服务经验和服务艺术，致使上门的客人到了别处去。

第一，内外有别。餐饮部指定推销商品一事，不应毫无掩饰地告诉客人，以免引起客人误会。酒店在选择供应商品时有多方面的考虑，但是没有一种商品能够适合所有客人的口味。所以向一个口味不配或不熟悉某商品的客人介绍酒店指定推销的商品，其效果一定是不好的，只会招来客人的不满或怒气。

经验丰富的服务员处理此类事就不一样了。她不会使用“酒店指定推销”这样的词语，而是说：“经过我们多方调查，反复比较，发现南方客人中有相当一部分喜欢喝这种饮料，所以便进了这个品种。先生，要不要来瓶试试?”

第二，服务员小朱说话软弱无力，把责任推给酒店餐饮部领导，显然忘记了自己的服务角色。客人进酒店，总是把所有的员工都看成是服务提供方，因此酒店里每一员工都必须把自己视作酒店的一员，如有问题应尽量主动承担，决不归咎于他人或其他部门。事后则可以向有关领导反映客人的意见，供下次进货时参考。

【案例29】主题：委婉地介绍高价菜点

南方某大酒店餐厅里走进了3位西装革履的中年人，根据他们的衣着断定，来者是有钱人！然而，从不和谐的色彩搭配和说话的粗声粗气，可以下个结论：这几位是发迹的乡村企业家。服务员根据客人的点菜一一上齐，都是家常菜。3位客人胃口不错，很快便见盆底和空酒瓶。此时，一位客人想要好酒，服务员估计他们的消费能力不会很强，而现在竟“狮子大开口”，便脱口而出："我们有名洋酒，但价钱很贵！"3位客人跳了起来，主人二话不说便抽出一厚叠100元的人民币。"很贵？把你们店里最好的洋酒拿出来，这里有的是钱！"客人显然是恼怒了，幸而餐厅经理过来劝说客人先把钱收进，再三向他们道歉，最后建议他们先每人来1盎司，尝尝味道果真是好，再添也不迟。

评析：本例中的那位服务员有着怕客人付不起钱的思想，言为心声，只要确有这样的想法，难免会有所表示。万一服务员发现客人点的菜可能确实超出他们的支付能力，也绝不可以对他们说出任何有伤他们自尊心的话。在这种场合可以巧妙地回避敏感的话语，婉转地给予暗示，例如："请问，你们是想吃××吗？今晚餐厅没有大盆××，只有××元的中盆××，不知你们是否还想要？"问话时可把价格讲得慢些，清楚些，目的是提醒客人是否把价格看错了。至于名洋酒，服务员也可以套用这种婉转暗示法。当客人要喝××牌的名酒时，服务员可以装作没听清楚，重复一下，同时用清晰的语言附上价格，"你们要一瓶××元的××酒，是吗？"或者也可以对客人说："你们要的××酒这几天店里正好缺货，是不是换成价格差不多的××元一瓶的××酒？"

【案例30】主题：要掌握外语会话能力

小赵刚从旅游学校毕业来到一家餐厅工作。一天午餐来了六位外宾，小赵一下子蒙了，好半天脑子里才冒出几个单词，总算把客人安排到座位。恰巧客人点了"铁板牛柳"，情急之下，小赵灵机一动，指着铁板说："it's too hot，becareful（太烫，请小心）。"客人似乎明白了这一点，都向后坐了坐，但却没有一个人意识到用口布遮挡一下。小赵又不知英语该怎么说，心一急，再加上铁板的温度，脸上顿时涨得通红。这时，小赵急中生智拎起口布展开，往面前一遮，说道："Follow me（跟我学）！"外宾立即明白了，纷纷拿起口布遮挡，上完菜，小赵已满头大汗。

评析：语言是人类用来表达意思，交流思想的工具。外语，是搞好涉外服务的重要工具。餐厅服务员必须有一定的外语会话能力，要掌握中外名菜点和酒水的外文名称，了解一些有关的传说、典故及特殊菜的上法、吃法。这样，才能顺利地与外宾沟通，既便于准确、快速地做好服务工作，保障服务质量，又利于交流感情，给客人以亲切感。

作为旅游外事活动职业学校毕业的学生，英语也学了两年。但真正要派上用场时，往往会感到"话到说时方恨少"。要做到游刃有余，还需平时多学、多练、多摸索、多积累才行。

本例中小赵虽然在服务中机灵地用形体动作表达了意思，没有使客人不满，但如果能用更流利的英语告诉客人，效果定会更好。

【案例31】主题：要掌握广博的业务知识

客人在某饭店用餐，点了一只澳洲龙虾。上桌后，客人一看就有疑问："上次在这儿吃的龙虾是白色的，为什么今天的龙虾肉是橘粉色的？是不新鲜吗？"服务员回答："不是的，先生。龙虾肉颜色不同是因为品种不同。"客人又问："你们供应的不都是澳洲龙虾吗？"服务员答道："人还有黑白呢，何况龙虾！"

评析：在接待服务中，经常会遇到客人提出看似古怪的问题，如有的客人问：“武昌鱼有多少根鱼刺？”等等。本案例中，服务员应该清楚龙虾的知识，龙虾虽产自澳大利亚，但有东澳和西澳之分，产地不同其肉颜色也不同。如服务员不知道，也应首先致以歉意，然后向厨师请教，问明后再告诉客人，而不能以“人还有黑白呢，何况龙虾！”这种不文明、不礼貌的话来搪塞客人。可见做一名合格的服务员，需要掌握广博的业务知识。这就必须广泛学习各种菜点、酒水等和服务有关的知识，才能准确回答客人提出的问题，增加客人食趣，达到客人的满意。

【案例32】主题：要掌握广博的业务知识

某饭店中餐厅午餐，领位员把两位宾客引到一张小餐桌上就座。实习生小刘立刻为宾客送上茶和香巾。客人点好菜后，又点了两瓶啤酒。其中女宾说她不能喝酒，问道这啤酒多少度，小刘只知道度数不高，但准确的酒度她不知道，于是从吧台取来一瓶啤酒，看着商标告诉那位女宾：“啤酒11度。”女宾一听连连摇头：“度数太高，我不要了。”男宾不信，看了后对小刘说：“这上面标的11度不是酒精度，而是麦芽汁的浓度。”又指着下面一个小字告诉小刘：“这才是啤酒的酒度，是3.5度。”小刘站在一旁感到非常不自在。

评析：服务员为宾客提供满意的服务，不但要有热情、礼貌、周到的服务态度，还必须有丰富的业务知识和娴熟的技能。尤其业务知识要有一定的广度与深度，不能只知其然，不知其所以然。啤酒的酒精含量在2%～5%之间，啤酒商标上标明的9～12度是指所含麦芽汁浓度，这是两个完全不同的概念。由于小刘对酒水知识了解很少，不能准确地向客人介绍，引起客人不满，且不利于推销。

【案例33】主题：要了解宗教饮食风俗

某饭店中餐宴会厅，总经理宴请西藏一位高僧。两名服务员上前迎接，引领客人入席，菜单是预订好的，服务在紧张有序地进行。食之过半，宾客要求上主食，三鲜水饺很快端上了桌面。高僧夹起一个水饺品尝，很快就吐了出来，面色仍旧温和地问：“这是什么馅的？”服务员一听马上意识到问题的严重性，事先忘了确认是否素食。忙向高僧道歉：“实在对不起，这是我们工作的失误，马上给您换一盘素食水饺。”由于是VIP客人，部门经理也赶来道歉。高僧说：“没关系，不知者不为怪。”这次失误虽然很严重，由于高僧的宽容大度，才得以顺利解决了，但留给服务员的是一个深刻的教训。

评析：信仰佛教的人和僧侣是严格的素食主义者，而清真菜多以牛羊肉和蔬菜等原料烹制成各种适合伊斯兰教的菜肴。二者是有很大区别的。由于服务员工作粗心，忽略了“素食”与“清真”的不同，为高僧上了有荤腥原料的食品，触犯了客人禁忌，是严重的失礼。这么严重的失误发生在对VIP客人的接待中，是个沉痛的教训。

【案例34】尊重宗教信仰及饮食忌讳

餐厅经理发现靠窗有一桌上齐菜的客人，相对而坐却不动筷子，似乎在等什么。职业的敏感驱使经理上前关注，发现原来是几位信奉伊斯兰教的客人，留意桌上的菜肴，结果看到那些菜和米饭应该不会和宗教教规上有任何冲突。那么，为什么客人不肯动筷？经了解得知：这几位穆斯林在担忧是否用禁忌品制作菜肴。经理没有说话而是先拿过菜单，查明注有“清真”二字，然后去询问厨师，确认无误后，才向客人提议，是否看一下冷却后菜肴有否凝冻状便可确认，果然客人微笑着认同了经理的意见。等到经理检查完其他场所返回餐厅，那桌伊斯兰客人用完餐刚走，桌上空空的盛器表明他们用餐很满意。

评析：此案例涉及到宗教信仰及饮食忌讳。虽然订餐是清真菜，厨房也遵循了客人的要求，但是上菜后是否保证符合客人的宗教习惯，客人心中不塌实。这说明服务工作不到位。没有向客人作详细介绍，使客人不敢就餐，幸亏经理观察细致处理得法，才使客人满意用餐。

服务工作一定要环环到位，注意一些特殊人和事，例如尊重少数民族的特殊需求，通过细致周到的服务打消客人疑虑，让客人放心满意，使客人感到服务员对他们民族习惯高度重视和对他们的尊重，服务才算到位。

【案例35】主题：菜点常创新

马先生是相王饭店的常客，因业务需要，他再次下榻相王饭店。第二天一早，他踱步进了梅苑餐厅。服务员亲切地问候：“早上好，马先生。请问今天想用点什么茶？我们现在有碧螺春、龙井、雨前、茉莉花及红茶，您喜欢哪一种？”马先生惊讶地说：“这才多久，茶的品种增加那么多。那就来点苏州特产碧螺春吧。早餐仍按老规矩。”“您是说仍然豆浆、油条和素菜包？今天换一下口味吧！我们最近推出了‘厨师特选’，每10天为一周期，每一周期推出五六个不同的花色品种。”于是服务员一一列出。“一日不见，如隔三秋，”马先生诙谐地说，“今天开开口福，每样都来一点，再加一碟糖芋头。”不一会，点心一道接一道端上，白煮芋头是剥了皮的，滑溜细白。马先生说他原以为要自己动手剥皮呢。服务员告诉他，客人提出希望供应剥皮芋头，厨房采纳了意见。今天的早点让马先生大开胃口，小碗小碟都成了底朝天，他又点了一份豆浆。一眨眼，热气腾腾的豆浆已经送来了。马先生惊讶如此之快？“我们改用大汤勺，节省了时间。”小姐不禁流露出自豪的神情。

评析：本例的特点是：第一，梅苑餐厅在供应花色品种上大做文章，每10天翻个花样，可使客人产生常来常新的感觉。餐馆成功的一条秘诀是“人无我有，人有我精，人精我超。”别家酒店早上吃不到豆浆、芋头，梅苑餐厅却有；马路旁的小摊上虽也有豆浆等供应，但环境氛围太差，全然享受不到饮食文化，梅苑餐厅掌握了这条秘诀，不断改换品种，成功便自然属于他们的了。

第二，服务员推销意识强，尽管她很熟悉马先生，知道他的“老规矩”，但她能抓住时机，主动热情为他介绍餐厅新品种，把星级酒店的优质服务和推销工作完美地结合了起来。由于服务小姐态度真挚热情，事事为马先生着想，致使促销丝毫不露痕迹，马先生欣然接受她的提议。

第三，梅苑餐厅的服务工作细致周到，连芋头剥皮这样的小事都替客人考虑到。服务工作实际上就是由无数貌似鸡毛蒜皮的琐事组成，这些事情做好了，也许不会产生惊天动地的效应，但如果有一二件做糟了，却可能导致破坏声誉、影响营业收入的结果。

【案例 36】主题：掌握菜品的数量与品种

北京有一家名叫“老百姓”的餐馆，店面不大，陈设普通，但生意却出奇的好。一次，服务主管李大姐接待了一对青年夫妇。进门时，李大姐注意到妻子的腰有些发硬。丈夫与妻子商量后，点了很多菜，可谓酸甜苦辣咸五味俱全。李大姐看他们不像是“摆谱”的人，“这里一定有隐情。”于是，她彬彬有礼地提醒道：“先生，你们点的菜会不会超出自己的食量？”面对和蔼可亲的大姐，丈夫红着脸道出实情，妻子已经怀孕三个月，妊娠反应剧烈，对食物的挑剔程度已达到“瞬息万变”的程度。今天是妻子的生日，想让妻子能吃顿好饭，所以多点几个菜。“哦，是这样。做您的太太真是幸福。”李大姐不失时机地赞了一句。接着，她出了个主意：“我看这些菜是否每样点半盘，这既可达到让您妻子挑着吃的目的，又不至于造成浪费。”“那太好了！”年轻夫妇欣喜万分。这顿饭他们吃到了六菜一汤，结账时 100 元还有找。随后的日子里，年轻夫妇成了餐馆的常客。七个月后，夫妇俩抱着白白胖胖的儿子，率亲朋好友数十人，浩浩荡荡地来餐馆摆满月酒，这回，他们点的可不是半盘菜了。

评析：“老百姓”餐馆的生意经可谓念到消费者心里了，特点就是在用餐时只点半盘菜。“半盘菜”的生意经，对于餐饮业的启示应该是很大的，其一，平民百姓是餐饮市场的主要消费者，对于占消费者绝大部分的工薪阶层来说，“星级”餐厅令人敬而远之，而“老百姓”餐馆的“半盘菜”迎合了大众消费层次。“半盘菜”让人既能轻松消费，又能享受到各种美味和周到的服务，这样一来吸引顾客就不成问题了。

其二，数人小聚，消费能力有限。少要几个菜，感觉没面子；多要几个菜，又吃不了。弃之造成浪费，“打包”拎着满街走尴尬不堪。在“老百姓”餐馆，花同样的钱，可以吃到多种“半盘”的菜肴。少花钱，多办事，何乐而不为呢？

“老百姓”餐馆瞄准大众消费心理，虽然看似自找麻烦，损失了利润。但由于客流量的激增，达到了薄利多销的目的，营业额大大增加。

【案例 37】主题：传播饮食文化

教师节这天，柳老师夫妇来到西餐厅用餐。入座后，服务员小王为他们端上冰水，接着问他们需要什么小吃和鸡尾酒。柳老师不知所措地说：“小姐，我们是老师，从来没有吃过西餐、喝过鸡尾酒。今天正好是教师节，我们想趁这个机会体验一下吃西餐的感受，请帮我们多介绍一些西餐知识，以免我们出丑。”小王听后欣然同意并作仔细介绍。小王将两个菜单分别递给他们，简要地介绍了菜单上的内容，然后又送上酒单，耐心地介绍了相应的酒菜搭配知识，柳老师夫妇听得津津有味。“还是请你为我们点菜吧？”柳老师说道。根据客人的要求和意愿，结合餐厅的特色酒菜，小王为他们点了饮食。餐后，柳老师夫妇非常高兴地对小王说：“今天我们不但得到了良好的服务，而且还体会到了吃西餐的乐趣，以后一定再来这里讨教吃西餐、喝鸡尾酒的知识。”

评析：餐饮点菜和点酒的服务过程，是一个饮食文化的传播过程。作为一名优秀的餐馆服务员，应该对相关程序和饮食文化知识有较深的了解和掌握。以上这个例子中，服务员小王热心服务为不懂西餐文化的柳老师夫妇介绍用餐的程序、内容和方法，使其真正体会到西餐文化的乐趣，体现出良好的服务意识和娴熟的服务技能。有些餐馆的服务员却做不到这一点。他们虽然也在按点菜、点酒的服务程序工作，但很少听到他们耐心的介绍和解释；甚至对一些需要了解进餐内容、程序和方法的客人冷淡、讥讽和嘲笑。这就要求我们的服务员一方面要加强服务意识的培养，以热情和耐心的态度为各类食客服务；另一方面还要掌握饮食过程中的内容、程序和方法，能够向食客系统地介绍饮食文化知识。这样，才能使食客真正体会到饮食服务和文化的乐趣。

【案例38】主题：提高服务效率

广州某星级酒店韩国料理餐厅，正开午餐，客人非常多，小苏一个人看多张台，忙得不可开交。这时来了一位先生，声称自己有急事，点了一分便当。她于是马上开单，然后立即送到厨房。由于客人多，压菜较多，厨师们正在紧张地操作，小苏见厨师很忙，便告之厨师单子放在碗下了，厨师便点了点头。大约过了10分钟，客人有点急了，小苏觉得便当平时都很快就能上来，便让客人稍等一下。时间过了25分钟左右，那份便当还没上，客人急了，大叫起来："服务员，我都等了20多分钟了，怎么还不给我上饭？我要的是快餐，怎么这么慢？你们还是什么五星级酒店，效率这么低！误了我的事你们得负责任!"

喊声惊动了餐厅经理，了解情况后，他先向客人道歉，然后马上去厨房催菜。一问厨师，说没有见到那张单子，大家到处找，终于在地下找到已经踩脏了的便当单子。经理忙吩咐以最快速度做一份便当，然后两次向客人道歉并免去餐费。客人仍怒气冲冲地说："那又怎么样？你们误了我去蛇口谈生意怎么办?"为了息事宁人，经理决定派专车，专程将这位客人送到目的地，客人因此气也消了，小苏受到了处罚，并在培训会上以此为例警示其他人。

评析：本例由于工作效率低、服务操作不规范、服务拖沓延误，导致客人投诉并给予高代价的补偿服务，这个教训必须认真吸取。增强责任心，提高工作效率是服务质量的组成部分之一，如餐厅领位入座快、开单快、饭菜上得快、特殊要求与困难解决得快。

为避免此类事故的发生，服务员在开单后，应按规范的工作流程走单，尤其厨房比较忙乱时，单子一定要直接交到有关负责接单的厨师手中，而非随便一放，这是丢单、乱单、漏单的隐患。其次，对有特殊要求的单子，应在单子上注明，做好重点服务。尤其对有急事要求快上饭菜的客人，要与厨师协商，给以照顾提前走单，提前上菜。

要控制上菜速度。国内酒店服务标准是客人点的第一道热菜应在15分钟内上席，快餐更应在此时限内上席。服务员必须及时催单，就可避免客人因长时间等候而发怒。服务员要努力培养工作的条理性。饭口时间，客人多，接待忙，但不能乱。业务越忙，服务员更需要有条不紊地工作。应对负责的服务区域内客人点菜的情况做到心中有数，要分清轻重缓急，而不能眉毛胡子一把抓，那非乱套不可。

【案例39】主题：掌握上菜速度

某高档宾馆，服务员小马正在为客人服务。几位客人来吃夜宵，点了几个菜。过了好一会儿，客人叫住了小马："服务员，为什么我们的菜这么半天还没有上？就吃这盘花生米，那我们还不得饿死呀！”小马忙走过去一看确实如此，立即开口说道：“对不起，先生。请……”客人不等话说完就接上说：“别说‘对不起’啦！我们已经‘稍等’了很长时间，快点儿上菜吧！”小马没做再多解释，立即到后厨催菜，菜很快就上齐了，小马向客人道歉：“耽误您的时间了，很抱歉！我服务还很不够，没能及时给您催菜，请您原谅！”客人见小马满脸真诚气就消了：“我们刚才火气大了点，你别在意，以后上菜快点儿就行了。”

评析：一、就餐中，因为上菜太慢，客人肯定不满意、会生气。此时服务员把责任承担起来，向客人道歉，使用“对不起”、“很抱歉”、“请稍等”等致歉语，可以缓解客人焦急的心情，也是礼貌的表现。但是，因耽误的时间不同，客人的修养、心情不同，会使情况严重，有的客人会焦急万分，脾气暴躁，在客人很生气的时候，服务员不能一味地说：“对不起，请稍等。”客人已经等急了，你还让他“稍等”，就会火上浇油使客人更生气，更不耐烦。当务之急不是道歉，而是想办法把菜催来。如仅一个劲儿地道歉，可是菜就上不了桌，就会使客人更心烦，甚至激怒客人，发生纠纷或投诉。所幸小马还挺机敏，看到客人已不耐烦了，及时住口，马上采取服务行动，防止了矛盾的激化。

二、此案造成客人长时间等菜的主要原因是服务员小马给客人开单后，没能及时巡台，不知客人所点菜的上桌情况，因此没能及时联系催菜。要避免这种情况的发生，服务员开单时，对客人所点菜肴中需等候时间较长的菜品作说明，免得客人点了制作时间长的菜肴，上桌慢，使客人焦急。开单后，要不断巡台，观察掌握各桌菜上桌的情况，发现问题适时调整；如菜品上得慢，应及时与后台联系，及时催菜；如客人很多，使后厨压菜较多，可以巧妙调整不同桌上菜速度，采取各桌穿插上菜的办法，避免有的桌菜一股脑儿全上了，有的桌却干等菜的不均衡现象。

【案例40】主题：保证出品供应

合肥一家扬州餐厅即将营业结束时，迎来了一位客人。客人兴致很高地点了几样菜，可厨房一样都没有。客人兴致大减，最后点了扬州炒饭，可还是没有。客人大声抱怨：“你们这叫餐厅吗？什么都没有，干脆关门大吉！”服务员小张连忙道歉：“先生，请息怒！扬州炒饭是本店特色菜，但今天点的客人太多，因备料不足，敬请原谅！这样，我给您来一份肉丝炒面怎么样？味道也很不错，您不妨试一试！”客人见小张的态度热情，服务周到，便欣然接受了。

评析：这是餐厅点菜服务中常见的案例。餐厅菜单上的品种一旦制定，就必须保证供应，缺货菜品只能是个别品种。如连菜单上的许多品种都不能保证供应，客人连点几个都没有，肯定会很失望，甚至气愤，进而对餐厅失去信任，不再光顾。如有些品种长期不能供应，应从菜单上撤下，调换新的品种供客人挑选。本例中餐厅供应品种多种缺货，是采购、生产联系脱节而造成，大大降低了客人的满意程度，给服务员的工作也增加了难度，应立即调整。缺货的情况一旦出现，服务员就必须采用多种方法来弥补。案例中给出了两种方法，一是为客人推荐类似菜肴，并详细解释；二是特别注意随后的服务，以出色的服务来弥补菜肴产品的不足。

【案例41】主题：服务不能越俎代庖

一天下午，万教授和他的朋友到某大酒店的咖啡厅聊天。两人闲聊了一阵，服务员端来一壶现磨热咖啡，外加一盅牛奶和一小碟方糖。服务员对万教授说："万教授，老规矩！您喜欢喝的咖啡！"万教授顿时愣住了，这时他的朋友板着脸说："今天是我约万教授来的，你为什么如此自作主张！"服务员辩解说："万教授是这里的常客，他平时很喜欢饮用现磨咖啡，我估计您这位先生可能同样喜欢喝现磨咖啡。"万教授对服务员批评道："你不该主观地下结论，不管我们谁做东，你也应当问过主客的意见"。他的朋友接着说："今天是我做东，即使万教授想点现磨咖啡，而我却要喝雀巢速溶咖啡。"这时大堂经理闻声前来，向两位客人表示歉意，并关照服务员马上补上一杯雀巢咖啡，现磨咖啡改按一杯计价，才使这位服务员摆脱了困境。

评析：本例中的服务员尽管出发点并无恶意，但由于忽略了正常的服务程序，反而弄巧成拙，造成失误。熟悉客人、细心牢记客人的习惯爱好，并不等于可以和客人平起平坐，越俎代庖，代替客人点单。服务员未征求主客的意见，就擅自代作决定，显然他把自己的服务角色统统抛到九霄云外了。

咖啡厅应该有一套服务程序和规范，任何服务员都不得任意改变。当客人走进咖啡厅，服务员先主动热情打招呼引座，然后将饮料点心单递给做东的客人。当发现客人在看单时犹豫不决，服务员可以主动推荐，并观察客人的脸部表情，及时调整。当主客点好后，服务员应重复读一遍开单的内容以取得确认，上饮料点心时也不要忘记再报一下名称，以便核对。

【案例42】主题：要加强沟通协调

某饭店中餐厅。午餐时间，小徐在包间热情地为客人提供餐前服务。客人点好菜后，又点了一瓶红葡萄酒。小徐问道："您点的红葡萄酒中要加雪碧吗？"客人回答道："加，我们自己来兑！""好，马上送来。"于是小徐就走开了，另一位服务员看到小徐挺忙的，就去帮她拿酒水，并将其兑和到一起。客人一看就火了，大声嚷起来："不是说了吗！我们自己来兑，不是所有的人都加雪碧的！你们看怎么办吧！赔一瓶吧！"小徐闻声立刻赶来，诚恳表示歉意请求原谅。客人虽不满，但看服务员的认错态度，就表示不再追究。小徐觉得要以优质的服务来弥补自己工作上的失误，将不良影响减到最低限度，令客人满意而去。就餐中，小徐服务得更加周到，渐渐打消了客人的不满，临走时，还表扬小徐优良的服务态度，并说下次再来。

评析：本案例中引起客人不满的原因是服务员没有按客人对酒水的特殊要求服务。由于服务员之间沟通不良，造成工作脱节。首先小徐没有交代清客人对酒水的要求；其次，帮忙的服务员凭经验办事，不问客人要求就自作主张兑酒水，这是错误的操作。

红葡萄酒中兑雪碧是一种流行饮法，但不等于所有的客人喜欢。因此在兑和之前，要先征求客人意见，确认客人的要求，再进行兑制，才能让客人满意。

本案例中由于沟通不够，工作失误引起了客人的不满，但小徐以更加热情周到的服务感动了客人，消除了不满，还为酒店赢得了回头客，这种做法是值得肯定的。

【案例43】主题：不强加于客人

在黄山某餐厅，一位客人要买原汁原味的炖山龟，说是给病人补身子用。服务员向客人推荐用药材蒸的山龟，其滋补功效会更好，客人接受了这个建议。但到山龟蒸好时，客人一看就说："不对，我要的是有汤的，怎么没汤？我找你们经理！"服务员无奈，请来主管。主管解释道："这个加药材蒸的山龟更好，多了药膳功效，营养价值更高。"客人坚持说："我要的是原汁带汤炖的，你们必须给我重做！"最后没法，只好将山龟退回厨房，重做一只炖山龟。

评析：服务员主动向客人推荐菜肴是无可非议的，但有一个原则，就是应先了解客人的要求，根据客人的爱好再给客人提建议。推荐菜点要得到客人的认可，方可开单，而不能强加于客人，更不能以主观意愿为出发点，代客人订菜。

此例中的服务员过于自信，虽然出发点是为客人好，但这是错误的做法。其结果是客人不管你把菜说得如何好，一看端上来的菜与自己要求的不一样，必然拒绝接受，只好重做。山龟价格不菲，造成损失是不小的，这自然是服务员的责任，正所谓"好心没办成好事。"

对名贵菜肴，服务员一定要向顾客介绍清楚菜肴知识，包括烹饪方法、口味特点、食用方法等，避免任何误解，杜绝隐患。

【案例44】主题：善于处理各种突发事件

某三星级酒店雅间突然电灯灭了，顿时一片黑暗，客人议论纷纷。服务员小杨迅速掏出两只打火机，一手一个高高举起，轮流打火，对大家说："感谢上帝，给我们准备了一个别致的烛光晚宴。对不起，临时停电，请各位先生女士安心用餐。"随后其他服务员送来两个西餐烛台，小杨将烛台摆在餐台上，又从接手桌的抽屉里取出了事先准备好的西洋风情画挂在墙上，在窗台上放上一个西式盆景。片刻间，整个雅间由中式服务餐厅变成了一个充满温馨浪漫的气氛，充满异国情调的西餐宴会厅，一看这从天而降的烛光晚宴，客人非常高兴，纷纷赞不绝口。过了一会来电了，小杨想吹灭蜡烛，客人忙把她拦住，说："不要吹灭蜡烛，请关上电灯，还是烛光晚宴好！"

评析：在饭店中经常会发生各种各样的令人意想不到的事件，服务员应提高自己的应变能力，善于处理各种突发事件。饭店（特别是星级酒店）应尽量避免发生停电、停水等事件。一旦发生上述事件，服务员首先应该想到给客人用餐造成了不便，应该通过服务方便客人，而不是只想到我们服务的不便以及害怕客人乘机逃账。本案例中的服务员小杨应变能力较强，处理问题巧妙：反应迅速，用打火机轮流照明，而不是单纯等其他服务员送蜡烛，尽量不耽误客人用餐。讲究语言艺术，引导事件由不良的一面转向好的一面，由"停电"变成"烛光晚餐"。让客人享受"烛光晚餐"不仅是停留在语言上，而是落实在行动上（把雅间根据当时情景做了调整和布置），而不是仅靠灵机一动想起的一句漂亮的话来打发客人。当然，饭店应制预警机制，制定一系列配套的服务方法、使用工具来应付，给客人一个惊喜，变坏事为好事。

【案例45】主题：给客人以面子

某五星级酒店餐厅，服务员小梁在小宴会厅为一批客人服务。酒至半酣，客人顺手拿起一把银匙塞进自己西装内侧衣兜里。小梁看到后没有揭露客人，而是在宴请快结束时，手拿一套精致的带有饭店店徽的餐具递给客人："先生，您好！听说您非常喜欢我店的银餐具，我们经理很高兴，送给您一套，已经记在您的账单上了，希望你能满意。"客人一愣，马上反应过来："谢谢你们经理的关照，今天喝酒较多，有失礼的地方请多包涵。"就这样巧妙地让客人买了一套银餐具，而且事先将与客人装入衣袋的那件相同的银匙抽了出来，以自己高超的服务技巧，在不伤害人情面的情况下，巧妙地保护了饭店利益。

评析：发生客人拿取餐厅物品的情况，服务员应正确区分客人所取物品的性质。如确系偷拿餐厅物品，服务人员必须追回，但要注意方式和分寸。注意不在大庭广众之下索回，不能采用过激言词，如"我们餐厅的某物品丢了"、"你拿了我们餐厅的某物品"等等。言词应含蓄婉转，如："我们餐厅的某物品不见了，您能帮我们找一找吗？"本案例中服务员小梁处理方法得当，用词婉转，讲究服务语言艺术，用"喜欢"代替"偷窃"，用"赠送"代替"被偷"，用"记账"代替"罚款"，避免了服务员与客人双方发生激烈的冲突。当然，本案例采取的方法是一特例，不宜普遍采用，而且让客人买下餐具的办法要慎用，防止发生冲突。处理此类问题的最佳办法是事先提醒客人，预防为主；若发现客人偷拿，应采取暗示的方法让客人自动归还。

【案例 46】主题：把对让给客人

客人进入川菜餐厅进餐，服务员向客人介绍了各款川菜的风味特点，最后请示客人："请问先生，您点的麻辣川菜是否需要减麻辣呢？"客人答："我们要尝尝正宗的麻辣川菜。"菜上席了，客人吃了第一口就不敢再吃，并向服务员投诉："怎么搞的，这菜这么麻，这么辣，怎么能吃？你们搞错了吗？我在别的川菜馆吃的川菜不是这样的！"服务员看着客人满头是汗，忙说："对不起先生，我们错了。我转告厨房师傅，下面的麻辣川菜给您减麻辣度，希望您吃得满意。"说完将刚上的菜又端回厨房让师傅重做，并立即递上毛巾让客人擦汗。

评析：第一，客人吃了麻辣的菜嘴唇发木、舌头麻、喉咙痒痛，这种表现是真的是事实。

第二，客人说："我在别的川菜馆吃的川菜不是这样的。"也可能是事实。

第三，"你们搞错了吧？"这点不符合事实，况且服务员事先又给予提醒。客人要正宗川菜，厨师和服务员都没有错。

第四，若服务员据理力争，一定要争赢，矛盾就要起变化，变成了服务员的错。

第五，这位服务员态度虚心，满腔热情的服务精神，给客人一种心理满足，将客人辣出来的火气熄掉。这就是正确的作法：客人错了要把对让给客人。

第六，在餐厅里，客人错了不认错是常有的事。在餐厅这个特定的环境中，在为客服务这种特定的关系中，客人虽然错了，如果客人的错不会构成餐厅重大的经济损失，就要将对让给客人。

【案例 47】主题：预防跑账

在某餐厅，实习生小耿与酒店的两名服务员一起值台。有一张台的客人就完餐走了，三个服务员都以为别人给结了账，结果让客人钻了空子，跑了账，共计 100 多元。跑了账，三个人都很着急，领班看见三个姑娘愁眉苦脸的样子，大发善心，决定将跑单的 100 多元钱平摊到其他桌的客人账上，把跑单的 100 多元账摆平了，并告诉三个服务员，以后谁也别提这事了。从次以后她小心谨慎，再也没有发生跑账。

评析：餐厅结账普遍采用先就餐后付款的方式。这种结账方式容易发生跑账，跑了账，是很让人头痛的事情，会给餐厅造成经济损失，服务员个人也要受罚，因此应采取措施避免跑账。本案例中造成跑账的原因，是由于几位服务员共同值台几个服务区域，分工不明确，相互间工作脱节，都误以为其他服务员为客人结了账，沟通欠缺，手续不严密，使客人乘机钻了空子，溜之大吉。这种情况是不应该发生的。正确的做法是，应明确每人负责的台位，或将工作流程分解，分段负责接待服务的各段程序，且要勤巡视，勤沟通，便可预防跑账。

跑账事故的处理方法是：① 当事服务员尽力提供逃账人的线索，想法追回餐费款项。② 如客人已离店，无线索追查，所造成的经济损失由当事服务员承担，不能让酒店利益受损。同时，也不可以把账分在其他客人账上，这有悖诚信。③ 班后，要认真查找造成跑账的原因，提高工作责任心，并针对工作中的漏洞制定有效措施，预防此类事故的发生。

参考文献

[1] 马开良．餐饮管理与实务．北京：高等教育出版社，2004
[2] 鞠志中，叶伯平．宴会设计．长沙：湖南科技出版社，2004
[3] 华国梁．中国饮食文化．长沙：湖南科技出版社，2004
[4] 国家旅游局人事劳动教育司．导游知识专题．北京：中国旅游出版社，2004
[5] 吴中军．中外民俗．大连：东北财经大学出版社，2001
[6] 陆永庆等．会务接待服务．上海：上海交通大学出版社，2000
[7] 陆永庆等．旅游交际礼仪．大连：东北财经大学出版社，2001
[8] 唐由庆．旅游服务语言艺术．太原：山西教育出版社，2003
[9] 李勇平，王晓晓．酒水知识．长沙：湖南科技出版社，2004
[10] 王春林．旅游接待礼仪．上海：上海人民出版社，2002
[11] 汪志君．食品卫生与安全．北京：高等教育出版社，2004
[12] 陈觉．餐饮服务要点及案例评析．沈阳：辽宁科技出版社，2004
[13] 宋小玲．饭店服务常见案例570则．北京：中国旅游出版社，1996
[14] 张永宁．饭店服务教学案例．北京：中国旅游出版社，1999